二〇一八年・北海道命名一五〇年

「北加伊道」六〇話

舟本秀男

財界さっぽろ

はじめに

一八六九（明治二）年七月十七日（旧暦）、開拓使判官松浦武四郎は蝦夷地に代わる六つの名称を明治政府に提案し「北加伊道」が選ばれました。その後「北海道」となり現在に至っています。北加伊道という名にはアイヌ民族の思いも込められており、本書の題名を『北加伊道六〇話』としました。

北海道神宮敷地内に開拓神社があり三七名の先覚者が祀られています。そこには「北海道の厳しい自然を克服しての開拓は先人の艱難辛苦（かんなんしんく）の足跡抜きには考えられません。近年とみに経済の発展により開拓に心血を注がれた御功績がともすると忘れがちになった今日、この偉大な御事績をしっかりと見通し開拓精神を受け継ぐ使命があります。」と書かれた案内板が建てられています。

また、縄文時代・続縄文時代から狩猟民族・交易民族としてアイヌの人々がこの地を生活の場としており、心豊かな生活を営んでおりました。本書ではこれらアイヌ民族の人々、さらに北海道開拓に多大な功績を遺しながらも開拓神社に祀られていない多くの人々も掲載させていただきました。

二〇一八年は道名が付けられてから一五〇年を迎えます。この機に先人たちの足跡をたどり、いかに多くの血と汗と涙、そして思いがこの地に注がれてきたかを探ってみたいと思い、本書を出版することにいたしました。

本書は二〇一三年六月から二〇一七年三月までのおよそ四年間、八八回に渡って「株式会社財界さっぽろ」ホームページ「社長ブログ」で掲載した内容を整理したものです。したがってブログ的表現で筆者の思いが強調しすぎている部分もあろうかと思います。掲載にあたっては多くの文献を参考にさせていただきました。ただし筆者は歴史の専門家ではありません。史実と解釈が異なる部分もあるかもしれませんが、それは筆者自身が実際に先人たちの足跡をたどったうえでの所感ですので、何とぞご了承ください。

北海道の各地を先人たちは開拓し今日に至っておりますが、これらの方々のご事績、ご苦労、さらにその人間性は意外に知られていないのに驚かされます。

本書で取り上げました先人たちがこの地の基礎を築かれて以降、北海道は「可能性にあふれた大地」だと一二〇年に渡って言い続けられています。しかし、現状はどうでしょうか。過疎化・高齢化が急速に進み、閉塞感が漂っているのではないでしょうか。今こそ先人から学び、開拓者精神（フロンティアスピリット）を取り戻し、行動に移すことが、北海道を再活性化することになると考えております。

本書に登場する一〇〇名近い先人の方々の関係をできるだけ平易な文章で表現しようと試みました。北海道開拓の先人を知る入門書としてお読みいただければ幸いです。

本書は六〇話から構成されておりますが、第一話から第七話までは「歩み」として、北海道の歴史を総括しています。第八話以降は先人各位を取り上げ、それぞれ完結するようにしております。

まず総括編をお読みいただき、ご興味を持たれた先人たちの話に移られるとよろしいかと思います。

目　次

北加伊道年表（一）

西暦	和暦	登場人物の生没	主な出来事
一四五七	長禄〇一		コシャマインの戦い
一六〇四	慶長〇四		松前康広 徳川家康の黒印状
一六六九	寛文〇九		シャクシャインの戦い
一七〇二	元禄一五		飛驒屋エゾヒノキ伐採独占権取得
一七一七	享保〇二		幕府巡検隊松前へ
一七三八	元文〇三	村山伝兵衛生	
一七三九	元文〇四		アイヌ使って魚肥生産始まる
一七四一	元文〇六		渡島大島大噴火による大津波発生
一七四三	寛保〇三	本多利明生	
一七四五	延享〇二	伊能忠敬生	
一七五四	宝暦〇四	最上徳内生	松前藩国後場所開設で択捉まで交易
一七六八	明和〇五	中川五郎治生	
一七六九	明和〇六	松田伝十郎生、高田屋嘉兵衛生	村山伝兵衛、全財産没収される
一七七一	明和〇八	近藤重蔵生	
一七八〇	安永〇九	間宮林蔵生	石狩で天然痘発生 アイヌの死者多数
一七八三	天明〇三		岩木山・浅間山爆発、天明の飢饉、工藤平助「赤蝦夷風説考」著す
一七八五	天明〇五		幕府蝦夷地調査隊、幕府蝦夷地調査隊派遣
一七八九	寛政〇一		クナシリ・メナシの戦い
一七九三	寛政〇四		西城物語執筆
一七九六	寛政〇七		阿部屋・全財産没収
一七九八	寛政一〇	続豊治生	幕府の蝦夷地巡見隊、本多利明「西城物語」著す、近藤重蔵「大恵土路布」標柱建てる
一七九九	寛政一一		幕府 東蝦夷地を直轄
一八〇〇	寛政一二		伊能忠敬蝦夷地調査

一八〇二	享和〇二	松川弁之助生	幕府箱館蝦夷奉行所設置
一八〇四	文化〇一	ホーレス・ケプロン生	レザノフ 親牌を持って長崎に
一八〇五	文化〇二	美泉定山生	定置網使用開始でアイヌは困窮化
一八〇七	文化〇四		幕府 西蝦夷地を直轄
一八〇八	文化〇五		松田伝十郎、樺太調査・島であることを確認
一八〇九	文化〇六	荒井金助生、下国安芸生	間宮海峡発見
一八一一	文化〇八		ゴローニン拉致
一八一三	文化一〇	村山伝兵衛没	ゴローニン釈放
一八一五	文化一五	鍋島直正生	
一八一八	文政〇一	松浦武四郎生、堀織部正生、伊能忠敬没	
一八一九	文政〇二	早川弥五左衛門生	
一八二一	文政〇四		「大日本沿海與地全図」完成
一八二二	文政〇五	本多利明没	幕府 蝦夷地を松前藩に還す
一八二三	文政〇六	島義勇生	
一八二四	文政〇七		日本初の種痘
一八二五	文政〇八	小林重吉生	
一八二七	文政一〇	武田斐三郎生、高田屋嘉兵衛没	
一八二九	文政一二	近藤重蔵没	
一八三〇	文政一三	関寛斎生	鍋島直正が肥前藩佐賀藩主襲名
一八三一	天保〇二	井上長秋生	高田屋密貿易の疑いで失脚
一八三二	天保〇三	トーマス・ブラキストン生、田村顕允生	
一八三三	天保〇四	大鳥圭介生、東久世通禧生	天保の飢饉 六年から七年に被害大
一八三四	天保〇五	大友亀太郎生	
一八三五	天保〇五	伊達邦直生	
一八三六	天保〇七	榎本武揚生、高松凌雲生、最上徳内没	
一八三七	天保〇八	三木勉生、永山武四郎生、栖原角兵衛(一〇代目)生	
一八三九	天保一〇	松本十郎生、岡本監輔生	
一八四〇	天保一一	岩村通俊生、、黒田清隆生	

北加伊道年表（二）

西暦	和暦	登場人物の生没	主な出来事
一八四一	天保一二	上田万平生、佐野孫右衛門（四代目）生、伊達邦成生	
一八四二	天保一三	村橋久成生、松田伝十郎没	
一八四三	天保〇九	田崎東生	
一八四四	弘化〇一	松前徳廣生、間宮林蔵没、吾妻謙生	
一八四五	弘化〇二	清水谷公孝生	東蝦夷地調査
一八四八	弘化〇五	エドウィン・ダン生、中川五郎治没	
一八五〇	寛永〇三	佐藤孝郷生	
一八五三	嘉永〇六	依田勉三生	ペリー浦賀・プチャーキン長崎に
一八五四	安政〇一		箱館奉行所設置
一八五七	安政〇四		日本初の洋式船「箱館丸」完成、イシカリ役所開設
一八六〇	安政〇七	堀織部正没	大友堀開削
一八六一	文久〇一		越前大野藩の樺太開拓
一八六三	文久〇三		弁天台場完成
一八六四	元治〇一		五稜郭完成
一八六六	慶応〇二	荒井金助没	五稜郭完成、大友堀完成
一八六八	明治〇一	井上長秋没、松前徳廣没	箱館裁判所設置・榎本軍五稜郭へ、蝦夷共和国設立
一八六九	明治〇二	田崎東没	旧幕府軍降伏、開拓使設置、蝦夷地を北海道に改称
一八七〇	明治〇三		亘理伊達藩・有珠郡伊達開発
一八七一	明治〇四	鍋島直正没	岩出山伊達藩・聚富へ、白石伊達藩幌別・札幌白石へ
一八七二	明治〇五		定山渓温泉開湯、三木勉ら上手稲村開拓着手
一八七三	明治〇六		ダンが八〇頭の牛と日本へ
一八七四	明治〇七	島義勇没	黒田清隆・参議兼開拓長官に
一八七五	明治〇八		樺太・千島交換条約締結、第一次屯田兵琴似に
一八七六	明治〇九	松川弁之助没	開拓使麦酒醸造所（現サッポロビール）開設
一八七七	明治一〇	美泉定山没	西南の役
一八七八	明治一一		アイヌ民族の呼称を「旧土人」に

一八八〇	明治一三	続豊治没、武田斐三郎没	樺戸集治監開設
一八八一	明治一四	下国安芸没	
一八八二	明治一五	清水谷公孝没	開拓使廃止札幌・函館・根室三県に
一八八三	明治一六	早川弥五左衛門没	晩成社・帯広開拓、ブラキストン「日本列島と大陸の動物的兆候」
一八八五	明治一八	ホーレス・ケプロン没	
一八八六	明治一九		北海道庁開設、岩村通俊が初代北海道長官
一八八八	明治二一	松浦武四郎没	永山武四郎が二代目北海道長官
一八八九	明治二二	佐野孫右衛門（四代目）没、吾妻謙没	
一八九一	明治二四	トーマス・ブラキストン没、伊達邦直没	上川に平民屯田
一八九二	明治二五	村橋久成没	
一八九五	明治二八	三木勉没	
一八九七	明治三〇	大友亀太郎没	
一八九九	明治三二		北海道旧土人保護法
一九〇〇	明治三三	黒田清隆没	
一九〇二	明治三五		斗満（陸別）開拓
一九〇三	明治三六	小林重吉没	
一九〇四	明治三七	永山武四郎没、岡本監輔没、伊達邦成没	
一九〇八	明治四一	榎本武揚没、高松凌雲没	
一九一一	明治四四	大鳥圭介没	
一九一二	明治四五	関寛斎没、東久世通禧没	
一九一三	明治四六	田村顕允没	
一九一五	大正〇四	岩村通俊没	
一九一六	大正〇五	松本十郎没	
一九一七	大正〇六	上田万平没	
一九一八	大正〇七	栖原角兵衛（一〇代目）没	
一九二二	大正一一	佐藤孝郷没	
一九二五	大正一四	依田勉三没	
一九三一	昭和〇六	エドウィン・ダン没	

北海道の曙

「北海道神宮末社開拓神社」の鳥居前には「北海道の厳しい自然条件を克服しての開拓は、先人の艱難辛苦の足跡抜きには考えられません。私たちは、この偉大な事績をしっかり見直し開拓の精神を受け継ぐ使命があります」と記されている。二〇一八年、北海道と命名されてから一五〇年を迎えるこの時期、歴史を追って先覚者たちの関係をつないでいきたい。

　縄文時代、続縄文時代、擦文時代を経て、近世の前半まで、北海道（蝦夷地）はアイヌ民族の生活の場だった。胆振管内白老町のポロトコタンには二〇二〇年、象徴空間としてアイヌ民族博物館の開館が予定されている。アイヌ民族と日本民族の友好と共生の象徴として造られるとのことだが、果たして観光を主目的にした博物館になってしまわないか懸念される。アイヌ民族の苦難の歴史も事実に基づいて展示されて然るべきだろう。

『アイヌ神謡集』を遺して一九歳で亡くなった知里幸恵は「原始林の中にあふれる生命。森にも川にも数えきれない命があふれ……。アイヌたちは、自然界をカムイ（神）として尊び、祈り、泣き、怒り、喜び、まことに豊かな暮らしを送ってきました」と、蝦夷地の自然と生活を表現している。

一五世紀半ば、東北の南部氏に追われた安東氏一門を中心に、渡島半島南部に和人が進出。アイヌ民族との直接交易が始まった。当時、蝦夷地には五〇万人ほどのアイヌ民族が住んでいたといわれる。その中には、自分たちの生活の場に和人が進出することを快く思わない者たちもいたのだろう。アイヌの青年が小刀で和人に殺害されたことを機に彼らは立ち上がり、コシャマイン親子率いる一万の軍が和人地に攻め入った。アイヌの蜂起軍は渡島半島南部に構築された一二の和人館のうち一〇館を次々に落とし、上ノ国の花沢館に向かった。ここに寄宿していたのが、越後出身の武田信広。彼は和人軍の先頭に立ち、コシャマイン親子をおびきよせて殺害した。これがアイヌ三大蜂起の一つ「コシャマインの戦い」である。武田は上ノ国の守護職、蠣崎氏に請われて養子となり、蠣崎信広を名乗る。その四代後が蠣崎慶広。後に松前を名乗り、松前藩の太祖と呼ばれる人物である。

松前神社に祀られている慶広は、機転が利き戦略家の（ある意味でずる賢い）面を持っていた。まず豊臣秀吉に取り入って「もし我に背くならば太閤様は数万の軍勢で討伐する」旨の朱印状をアイヌの乙名（酋長）たちに告げ、彼らを屈服させた。さらに徳川家康から「蝦夷地の出入りは松前藩の許可が要る」との黒印状を拝受。これにより場所請負人制度が発足し、江差・松前は繁栄を極めることになる。

「江差の五月は江戸にもない」「元日、節句の有様は江戸に劣らず」といわれ、一七世紀末から一八世紀初頭の元禄時代には、松前の和人地に二万六〇〇〇人が居住するまでに繁栄していった。

その一方、未曾有の災害となった一六四〇（寛永一七）年の駒ヶ岳噴火、一六六三（寛文三）年の有珠岳噴火で蝦夷地は疲弊。藩財政が悪化すると、松前藩はアイヌとの交易条件を大幅に改悪した。たとえば干鮭一〇〇匹で六〇キロの米と交換していたものを三〇キロ、そして、一〇キロにまで減らした。これに憤激したアイヌはシャクシャインを先頭に二〇〇〇人の軍勢で和人を襲撃。西は古平から増毛、東は登別から白糠にかけて一斉に蜂起した。これを「シャクシャインの戦い」と呼ぶ。松前藩はたまらず停戦を申し入れたが、和睦の宴でシャクシャインを毒殺。乱は鎮圧されてしまった。新ひだか町静内真歌では毎年「シャクシャイン祭り」が開催され、全道からアイヌの人々が参集し英雄シャクシャインを追悼している。

続いて「フランス革命」の年である一七八九（寛政元）年には「クナシリ・メナシの戦い」が起きる。妻を請負人飛騨屋の番人に殺されたマキメリの息子が、仲間とともに和人七一人を殺害。松前藩は南部藩の援軍とともに蜂起軍の討伐に向かう。すると、戦況が劣勢と判断した各地の乙名たちが、蜂起した若者三八人を松前軍に差し出し、三七人が斬首された。

松前藩は蜂起を未然に防いだ乙名たちを慰労すべく、松前城に招いて絹の着物を着せた姿を家老の蠣崎波響（かきざき・はきょう）に描かせた。この絵が「夷酋列像」と呼ばれるもの。乙名たちが着たのは「蝦夷錦」と呼ばれる清国の絹織物だ。松前藩は戦乱を引き起こした汚名をそそぐため、この「夷酋列像」を幕府や本土の大名たちに見せた。そして、いかに松前藩がアイヌと親密な関係を築いているかを訴え、すべての罪を場所請負人飛騨屋久兵衛に被せて飛騨屋の財産を没収した。だが松前藩の悪行は、幕府がその後に派遣した調査隊によって明らかとなり、一七九九（寛政一一）年には東蝦夷地が、一八〇七（文化四）年には西蝦夷地が幕府に取り上げられ、松前藩は奥羽に移封されることになる。

さて、この当時の中国大陸では、明に代わった清がアムール川（黒竜江）まで勢力を伸ばし、交易の場を設けていた。清国から派遣された役人は蝦夷地・樺太からの毛皮などを山丹人に上納させ、下賜品として明国人の古着である絹織物を与えた。これが樺太・蝦夷地のアイヌを通して松前までわたり、蝦夷錦と呼ばれて珍重されたのだ。間宮林蔵は一八〇九（文化六）年に間宮海峡を確認した後、黒竜江下流のデレンを訪れ、帰国後に交易の様子を『東韃紀行（とうだつきこう）』に記した。そこには交易の場も登場している。大陸から樺太・千島・宗谷・留萌・余市・松前まで「北のシルクロード」とも呼ばれる交易ルートができていたのだ。そして、その主役は交易民族であるアイヌであった。

日本地理学の特筆すべき事項として、間宮林蔵が一八〇〇（寛政一二）年に蝦夷地で伊能忠敬と出会ったことがあげられる。伊能は「人生五〇年」の時代に五一歳で高橋至時（たかはし・よしとき）に師事し、天文学を学んだ。伊能は歴史上の大作『大日本沿海輿地全図』を作成した人物。その最初の測量の地が蝦夷地だった。伊能は蝦夷地測量を通じ、当時としては世界でも比類のない正確さで地球の円周を計測している。間宮に出会った伊能はその測量手法を教えた。「大日本沿海輿地全図」の蝦夷地部分は間宮が測量し、書き上げたものと言われている。

なお間宮とともに樺太を縦断し、樺太が島であることを認めたのが、間宮の上役、松田伝十郎。松田は松前藩が蝦夷錦を手に入れるため、アイヌを脅して山丹人と交易させている状況を知り、義憤の念に駆られた。樺太探検後の一八〇九（文化六）年、松田は幕府の樺太詰役となり山丹人と交渉を繰り返した。松田は毛皮一五〇〇枚を一三〇〇両で買い付けることで決着をつけ、山丹人の捕縛からアイヌを解放している。

一方、松前藩は一時奥羽に移封されたが、後に再度全蝦夷地を管轄することになる。松前藩から忌み嫌われていた松田は宗谷詰めを解任され、郷里に引きこもった。その時の句が「骨折りし二四年の栗餅を黄粉くるめて鷹に取られる」――さぞや悔しかったことだろう。

第〇二話　歩み（二）

江戸幕府による蝦夷地調査と場所請負人制度

一七八九（寛政元）年から一八〇一（享和元）年にかけ、江戸の経世家（世を修め国民を救う者）・本多利明が「経世秘話」という書籍を出した。私は「音羽先生」と呼ばれていた本多利明こそ、蝦夷地（北海道）開拓のグランドデザインを描いた人物と評価している。

一七八二（天明二）年から一七八九（寛政元）年にかけて天明の大飢饉が発生した。本多は、我が国が立ち直る政策として「四大急務」を訴えた。その内容は開国・交易を推進するとともに、属島（未だ開拓に着手していない日本に属する島々で、蝦夷・千島・樺太）を開発すべき、という富国政策である。蝦夷地の本格的開拓を指摘したのだ。

「世界の大都市は北緯四〇度以北に位置しており、英国やオランダの首都は北緯五〇度以北。蝦夷地はまさに最適な場所である」

「カムチャツカ半島に大都市をつくり、そこを拠点として樺太・中国大陸・北米に発展していく戦略を執るべき」と指摘している。さらに「幕府がこのまま蝦夷地を弱小の松前藩に任せ、手をこまねいていたなら、ロシアの南下により蝦夷地を失うことにもなろう」と述べている。

その本多の弟子が最上徳内。最上は本多の指示のもと、九度に渡り蝦夷地を調査・探検している。この間、アイヌの人々と生活をともにし、アイヌ語にも精通。アイヌ民族をとことん理解した人物である。クナシリ・メナシの戦いは幕府の耳にも入り、その調査のため青島俊蔵を幕府密偵として任命した。最上はその案内人として蝦夷調査に同行した。最上にとって三度目の渡航であった。

江戸へ戻った青島は調査書を提出するが、幕府は青島らの蝦夷地における職務を離れた行動やアイヌとの交流を問題視し、二人は投獄された。最上は瀕死の重病となったが、恩師の本多が八方手を尽くして救出し「放免」された。一方、青島は獄中で病死した。

病床中に最上が書いたのが、有名な『蝦夷草紙』である。『蝦夷草紙』には、蝦夷錦を手に入れるためアイヌの子供たちが人質として捕らわれている状況や、松前藩によるアイヌ民族への圧政と、ロシアの動きに対して松前藩がまったく無防備であることも指摘されていた。『蝦夷草紙』に記載された内容により、幕府はクナシリ・メナシの戦いの裏にはロシアが絡んでいるのではないかという疑念を抱き始めた。そこでクナシリ・メナシの戦いのいきさつ、さらには松前藩の動向を調査すべく、幕府は蝦夷地巡見隊を派遣した。その先遣隊長となったのが近藤重蔵。最上の案内で近藤はクナシリからエトロフに上陸し、そこに「大日本恵登呂府」という碑を建立している。帰路、近藤は鵡川あたりのアイヌの人々が義経伝説を信じていることを知り、江戸に戻ってから金色の義経像を寄進した。これが現在、平取町の義経神社の守護神になっている。

近藤らの調査により、幕府は松前藩から東蝦夷地を取り上げ、仮上知とした（一七九九年＝寛政一一年）。その後、松前・西蝦夷地一円も幕府管轄とし、松前藩は奥羽・梁川に移封された（一八〇七年＝文化四年）。

クナシリ・エトロフ間の荒れ狂う海峡に航路を見出し、近藤・最上のその後の渡航を助けたのが高田屋嘉兵衛。高田屋について司馬遼太郎は、その著『菜の花の沖』で「今も、世界のどんな舞台においても通用できる人」と絶賛した人物だ。

高田屋は道東・クナシリ・エトロフで広範囲に漁業を営み財を成すが、一八一二（文化九）年、ロシアの軍艦ディアナ号に捕らえられ、カムチャツカに連行された。

「捕られわれと相成り候以上、大丈夫にて（堂々と）掛け合い（交渉）いたすつもり候」と手紙を残し、ロシア艦船に乗り込んだ。副艦長のピョートル・リコルドは高田屋の堂々とした態度と人物に惹かれ、寝食をともにして語り合った。リコルドの目的は松前に幽閉された艦長のヴァシリー・ミハイロヴィッチ・ゴローニンを救出することとわかり、高田屋はともに松前に行き艦長救出に成功した。

この一件で、ロシアと日本との関係は改善、しばらくの間、紛争は一切発生しなかった。

ロシアは高田屋の尽力に感謝し、航海中に丸高印（高田屋の持ち船）の船に遭うと、お互いに手旗信号で航海の安全を確認し合っていた。ところが、松前藩と幕府はこれを密貿易とみなし、高田屋の跡を継いだ弟・金兵衛の財産をすべて没収した。松浦武四郎の記載によれば、その総額は今の日本国の予算に匹敵するほどの巨額にのぼるそうだ。

さて、高田屋嘉兵衛がロシア艦隊に捕らえられる以前、同じようにロシアの侵犯（文化の露寇）により択捉島で捕縛され、シベリアに送還された人物がいる。その名は中川五郎治。

中川はシベリアで五年間の抑留生活を余儀なくされたが、その間にゴローニンが捕らえられ松前藩に幽閉されるという事件が起きた。ロシアはゴローニンを救い出すため、中川を捕虜交換要員として指名し、リコルドが連行して蝦夷地に向かわせた。シベリアを移動中、中川はある商人の家に泊まり、そこでエドワード・ジェンナーの「天然痘・種痘」の書（ロシア語版）を手に入れた。六年ぶりに中川は松前に帰るが、リコルドの命に背き、ゴローニン救出には動かなかった。それから十数年がたち、箱館に天然痘が流行した。中川はジェンナーの本を参考に「種痘」を患者に施し、多くの人命を救っている。これがわが国で初めての「種痘」による天然痘の治療であった。

「クナシリ・メナシ」の戦いで飛騨屋久兵衛はそのすべての責任を負い、厚岸・霧多布・国後・宗谷の四場所を松前藩に没収される。飛騨屋没落の後、これらの場所を松前藩から管轄を任せられたのが三代目の村山伝兵衛。村山家は能登出身で阿部屋（あぶや）を称し、一七五〇（寛延三）年から宗谷・留萌や増毛の場所を請け負い、アイヌの人たちにも漁業を教えるなど、場所請負人として繁栄していった。村山伝兵衛は飛驒屋の請け負っていた場所を手に入れた。それにより、村山家は巨万の富を築き、西の横綱・鴻池家と並び東の横綱とまで称されていた。しかし、吉原の遊女を妾に持つなど放縦・傲慢な生活をしていた松前藩八代目藩主・道廣（その後、幕府の命により隠居）の策略により、すべての財産を松前藩に没収されてしまった。

江戸後期から明治の初めにかけ蝦夷地を舞台に、林業・漁業で繁栄を極めた豪商は、飛驒屋久兵衛、村山伝兵衛、高田屋嘉兵衛、そして栖原（すはら）角兵衛の四家といわれている。飛驒屋、阿部屋（村山家）、高田屋は、松前藩や幕府によって没落させられたが、栖原家はどうなったのだろうか。

栖原家は代々角兵衛を名乗っていたが、六代目は天売・焼尻・留萌・苫前、そして十勝場所を請け負い、事業は順調に推移していた。七代目の時に飛驒屋が没落し、択捉場所を任され、ますます隆盛を誇った。一〇代目になると、松前藩の財政も事実上任されるまで、その経済力・影響力は高まった。明治になり、開拓使が北海道を管轄するようになると、樺太場所の開発を依頼される。しかし、一八七五（明治八）年に樺太・千島交換条約が締結されると樺太場所を手離さざるを得なくなり、今の額で二四〇億円もの財産を失った。一八九五（明治二八）年には三井物産に事業をすべて移譲せざるを得なくなった。

クナシリ・メナシの戦いの全責任を負い飛驒屋は破産したが、村山伝兵衛、栖原角兵衛らとともに、飛驒屋の請負場所を引き継いだのが佐野孫右衛門。四代目孫右衛門（米屋：よねや）は石狩一三場所を請け負っていたが、飛驒屋没落後、久寿里（くすり）場所（現在の釧路・白糠・厚岸一帯）を引き受け、大いに繁栄した。飛驒屋はアイヌ民族を酷使するとともに、非人道的な扱いをしていたが、佐野孫右衛門はアイヌの人々や漁民から好感を持たれていたという。釧路市にある佐野碑園（小公園）には孫右衛門の功績を称える碑が建てられており、釧路地方開拓の祖として市民から慕われている。

第〇三話　歩み（三）

箱館奉行による蝦夷地開拓

一八五三（嘉永六）年、マシュー・ペリーが浦賀に、そしてロシアのエフィム・プチャーチンが長崎に来航。両国は日本との交易・開港を強く求めた。さらにロシアは千島・樺太との国境線設定を幕府に迫ってきた。このような中、翌一八五四（安政元）年、幕府は蝦夷御用掛の堀織部正（ほり・おりべのしょう）を指揮官として蝦夷地・北蝦夷地（樺太）調査団を派遣した。

幕府調査隊が出発する直前、ペリーが箱館にも来航することを知り、堀は同行予定だった武田斐三郎（たけだ・あやさぶろう）を箱館に残し、ペリーとの交渉一切を彼に任せた。武田は当代随一の知識人であり「科学技術の先駆者である」と勝海舟からも高く評価された人物。武田と会談したペリーも武田の人物と学識の深さを褒め称えたという。

さて、幕府調査隊が江戸に戻り、ロシア南下の危機に対応する必要があること、さらに松前藩は北方防衛に無力であることが幕府に報告され、一八五五（安政二）年に蝦夷地は松前の一部を除いて幕府の管轄となった（第二次蝦夷地上知）。

ここから堀を筆頭に三人の奉行が蝦夷地開拓を推し進めることになる。堀はまず、外敵からの攻撃を防ぐため一五門の大砲を備えた弁天台場と五稜郭の建設を命じた。それまでの函館奉行所は函館山中腹にあったため、海からの攻撃には耐えられない。そこで、奉行所を内陸の地（五稜郭）に移し、さらに海岸線を死守するため弁天砲台を設置して万全の防御態勢を敷いたのだ。

五稜郭と弁天砲台の設計と施工は武田が陣頭指揮を執った。土塁工事を引き受けたのは蝦夷地開拓の夢を抱き越後から渡道した松川弁之助。松川はその後、樺太開発にも携わるが、その地で多くの漁民を病気で失い、また持ち船の難破で財も失った。函館市民は函館港から五稜郭に続く地区を松川町と名付け、その遺徳を偲んでいる。

箱館は開港し、一気に長崎・横浜と並ぶ近代的国際都市に進化していった。各国領事館が開設され、外国人居留地は賑わい、東北各藩の陣屋や留守居（箱館出張所）が置かれた。産業面では、産物会所や交易会所が開かれ、それに伴い商店街も広がっていった。箱館奉行所は鉱山開発、養蚕機織（はたおり）、陶器や紙の製造、薬園などを奨励・開設し、箱館通宝と呼ばれる地域貨幣も発行された。さらに「適塾」出身の武田を塾長とする洋式学問所「諸術調所（しょじゅつ　しらべしょ）」も開設し、学問を推奨した。松浦武四郎には蝦夷地全図作成を依頼している。私は、この壮大なプロジェクトを具体的に短期間で推し進め、さらにその後の北海道開拓の礎を築き上げたのは堀織部正、その人と考えている。

高田屋の財産没収については前述の通りだが、高田屋造船所も閉鎖されることになる。この造船所で働き、その閉鎖に伴い仏壇師になった松前出身の続豊治（つづき・とよじ）と、堀との関係について触れてみたい。

続はペリー艦隊の箱館来航で、胸に押し止めていた船造りの情熱が目覚めた。夜間、磯船に乗り、ペリー艦隊の蒸気船に近づいた。図面を作成しようとしたのだ。しかし、アメリカ兵につかまり、箱館奉行所のお白州に出される。続は死罪を覚悟するが、その時の調役奉行が堀織部正。続を咎めるどころか洋式帆船の建造を言い渡した。

続が最初に造った船が「箱館丸」で、日本初のスクーナー型洋式船。堀は「箱館丸」に乗って江戸に向かった。「これが蝦夷地で造られた洋式船か」と、江戸では大評判になったそうだ。続は八三歳で亡くなるまで洋式船を造り続けた。続の跡を継いだのが次男の卯之助。彼はのちにNHK大河ドラマ「八重の桜」の主人公・八重と結婚する同志社大学創始者、新島襄の米国密航を助けた人物である。

越前（福井県）の大野藩は蝦夷地の幕府直轄に伴い、その開拓と防衛を自藩で担いたいと幕府に申し出た。しかし、その申し出は許されなかった。この時「蝦夷がだめなら北蝦夷（樺太）がある」と、果敢に主張したのが早川弥五左衛門。早川は箱館奉行・堀織部正の許可と支援を受け、一八六一（安政七）年、樺太の鵜城（ウショロ）を本拠に開拓と防衛を任された。厳寒の樺太で、早川の手足は透き通るまでの凍傷に罹る。その中でも、早川は勢いを増すロシアの南下を食い止めなければならないとの覚悟で開拓にあたった。しかし、理解のあった藩主が隠居し、上役だった総督も亡くなり、莫大な費用と大きな犠牲を払った北蝦夷地は明治政府に返還され開拓事業は終止符を打った。早川の北蝦夷地での努力と功績は後に認められ、開拓神社に祀られている。

次に堀が着手したのが石狩地方の開拓だ。堀は敏腕の荒井金助を江戸幕府より招き、石狩地方開発に任じた。当時、荒井は上役と意見が合わず江戸で赤貧洗うが如き生活をしていた。その荒井を認め蝦夷地に呼んだのが堀である。

北海道史の大家・高倉新一郎は「今日の札幌は荒井の施策でその基礎が造られた」と評している。荒井はイシカリ役場長官としてこの地の開拓に奔走。アイヌ民族を撫育（愛情を以て大事に育てること）し、請負人独占だった漁場を開放して「直捌き（じかさばき）」にした。さらに自ら家族や使用人を率い「新井村（後に荒井村）」を今の篠路に開拓している。

新井村の開拓にあたっては、その調査能力と土地勘に優れた早山清太郎の意見を取り入れた。早山は道南以北では初めて米作に取り組んで見事に成功しており、生涯一農夫として札幌村の開発に貢献している。

荒井はさらに、苫小牧から札幌に至る札幌越新道の敷設にも取り組んだ。札幌に至るには、今の豊平川を渡らなければならない。荒井は部下二人とその家族を両岸に住まわせ、渡守を担わせた。その二人こそ志村鉄一と吉田茂八で、札幌の開祖として南五条の豊平川両岸にその石碑が建てられている。

荒井は堀が江戸に戻ったあと、後任の役人に冷遇され、箱館および室蘭の閑職に左遷された。函館で病気となり療養中であったが、五稜郭の堀でその死体が見つかった。息子の嫁が荒井の遺徳を偲ぶため寺院を寄贈し、荒井と早山清太郎の墓石にその功徳を刻んでいる（旧龍雲寺は札幌開拓村に再建され、篠路に新龍雲寺が建てられた）。

堀はさらに、二宮尊徳に蝦夷地での開拓指導を懇請するが、二宮は重い病に伏しており、死後その弟子である大友亀太郎が札幌村開拓に取り組んだ。まず大友が着手したのは用水路の構築で、今の札幌市南六条鴨々川あたりから水を引き、札幌市東区北一三条東六丁目の札幌村役宅裏までの用水路を開削した。この用水路は大友堀といわれていたが、一八七四（明治七）年に創成川と改められた。

島義勇が北海道本府を札幌に構想した時、大友堀は市街を東西に分ける起点とされた。大友は、一三年に渡り開拓した札幌元村と苗穂村を開拓使に引き渡した。その後、故郷の大友（神奈川県小田原市）に戻り、六四歳で生涯を閉じている。札幌村は苗穂、丘珠を含め「札幌市東区」として発展していった。

堀は箱館奉行を四年務めたあと、幕府の外国奉行（後に神奈川奉行兼任）となった。彼は日本を代表して諸外国との交渉に当たっていたが、プロイセンとの条約締結に際し、老中から裏交渉の嫌疑をかけられた。堀は一切の弁明もせず、自らの命を絶った。享年四三歳。武田斐三郎、榎本武揚、島義勇、続豊治、松浦武四郎、荒井金助、早川弥五左衛門……。なんと多くの「北海道開拓の先覚者たち」が堀の周りに集ったことか。見事なチームを率いた堀の人物の大きさに圧倒される思いだ。

第〇四話　歩み（四）

幕府艦隊の品川出港から箱館戦争まで

鳥羽伏見の戦いで徳川幕府は薩長を中心とした新政府軍に思わぬ敗戦を喫し、徳川慶喜は大阪から江戸に引き上げざるを得ない状況に追いやられた。これを潔しとしない海軍奉行の榎本武揚は、徳川幕府藩士の生活を維持し、加えて北方の開拓と防備のため、旗艦「開陽丸」ほか、七隻の軍艦、二〇〇〇人の軍勢で品川を出港、蝦夷地に向かった。途中、仙台に寄り、土方歳三、大鳥圭介ら一〇〇〇人を加え、総勢三〇〇〇人で森町の鷲ノ木に上陸した。箱館住民や、すでに開設されていた各国領事館への混乱を避けるため、直接箱館港への上陸を避けたのだ。

五稜郭に居城している清水谷公考（しみずたに・きんなる）に「蝦夷を徳川家にお貸しくださるよう朝廷に願い出ているので蝦夷地をしばらくお貸し願いたい」との書状を送るが、箱館府の軍勢は榎本軍に攻撃を仕掛ける。榎本軍は、海岸沿いに土方軍を、内陸路を大鳥軍が進軍し、五稜郭に向かった。しかし、五稜郭に至ると、そこはもぬけの殻。清水谷以下の箱館府軍は青森に逃亡した後だった。

次に、榎本は松前城主・松前徳廣に「力を合わせて蝦夷地の開拓を願う」との書状を送った。しかし、使者は斬殺された。この時、徳廣は二五歳の若さでかつ病弱であり、急進派の田崎東が榎本軍に対抗する全軍の指揮を執っていた。榎本軍は土方に七〇〇人の兵を与え、松前城攻略に向かった。土方軍に加え海上からの砲撃で松前城は陥落。松前軍は民家に火を放ち、完成したばかりの館城(たてじょう:江差の内陸)に移動。そこに籠るが、榎本軍に抗しきれず熊石に退却した。さらに青森に逃亡。二〇〇石の小型船「長英丸」に藩主家族など七一人が乗り込み、荒海の中、二日三晩かけて青森に到着した。しかし、途中二歳の姫・鋭子は船上で亡くなり、病身の藩主・松前徳廣も到着後、血を吐いてこの世を去った。

榎本軍は勝利したものの、この戦でも大きな損害を被った。旗艦の開陽丸が江差で座礁し、戦力を大きく削ぐことになったのだ。榎本軍は五稜郭に凱旋後「蝦夷共和国」を設立し、日本初めての選挙で榎本武揚が総裁に選ばれた。

一八六九（明治二）年三月、薩摩藩・長州藩を中心とした新政府軍は、七〇〇〇の軍勢を八隻の軍艦に乗せ、品川を出発。新政府軍は、雪解けを待ち四月に乙部から上陸を開始した。彼我の勢力および火力の差は大きく、榎本軍は追い詰められた。土方も一本木関門で奮闘の末討ち死。政府軍の総攻撃が開始されようとした時、榎本の人物と才能を惜しんだ新政府軍参謀・黒田清隆は使者を送り、榎本に降伏を求めた。この時の使者が後に登場するサッポロビールの創設者・村橋久成。榎本側は箱館病院院長の高松凌雲だった。高松はパリに留学し「神の国」という病院兼医学校で学んでいる。そこでは貧しい人々にも平等に医療の機会を与えており、高松は心を打たれた。箱館戦争終結後、高松は東京で医院を開業。一八八二（明治一五）年に「同愛社」を設立した。この組織は日本で初めての赤十字精神に基づく医療活動機関である。

黒田の降伏勧告に対し、榎本は「潔く討ち死にする」と書いた書状とともに、国際海洋法の原典『万国海津全書』二冊を黒田に贈り、勧告を拒絶した。黒田は榎本の気概に感激し、酒樽と肴を榎本に送ったとのことだ。結局、旧幕府軍は降伏し、榎本以下七人が東京の獄舎に入れられた。木戸孝允を中心とした長州出身者は打ち首を主張するが、黒田は頭を丸め必死に助命運動を展開。獄中二年を経て、榎本らは解放され開拓使に勤めることになった。

榎本の開拓使としての最初の仕事が北海道鉱山検査巡回で、一八七三（明治六）年、空知（夕張山系）に有望な石炭鉱脈を発見。空知地方のその後の発展に大きく寄与した。さらに石炭運送のため、札幌から小樽まで日本で三番目の鉄道「手宮線」を開設し、その後、空知まで延伸することになる。これにより、小樽には金融、商業、運送の企業が相次ぎ開設され、活況を呈することになった。また、榎本は小樽に龍宮神社を建て、函館戦争で亡くなった戦士を弔っている。

黒田は箱館戦争後、初代開拓使長官・鍋島直正の後を継いだ東久世通禧（ひがしくぜ・みちとみ）のもと、次官として実質的に開拓使を率いた。黒田は一八七一（明治四）年、開拓使十年計画を建議し、総額一〇〇〇万円（現在の数千億円）にのぼる大規模予算を獲得。その実現に邁進した。

特筆すべきことは、自ら訪米し、時の米国大統領ユリシーズ・グラントに面会、その際に農務長官ホーレス・ケプロンを北海道開拓の指導者として派遣してもらいたいと懇願し、大統領の了解を得たことだろう。黒田は二九歳、ケプロンは六八歳だった。ケプロンを開拓使教師頭取とし、トーマス・アンチセル、ウィリアム・スミス・クラークなど多数のお抱え外国人を招聘し、北海道開発に多大な貢献を果たすことになる。黒田はその後、開拓使長官を経て、我が国二代目の総理大臣として明治政府の重鎮にまで上り詰めた。

なお、箱館戦争で敵・味方に分かれて戦った黒田と榎本は戦い終了後、お互いを尊敬・信頼する間柄となった。黒田は「千島・樺太交換条約」において榎本を海軍中将として交渉にあたらせ、締結させている。二人は縁戚関係でも密なものとし、黒田は長女を榎本の息子に送り出し、また黒田は養子を榎本の孫娘と結婚させている。

箱館戦争で新政府軍軍艦の入港を阻止するため榎本軍が海岸に張り巡らせた網を除去し、さらに新政府軍の道案内をしたのが小林重吉と佐野孫右衛門。小林は三石（みついし）に昆布の一大製造所を持つとともに、自宅で船員の養成を行い、函館商船学校の礎を造り上げた。この学校で養成され卒業した船員は六五〇人を数えた。佐野は代々米屋（よねや）を名乗っていたが、四代目は久寿里（くすり：今の釧路地区）の開発に取り組んだ。東北や箱館から漁民六三七人をこの地に移住させ、自費で家屋・漁具を与えたほか、医療や教育にも心配りし、人々からの尊敬を得ていた。

黒田の依頼で高松を箱館病院に訪ね、榎本に降伏勧告を促した村橋久成について追記する。村橋は薩摩藩支藩の家老格の家に生まれた。明治維新前、薩摩藩は俊才の誉れある若者一六名を五代友厚の提言により英国に留学させたが、若き村橋もその一員として選ばれていた。箱館戦争では黒田の軍監として参戦している。明治政府の下に開拓使ができると、黒田の指名により開拓使顧問ケプロンが提言した東京官園の農業掛となった。ケプロンは東京官園で生育を試験した農作物を北海道に移植しようとしたのだ。村橋は計画中の七重（今の渡島管内七飯町）官園への転任を希望し、受け入れられた。村橋は厳冬の中七重官園の測量を行い、一八七四（明治七）年竣工の基礎を築いた。その後、再度黒田の指示により、琴似の屯田兵村の測量を任され、現在の琴似中央通りの両側に二〇八戸の兵屋が建てられた。北海道開拓を担った屯田兵は一九〇四（明治三七）年までに、三七兵村七三三七人が駐屯し、家族を含め三万人超が全国から新天地北海道に移住した。その第一号が琴似であり、村橋の測量・設計した兵村・兵屋がその基本となった。

当時、北海道で野生のホップが岩内で発見され、ビール醸造の機運が高まった。黒田の計画は東京官園で先に醸造所を造り、その後、北海道に移すというものであったが、村橋は罷免覚悟で稟議書を出し、最初から札幌に建設することを推し進めた。そして一八七五（明治八）年、日本で初めてのビール製造所「開拓使麦酒醸造所」が完成した。これが「サッポロビール」の始まりである。村橋は一八八二（明治一五）年に開拓使が閉鎖される直前、突然姿を消し、その一〇年後に神戸で行き倒れの姿で発見された。

戊辰戦争で、官軍の従軍医師として敵味方の区別なく兵士を治療し、多くの命を救ったのが関寛斎。戊辰戦争後、寛斎は官を辞して徳島で医院を開業した。高松と同様、貧しい者からは治療費を受け取らず、名医として敬愛されていた。七二歳の時、突然すべてを打ち捨て妻とともに北海道に渡った。開拓を目指した地は酷寒の地斗満（とまむ＝今の陸別町）。厳しい寒さの中、斗満川で水浴し、自ら鍬を下すとともに、入植者の指導や医療に尽力した。一九一二（明治四五）年、明治天皇崩御の年、八二歳で自らの命を絶つという壮絶な一生であった。陸別町には関の記念館や銅像があり、町民から今もこよなく愛されている。

第〇五話　歩み（五）

開拓使の発足

一八六九（明治二）年五月一八日、榎本軍の抵抗空しく五稜郭は開城となり、徳川三〇〇年の最期となる戦いは終わった。蝦夷地開拓と北方警備は新政府の重要事項。開城の一週間前にはすでに「蝦夷地開拓の件」が上奏され、六月四日にはその実施計画作成の命が下された。その命を受けたのは肥前佐賀藩城主の鍋島直正。七月一三日に開拓使長官に就任した。開拓使は、内務省や外務省、大蔵省などと同格の中央官庁の一つで、北方開拓を重視する政府の姿勢の表れとみることができるであろう。

鍋島は一七歳で佐賀藩主を継ぐと、危機的状態にあった藩財政を「債務と役人の大幅削減」「農業改革を主体とする産業育成」「教育の振興」という三本の矢で復権させ、その余剰資金で当時最強の武器であったアームストロング砲や蒸気機関による軍艦を製造。軍備の増強を図った。早くから北方（ロシア）の脅威を認識し、蝦夷地開拓の重要性を指摘したほか、一八五六（安政三）年には信頼する部下、島義勇を箱館奉行の堀織部正の近習に据え、二年間に渡り蝦夷地・北蝦夷地（樺太）を調査させている。この時、島が作成したのが『入北記』で、その後の蝦夷地開拓方針を決める上で重要な資料となった。鍋島の目は南の端にいながら常に北の端に光っていたのだ。

鍋島は病身でもあり、初代開拓使長官をひと月余りで辞し、大納言になった。しかし、蝦夷地への思いは強く、一八六九（明治二）年にキリタップ場所（現在の浜中町）に佐賀藩民一二戸を移住させ、さらに一八七一（明治四年）には二九〇人を同地に入植させている。三五六人の屯田兵も出すなど、佐賀県と北海道との強い結びつきは、鍋島の北方への思いを体現にしたものであろう。

開拓使初代長官・鍋島の後任になったのは公家出身の東久世通禧（ひがしくぜ・みちとみ）。一八六九（明治二）年九月、東久世は第二代開拓使長官として四人の判官および二〇〇人の移住団とともに、テールス号で北海道・函館に向かった。同行した判官は、銭函出張所に向かい北海道本府建設の命を受けた島義勇、函館にて長官を支援した岩村通俊、根室出張所担当の松本十郎、そして、宗谷出張所担当の武田信順である。なお、樺太出張所担当の岡本監輔（おかもと・けんすけ）は本隊とは別に樺太に直行し、松浦武四郎は東京の開拓使本庁勤務として本州に残った。

東久世は、明治天皇の父君である孝明天皇（皇太子の時は統仁：おさひと）に幼少の頃から仕え、天皇になると侍従の任を与えられた。孝明天皇の側で長く仕えたことから、東久世は急進的な尊王攘夷派であったと容易に推察される。当時、長州を主力とする尊王攘夷派と会津などの推す公武合体派が覇権をめぐって争っていたが、一八六三（文久三）年のクーデター「八月一八日の変」で長州藩と急進公家が朝廷から一掃された。東久世は三条実美（さんじょう・さねとみ）らとともに長州に逃れた（七卿の都落ち）。大政奉還後、東久世は復権し、外交事務総督（今の外務大臣）の要職に登用された。一八六九（明治二）年に開拓使が編成されると次官となり、翌月には鍋島の後を継いで長官に指名される。これには「七卿の都落ち」でともに長州に追いやられた三条の推薦もあったのだろう。

東久世は開拓使長官になり、結果的に北海道開拓にとって、なくてはならない二人の判官を追いやることとなる。まず松浦武四郎。松浦はアイヌ民族を酷使する場所請負制度が諸悪の根源であるとして制度の廃止を強く訴えたが、東久世は優柔不断で廃止の判断を下さなかった。これに反発した松浦は開拓使判官に任命されてからわずか七カ月で、その職を辞した。

次が島義勇。鍋島が開拓使長官を辞して、北方の地開拓の思いを委ねたのが島だった。鍋島公は島が蝦夷地に出立する前、島の自宅を訪れ巨杯を注ぎながら彼の地への思いを告げ、さらに名刀を授けている。島の感激はいかほどだったろうか。島は北海道本府を建設すべく厳寒のなか奔走したが、折からの食料不足で資金を使い果たした。これを島の専断行為とみなし、東久世は島を罷免した。開拓使が発足してからわずか一年余りで松浦、島という貴重な人材を失うことになる。開発途上で開拓使長官から判官を罷免された島は、佐賀の乱で捕らえられ晒し首の刑に処せられた。

東久世は島を罷免後、初めて札幌の地を踏んだ。この時、東久世は島が取り組み建設途上であった本府工事を目の当たりにし、その発想の豊かさと短期間での成果に驚嘆。土佐出身の岩村通俊に再建設を命じた。一八七二（明治五）年一月、万端の体制を整え、岩村は札幌本府の建設に取りかかった。島の大構想を岩村は緻密な作業計画と兵站計画で取り組み、六月には札幌を正式な北海道の首都とすることが公認された。岩村は四年余り北海道で勤務したが、この間、ススキノに遊郭を造り開拓者たちの士気を高めたり、家屋を燃えにくい石造りに変えるべく自ら指揮して木造藁葺（わらぶき）屋根の家に火をつけ燃やしたりしている（御用火事）。岩村は、いささか強引な手法を取り入れながらも札幌建設に邁進していった。しかし、東久世が去った後、開拓使次官として実質的に権限をふるった黒田清隆と意見が合わず免官となった。

一八八二（明治一五）年に開拓使制度が廃止となり、一八八六（明治一九）年に北海道庁が設置されると、岩村は初代長官（知事）に選任された。その後の三年間で、岩村は上川地方の開拓（天皇の避暑地・北の京）、新道の開設、鉄道の測量、電話線の設置など着々と開発を行っていった。また、民間資本の誘致や道庁赤レンガ庁舎の建設、札幌農学校の拡充などを精力的に実施し、この間に北海道の開発は急速に進んでいった。

留萌管内小平（おびら）に松浦武四郎の銅像が建てられている。松浦は六度にわたって蝦夷地を調査・

測量し、詳細な地図を作成するとともに、九〇〇〇を超えるアイヌ語地名を日本語に置き換えている。天塩川探査の帰途、音威子府でアイヌの長老アエトモから「アイヌは自らその国をカイと呼ぶ」と聞かされる。明治政府から蝦夷地の改称を依頼され、一八六九（明治二年）七月一七日、松浦は六つの候補を提出した。その中の一つが「北加伊道」。北海道として選ばれ、同時に松浦起案による道内一一カ国八六郡が名付けられて現在に至っている。松浦は一日六〇キロから七〇キロのペースで荒野を歩き回った探検家であり、膨大な書籍を遺した著述家である。また地理学者、言語学者としても優れた功績を遺した。松前藩や場所請負人に虐げられたアイヌの人々に対し、理解と愛情を持ったヒューマニストでもある。蝦夷地探検の第一人者として、五二歳で開拓使判官を任ぜられた。しかし、先に触れたように長官の東久世長官と意見が合わず、わずか七カ月で役職と官位を返上した。

開拓使判官として根室・釧路の開拓に多大な貢献をしたのが松本十郎である。松本は岩村の後を受け、黒田の推挙で開拓使大判官に命じられ、北海道開拓の責任者となった人物だ。松本は戊辰戦争で会津が降伏した後も最後まで薩長軍と戦った庄内藩の若き武将だった。黒田は敵将でありながらも松本を有能な人材と認め開拓使判官として採用した。開拓三神を戴き長官・東久世以下の開拓使は函館に到着したが、松本はその後一三〇人を連れて根室に向かった。この一三〇人の多くは実は東京の浮浪者や無宿者で、その後松本を苦しめることになる。松本は彼らの大多数を追い出し、佐賀出身の移住者を中心に道東地区の開拓に邁進した。

アイヌの人たちとも分け隔てなく接し、ざんぎり頭でアイヌの衣装「アッシ」を常に纏い、アッシ判官として親しまれていた。養蚕を推奨し現在の桑園地区を開拓したり、大通公園の原点となる花畑を官舎に造園したりしている。松本は、自分を抜擢してくれた黒田に感謝と尊敬の念を常に抱いていたが「樺太・千島交換条約」を契機に松本は黒田とたもとを分かつことになる。樺太アイヌの人々を移住させる際、松本は彼らの希望通り、故郷が遠望でき漁業の適地である宗谷への移住を主張したが、黒田および榎本武揚は江別市対雁に強制移住させることを決定した。結局、八〇〇人を超えるアイヌの人たちは慣れない地で伝染病に罹り、その半数が亡くなる結果となった。松本は、黒田に直接伝えることなく開拓使大判官の地位を辞し、郷里の庄内に戻った。この時、松本は三八歳の若さだった。

樺太（サガレン）開拓に熱い思いをたぎらせたのが松本と同じ一八三九（天保一〇）年に生まれた岡本監輔。岡本は以前耳にした「サガレン」という地名が頭から離れず、たまたま目にした間宮林蔵の著作『北蝦夷図説』や松浦武四郎の『蝦夷日誌』『蝦夷紀行』を読み、樺太への思いはさらに高まっていった。箱館奉行所を強引に説得して樺太に入り、一八六五（慶応元）年には前人未踏の樺太一周を成し遂げている。ここで、岡本はロシア勢力の南下に対し深刻な危機感を抱くに至った。勤王か佐幕かと大揺れに揺れているさなか、江戸に赴き坂本龍馬に会うなど、樺太の窮状を訴える行動に出たのである。もちろん、世情はそれどころではなく、岡本が打った手は貧乏公家の清水谷公考（しみずたに・きんなる）を利用することだった。岡本の熱弁に若く純粋な清水谷は痛く感激。清水谷は同じく公家の友人、高野保健（たかの・やすたけ）とともに「蝦夷地に鎮撫使を派遣すべき」と明治天皇に建議した。この起案は承認され、清水谷は箱館裁判所総督（後に函館知事）となり、岡本は権判事・樺太担当として農耕民二〇〇人を連れ、念願通り樺太に赴任することとなる。その後、箱館戦争を経て開拓使が設置されるが、岡本は引き続き判官として樺太担当を任された。

一八七〇（明治三）年、開拓使次官として黒田が就任し樺太を視察した。そこで黒田はロシアの勢力が圧倒的に日本を凌駕している実態をつぶさに調査し、樺太を放棄し北海道に集中すべきとの結論に至る。これに憤慨した岡本は黒田に判官辞職通知をたたきつけ、長年の強い思いであった樺太から引き上げた。岡本は一八九一（明治二四）年、千島開拓を企て「千島義会」を結成するが、乗船が沈没し、その思いは残念ながら頓挫してしまった。

開拓使判官として初期に推挙された松浦武四郎、島義勇、岩村通俊、松本十郎、岡本堅輔は、いずれも上司との軋轢の中、北海道開拓の強い思いの半ばで退任せざるを得なかった。すさまじいばかりの人間模様である。私たちは、先人の北海道開拓に関わる艱難辛苦に思いを寄せ、この地の発展と活性化に務める必要があろう。

士族による北海道開拓

気骨にあふれ、我慢強く、教養を身に着けた東北地方の士族たち。戊辰戦争で敗れた奥羽越連合の諸藩は、藩士の生き残りと北方の守りで汚名をそそごうとの心意気で北海道に移住し、その開拓に大きく貢献した。

「鳥羽伏見の戦い」から一カ月後の一八六八（慶応四）年三月、朝廷は会津を攻め落とすべく奥羽鎮撫総督を仙台に赴かせ、仙台藩主に会津討伐の参戦を命じた。しかし、藩主の伊達慶邦は会津への寛大な処置を願い参戦をためらっていた。奥羽鎮撫総督の下参謀が長州藩の下級藩士・世良修蔵。多少読み書きのできる漁師出身で品性のかけらもない人物と言われている。世良は伊達藩主の懇請をことごとく退けるばかりでなく、藩主に無礼極まる態度を取り続けた。さらに会津討伐軍本陣に「奥州皆敵」との密書を送った。密書は仙台藩の手に落ちることとなり、激高した仙台藩士は世良を殺害。ここに仙台藩、米沢藩を中心に二七藩が結集し「奥羽越列藩同盟」が結成された。兵力では互角であったが、アームストロング砲を主力とする新政府軍に対し、火縄銃や槍・刀では歯が立たず、列藩同盟は次々に敗れ、また脱落していった。

戊辰戦争終了後の沙汰は極めて厳しいものだった。仙台藩が六〇万石から二八万石に減封されたのはまだましなほうで、伊達亘理氏は一万二〇〇〇石から六五石、伊達岩出山氏は一万五〇〇〇石から五八石、そして、伊達白石氏は一万八〇〇〇石から五五石とほぼ壊滅に近い状態となった。さらに領地は南部藩などに移封され、明け渡しを命じられた。「住むに家なし」「食うに米なし」「先行き知れず」。各藩とも、家族を含めると数千人が路頭に迷うこととなった。

当時、新政府は北辺（ロシア）の南進に脅威を抱き、また新たな国土開拓のため蝦夷地開拓計画を推進めていた。この計画に沿うことが藩士および家族の生き残る道。そう考えた伊達亘理氏家老の田村顕允（たむら・あきまさ）、岩出山伊達氏家老の吾妻謙（あがつま・けん）、白石氏家老の佐藤孝郷（さとう・たかさと）は、それぞれ蝦夷地への移住を新政府に願い出た。許可を得て、亘理は胆振国有珠郡（伊達市）、岩出山は聚富（石狩市厚田区）から当別、白石藩は幌別（登別）、白石（札幌市白石区）、手稲（札幌市手稲区）に移住することとなる。

一八七〇（明治三）年三月、亘理の第一次移住者二五〇人は室蘭港に到着。苦難の歴史が始まった。アイヌの人たちに背負われ上陸した婦女子は、さめざめと涙を流したという。移住費用は当主・伊達邦成が持てる家財すべてを売って調達し、また第三次移住者の中には当主の義理の母親で「伊達家最後の姫」といわれた伊達・宗藩出身の貞操院保子も加わっていた。当主を中心に藩をあげての移住は、二度と郷里には戻らないという覚悟の程がうかがわれる。

開拓着手から一〇年、さまざまな苦労を克服し、西洋農具による大規模農業、西洋果樹の栽培、製糖工場・製麻工場・精油工場・製藍工場の建設、和牛の飼育等に事業を拡大し、開拓者は一八〇〇人を超える規模になった。一八九二（明治二五）年、伊達邦成には男爵の位が授けられた。一九〇〇（明治三三）年には近隣の五カ村を併せ、伊達村が誕生。今日の伊達市へと発展している。

「伊達邦成の有珠伊達開拓と比べ、その辛苦においてこれに倍するものは伊達邦直の石狩当別の開墾である」と高倉新一郎が述べているように、岩出山伊達家の移住は一層の困難を伴った。伊達邦直は亘理邑主（ゆうしゅ）・伊達邦成の実の兄。邦直は藩校「有備館」に部下を集め開拓がいかに困難であるかを伝えた上、同志を募った。第一次移住団一六一人を乗せた船は荒れ狂う海に翻弄され、また濃霧で針路を失いながらも、ついに室蘭に到着した。室蘭で給水している間に船は出帆してしまい、残された移住者たちは徒歩で目的地の聚富（しっぷ）に向かわなければならなかった。ようやくたどり着いた聚富は砂地で持参した種子も吹き付ける風で吹き飛ばされてしまう。もちろん、種子は発芽することなく、さらに米を積んだ船が遭難し食料は尽きてしまう。家老の吾妻謙は数人を引き連れ、新たな地を求めて石狩川下流を調査し、遂に当別の地に行き着いた。この地は地味豊かだった。開拓は三次に渡り、次第に成果が上がっていった。

「日本海の厳しい潮風に耐えて咲くハマナスにも似ている」と、版画集『開拓者』を発行した画家で岩出山在住の小野寺栄は移住者たちを讃えている。岩出山伊達当主・伊達邦直は北海道開拓の功が認められ、没後の一八九二（明治二五）年、孫の正一に男爵の位が授けられた。

代々片倉小十郎の名を継いだ伊達白石家も戊辰戦争後、家禄を数百分の一に減らされ、家臣一四〇二人、家族を含め七四九五人は路頭に迷うまでに追い込まれた。一八六九（明治二）年九月、蝦夷地移住を申請したのに対し、政府は幌別郡移住支配を命じた。政府は自費移住を指示し、三〇〇〇両の移住費用貸し付け申請も許可しなかった。第一次、第二次でそれぞれ一七戸、四五戸が幌別（現登別）に移住するが、食料船の難破に見舞われ鹿肉を食してしのぐなどの難儀にも見舞われた。そのような中でも、道路の大修理や神社の建立、仮教育所の建設など開拓を進めていった。しかし、開拓の困窮に耐えかね一八七七（明治一〇）年、藩主の息子・片倉景範など三〇人が突然白石（札幌）に移り住むことになった。残った移住者たちは動揺し、景範の息子片倉景光を白石（宮城）から招いた。景光は幌別開拓の先頭に立って奮闘し、一八九八（明治三一）年にはその功が認められて男爵を与えられた。

さて、移住第三陣六〇〇人を率い札幌に渡ったのは家老職の佐藤孝郷。当時、佐藤は二〇歳という若さであった。佐藤は頭脳明晰で卓越した判断力を持ち、政府・県の要人からも高く評価された人物。政府および開拓使は第三次の移住に対し、貫属扱い（渡航費用並びに開拓にかかわる費用は国で面倒を見る）の特別待遇を与えた。佐藤の人物を高く認めたこととともに、それまでの移住の困難さを配慮したのだろうと言われている。佐藤の乗った咸臨丸は木古内沖で座礁するものの、何とか全員が助かり小樽・銭函を経由して石狩の番屋にたどり着いた。当時の開拓使大判官は岩村通俊で「雪が解ける春まで石狩におり、その後開拓に着手するように」と指示するが、「故郷を捨てて来た以上、何としても早く開拓に取りかかりたい」と、最月寒（もつきさっぷ：豊平川の東）で住居の建設に取り組んだ。彼らの奮闘ぶりを見て、岩村はこの地を故郷にちなんで「白石村」と名付けた。

第三陣六〇〇人の移住者のうち二四一人はしばらく石狩町に寄留し、岩村の指示で上手稲地区の開拓に取り組んだ。この開拓を指揮したのは白石家老添役の三木勉。移住した地は今の手稲区発祥の地と言われている。佐藤、三木ともに移住後、子弟の教育に取り組み、白石には「善俗堂学問所」（公立白石小学校の前身）、上手稲に「時習館」（上手稲小学校を経て公立手稲東小学校）が設立された。

一八七一（明治四）年七月、廃藩置県が施行されると従来の藩はほぼ解体され、武士もその大半が士族となった。しかし、官職に就く者以外は収入の道が途絶え、士族の多くは農業や商業に携わらなければならなかった。慣れない仕事で士族たちは失業し疲弊していった。明治政府はこのような士族を北海道に開拓移住させるべく「移住士族取扱規則」を制定し、屯田兵制度が始まった。制度の初期、琴似や山鼻の兵村に移り住んだ屯田兵は東北諸藩の旧藩士が中心であった。その後の新琴似や篠路兵村には九州や中四国の旧藩士が入植してきた。いずれも武士としての教養と気骨に加え、故郷を捨て不退転の覚悟で酷寒の地の開墾と国土防衛に取り組み、北海道開拓に大きく貢献した。

地下鉄琴似駅近くに再建された兵屋が、当時のままの姿を遺している。また新琴似神社の境内には屯田兵中隊本部の建物が復元されており「百年の基を開きし農魂ぞ　命絶やすな先達の声」「この地に育つ若人よ　今日を創りし先人の　自耕自拓の精神を継いで努力の人となれ」と刻まれた碑が建てられている。

各屯田兵村では子弟の教育が最優先課題で、入植した年には小学校が開校されている。寺子屋式の教育施設で始まり、その後本格的な小学校が建設されていき、今の琴似小学校、山鼻小学校、新琴似小学校に発展している。

一八八二（明治一五）年に開拓使が廃止され、初代の岩村通俊を引き継いだ永山武四郎が屯田兵司令官を兼ねて二代目の北海道長官となった。永山は屯田兵拡大計画を立て、一八九〇（明治二三）年に「屯田兵条例」を改正。平民にも屯田兵になる資格を与えた。平民屯田の始まりが一八九一（明治二四）年で、上川地方（今の旭川市永山地区）に兵村が設営された。平民といえども、屯田兵およびその家族には士族と同様の気骨を求め、教育・訓練において武士的意識を持たせた。北方の警備と開拓を推し進めた永山の姓を取り、この地は一八九〇（明治二三）年に永山村となった。永山神社が一九二〇（大正九）年に建立され、守護神として祀られている永山の銅像が軍服姿で正門前に凛々しく立っている。

屯田兵制度は一八七五（明治八）年に始まり、一九〇四（明治三七）年に廃止された。その間、屯田兵の総数は七三三七人を数え、家族を含めると三万人以上が東北から九州にかけて全国各地域から北海道に移住してきた。屯田兵およびその家族は高い規律、倫理、教養、我慢強さで未開の地を切り開き、現在の北海道を築き上げてきたと言えるだろう。

明治初期の北海道開拓

開拓使官有物払下不正事件を始め、酒乱であったなど、数々の風説が流布されている黒田清隆。だが北海道において彼が果たした功績は高く評価されるべきものだろう。黒田は戊辰戦争、箱館戦争で参謀として新政府軍の勝利に大きく貢献したが、その戦法は一方的な殺戮による鎮圧ではなく、西郷隆盛とともに敵軍に対して寛大な策を用いたと言われている。敵軍の将でも、有能でこれからの日本国建設に役立つ人物は取り立てて官位に就けている。

たとえば庄内藩の若手武将であった松本十郎（戸田惣十郎）を、根室担当の開拓使判官に採用。その後、開拓使大判官として札幌、北海道の開拓全体を担わせた。箱館戦争で敵将だった榎本武揚は、頭を丸めて懇請した黒田の努力で釈放され、その後、北海道開拓に従事。その才能と俊腕を発揮した。

黒田は一八七〇（明治三）年に樺太担当の開拓使次官となり、翌年から北海道開拓の指導者を求め米国を訪れた。第四話で述べたように、時の米国大統領ユリシーズ・グラントに懇請し、ホーレス・ケプロンを開拓使顧問として招聘。そのケプロンを始めとするお抱え外国人顧問団の北海道開拓に果たした功績は極めて大であった。一八八二（明治一五）年に開拓使が廃止された後も明治政府の要職に就き、一八八八（明治二一）年には伊藤博文の後を継いで第二代総理大臣に就任した。

一方、黒田の求めに応じて北海道開拓のためにやってきたケプロンは、当時六八歳とすでに老境の域に入っていたが、青年のような理想と気力を持って来日を決意した。一八七一（明治四）年に日本の地を踏むと、まず東京・青山、麻布の旧大名屋敷跡に三つの官園を開設。ここで家畜、果樹、農作物などの飼育・栽培の実地試験を始めた。その経験と成果は札幌官園と七重（現・七飯町付近）官園での西洋式の機械化大規模農業という形で生かされていった。

また北海道開拓には函館から札幌に至る大動脈が必要であるというケプロンの提言に基づき、札幌本道の建設が一八七二（明治五）年に始まった。本道は日本で西洋式に築造された最初の車道で、一八七三（明治六）年六月に開通している。

一八七五（明治八）年六月、ケプロンは偉大な功績を遺し、夫人とともに東京丸に乗って横浜から米国に向け旅立った。札幌・大通公園の一〇丁目には、黒田とともにケプロンの銅像が建っており、大きく発展した札幌を見渡している。

ケプロンとともに開拓使顧問として来日したのがエドウィン・ダン。彼は北海道における羊牧の基礎を築き上げた人物として知られている。ダンは一八四八（嘉永元）年、米国オハイオ州デイトン・スプリングフィールドで生まれた。一八七三（明治六）年に八〇頭の牛とともに日本に到着したダンは、まず東京の第三官園で起居。その後、一八七五（明治八）年に五カ月ほど七重に滞在し、その際に出会った津軽藩役人の娘・ツルと国際結婚した。札幌・真駒内には「エドウィン・ダン記念館」が建てられており、近くには子ヤギを背負ったダンの銅像が建てられている。ダンはこの地に「牧羊所」を建設。米国からメリー種の牧羊二〇〇頭を取り寄せたのが、北海道における羊牧の始まりだ。

さらにダンは新冠牧場の改良工事にも携わった。サラブレッドの飼育を手掛け、馬産地・日高の基礎も築いている。北海道大学農学部付近に馬場を造り、日本で四番目の競馬場を開設したのもダンだ。

一八八二（明治一五）年の開拓使廃止にともない、ダンはアメリカに戻る。しかし、翌年にアメリカ公使館の二等書記官として再来日し、病身のツルを看病してその最期を看取った。一八九三（明治二六）年には駐日アメリカ全権大使となり外交官として活躍。一九〇〇（明治三三）年には新潟で石油会社を設立するなど、ダンは日本の産業振興にその一生を捧げた。日本の年号で明治、大正、昭和と生き抜き、一九三一（昭和六）年、八四歳で逝去した。

北海道と本州では動物の生態系が大きく異なっている。本道以北は動物学的には北東アジア系で、本州とは津軽海峡で断ち切られている。この動物分布境界線が「ブラキストン・ライン」と呼ばれている。その名が冠されているトーマス・ライト・ブラキストンは箱館に二三年間も滞在し、蝦夷地の特有な動植物分布を調査・研究していた。そのかたわら北海道の産業育成にも努めた人物でもある。ブラキストンは一八六一（万延二）年、英国「西太平洋商会」に勤務し、箱館に再来訪する。日本で初めての蒸気式製材機を採用し、町民からは「木挽きさん」と呼ばれ親しまれたという。箱館戦争が勃発すると、ブラキストンは新政府軍のため武器、食料、石炭を調達し支援している。

一八八三（明治一六）年二月、ブラキストンは『日本列島と大陸との過去の接続と動物的兆候』という研究成果を発表。この説は世界の学会に認められることになった。徳川幕府から明治に変わる大きな変動の中で、ブラキストンにも不幸が次々に襲いかかり、傷心の中で米国に渡った。同年、ブラキストンは偶然エドウイン・ダンと再開した。ブラキストンはダンの姉アンヌ・マリーに心惹かれ、彼女を熱心に口説き続けた。その努力が実を結び二人は結婚。北海道を起点として、このようなドラマが生まれたのだ。

北海道開拓の担い手として「移住民開拓」「屯田兵開拓」とともに、忘れてならないのが「監獄開拓・

囚人開拓」である。「ここに来たら二度と帰れないと恐れられた北の監獄。極寒の原始林を開く工事はあまりにも非人道的であった。囚人たちは多くの犠牲を払って難工事を完成させた」——日本で三番目に設置された「樺戸集治監」（現・月形町）にはこのように記されたパネルが置かれている。明治政府成立後も「佐賀の乱」「秋月の乱」「萩の乱」「西南戦争」が次々起こった。数万の「賊徒」が発生し、東京、宮城の獄舎では収容できず北海道への移送が計画された。一八八一（明治一四）年、四〇人の囚徒により樺戸監獄が建設され、同年中には四六〇人が樺戸に収容されることとなった。獄舎では十分な暖房もなく、翌年には八〇〇人超いた収容者の二割強が死亡している。翌年、幌内炭鉱の採炭目的で空知集治監ができたが、こちらも閉鎖までの二九年間で九〇〇人を超える死者が出ている。常に死と向かい合った中で、囚人たちは峰延道路、上川道路など幹線道路の開削、空知炭鉱などの鉱山採掘、新川などの河川掘削と治水工事、原野の伐採、さらに農地の開墾に酷使された。そこには「囚人が死ねば監獄費の節約になる」という、薩長主体の明治政府がとった非人道的な姿勢があった。

国道二七五号沿いに篠津山囚人墓地があり、ここに三九年間で病気・事故・虐殺で亡くなった一〇二二人の囚人が無縁仏として眠っている。北海道開拓の基盤を築いたのはまさに、このような人々の命だったのだろう。集治監の非人道的労働は教戒師やキリスト教の人たちにより内実が明らかにされ、世間の批判が高まっていった。一八九四（明治二七）年、北炭幌内炭鉱を最後に囚人の外役労働が廃止。囚人たちは規則で守られるようになった。だが、集治監労働に代わって、労務者確保のため登場したのが「監獄部屋」「タコ部屋」である。本州方面から「ポン引き」と呼ばれる斡旋屋の手引きで半ば騙されて連行され、半強制的に就かせる労働形態である。

一九〇六（明治三九）年に鉄道敷設が拡大すると、連れてこられた労働者はその工事で酷使された。道内のタコ部屋労働者は当時で毎年二～三万人もおり、逃亡者は六〇〇〇～八〇〇〇人もいた。そして、その半数は死亡していたといわれている。驚くべきことに、こうした非人道的労働形態は第二次世界大戦が終わるまで続き、ＧＨＱ（連合国軍最高司令官総司令部）によってようやく改められたのだという。

北海道神宮の末社「開拓神社」には当初三六人の先覚者が祀られていたが、後に「十勝の農聖」「十勝開拓の祖」として十勝地方の方々に敬われている依田勉三が追加された。依田はペリーが浦賀に来航した一八五三（嘉永五）年に伊豆・松崎で生まれた。北海道開拓の志を持ち、一八八一（明治一四）年、単身で北海道に渡り、調査の上で開墾を決意した。「晩成社」を結成すると、翌一八八二（明治一六）年、同志一三戸二七人とともに帯広（オベリベリ）の地に入植。この年は後に帯広発祥の年とされ、一九八二（昭和五七）年には「帯広百年記念館」も建設されている。

「晩成社」結成に当たり、その趣意書には「一万町歩（三〇〇〇万坪）の未開地無償払下げを受け」とあるが、実際に入植した時点では無願開墾（無許可入植）で、札幌県が許可したのは入植から二年後の一五万坪（五〇町歩）。当初計画のわずか〇・五％であった。入植した年は春から秋にかけて干ばつが続き、持参した種の多くが発芽しなかった。やっと生育した作物もトノサマバッタに食い荒らされてしまうなど、悲惨な現実に直面した。小作人は次々と逃げ出し、依田は畑作を切り上げて生花苗（おいかまなえ：現・大樹町）で牧場経営に転換。だが牧場経営も地理的に販売先が限られ、函館に店を構えても輸送コストが高く商売にならないという状況が続いた。二〇余りの事業を次々に取り組むが、天は味方せず、どれも成果をあげるには至らなかった。唯一成功したのは入植後三七年たった一九二〇（大正九）年、途別（札内）に耕作した水田だけだった。この初穂をそばに記念撮影した写真をもとに建造された銅像が、帯広神社近くの公園に建っている。依田は一九二五（大正一四）年にこの世を去るまで四二年間に渡り十勝の地で失敗に次ぐ失敗を重ねたが、前向きに新たな事業に取り組んでいったその姿勢には感服させられる。

第〇八話

交易の道を選んだアイヌ民族

私は北海道留萌市で生まれ、厳しい風雪の中で少年時代を過ごした。『アイヌと縄文』を上梓した旭川博物館館長の瀬川拓郎は、この留萌管内沿岸の地に「陸の孤島の大集落」が存在していたと指摘している。九世紀末になると、アイヌ民族は松前から余市を経て日本海沿岸を北上し、各地に大集落を構えたとされている。それら集落に共通するのは、主な河川の河口上流に配置されていることだ。河口からは丸木舟で容易に行き来ができる場所だ。

瀬川によれば、この地域こそ交易の流通拠点であり中継基地であった可能性が高いという。この時期(九世紀末)、交易で活躍していたのがサハリンアイヌで、彼らはサハリン(樺太)の南端の能登呂(ノトロ)から宗谷海峡を越え稚内に行き、その後、苫前、留萌などの河口で停泊しながら南下、松前で交易活動をしたのだろうと指摘している。留萌や苫前などの途中停泊地で食料や水、さらにはクマやアザラシの毛皮、石狩河畔で獲れたサケを乾燥したものなどをサハリンアイヌに提供し、オオワシの尾羽や飾り玉などの大陸の品と交換していたのではないだろうか。子供の頃に過ごした地が「北のシルク(絹)ロード・ファー(毛皮)ロード」の中継地であったとすると、何か特別な思いが込み上げてくる。

一二八六(弘安九)年、一〇〇〇艘の軍艦に乗った一万を超える軍勢がアムール川河口を出港した。向かったのはサハリン(樺太)。モンゴル帝国に服従していたニブフ(サハリンの原住民:ギリヤーク人)が「アイヌ民族が毎年この地にやってきて境界を侵す」と元の国に訴えたのだ。隷属(れいぞく)していた彼らを支援すべく、元は軍隊を派遣しこれを攻撃した(元史巻二一)。当時アジア・ヨーロッパのほぼ全域を支配していた世界最強の軍団が、威信をかけて樺太アイヌを成敗しようとしたのだ。

モンゴル帝国五代目のクビライ皇帝時代（一二六〇～一二九四年）、日本建国以来の国難といわれる蒙古襲来（元寇）があった。鎌倉時代の一二七四年の文永の役と一二八一年の弘安の役がそれである。元寇に先駆けた一二六四（文永元）年以降、元は四〇年ほどの間に数度、樺太への出兵を繰り返していた。当時、元は世界最強の国であり、元寇の時、もし台風（神風）が吹き荒れなかったら日本は敗北し、攻め取られていたかもしれないと言われている。これほどの強国とアイヌ民族はなぜこのような戦いをしたのだろうか。アイヌ民族は九世紀後半には北海道全域、一〇世紀にサハリン南部、一一世紀にクナシリやエトロフに進出。活動の範囲を急速に広げていった。一三世紀には大陸にも出かけ、交易の範囲を拡大していったが、この時期大陸を制圧していたのが元（モンゴル）である。我々がイメージする温厚なアイヌの人々を、なぜこのような大軍で元（蒙古）は攻めてきたのだろうか。

それは一二六四（文永元）年、ニブフをアイヌ民族が殺害したのが発端となっている。『元史巻十三』によると、まず一二八五（弘安八）年、元軍が一万人の兵でアイヌを攻撃。翌一二八六（弘安九）年、元軍一万人と千艘の船でアイヌ民族を再度攻撃した。四〇年に渡る戦いの後、アイヌ民族は毛皮などを納めることを条件に元に降伏。戦いは収束したと説明されている。

「アイヌ民族の人たちは、川上のコタンで、自分たちの生活に必要な範囲の資源を、つましく狩猟・漁撈

（ぎょろう：漁業）し、決してそれ以上を望まず、自然環境を大事にする循環型の生活を営んでいた」

今まで、私のアイヌ民族の方々に対するイメージはこのようなものだった。実際、天上・地上のすべてを神として敬い、そのために自然を大切にした生活を営んでいたことは間違いないだろう。旭川市博物館を訪れ、多くの歴史的資料を閲覧した。館長のお話を聞くことで、アイヌ民族の力強さと、交易民としてのたくましい活動力を強く感じることとなった。

アイヌ民族は、北海道のみならず、東北地方北部、樺太、千島にもその居住地域を拡張し、オホーツク北部、アムール川河口（黒竜江、かつてのモンゴル、明国、清国）、さらにカムチャツカ半島の東オホーツク海に暮らす先住民と交流していた。広域な北方圏の文化を受け入れるとともに、多様な物品を交易していたのだ。このことを考えると、アイヌ民族の行動力は、鎖国で長い間、外国との関係を絶っていた日本人を上回っていたのではないかとさえ思えてくる。

アイヌ民族は、水耕農業で米作が始まった弥生時代の文化を受け入れず、この時代を続縄文文化として狩猟・採集を中心とする生活を続けていた。これは、北海道の地が米作に適していないという側面もあるが、半面ではこの地に本州で珍重される多くの産物があったからだといえるだろう。この時代の遺跡からは弥生文化の鉄器・宝飾品など、当時としては高価な品が多く見つかっている。アイヌ民族はこれらの品を入手すべく北海道を中心に樺太、千島、時には大陸までその行動範囲を広げていた。アイヌ側の交易の対価はワシの尾羽に加え、ヒグマやアザラシ、ラッコの毛皮などだ。

間宮林蔵は、彼が間宮海峡を発見したあと大陸に渡り、一七〇九（宝永六）年にデレン（黒竜江の河口を遡った場所、現在はロシア領となっているが、この地は地図上から消えている）に赴いている。間宮が目にしたのは「交易所」での取り引きの様子だった。その当時、デレンでは清国の役人が出張して交易所を管理しており、山丹人が朝貢する黒テンなどの毛皮に対し、絹織物（古着）などが報酬としてアイヌ側に与えられていた。細かく刺繍の入った絹織物は「蝦夷錦」として日本で珍重され高価なものであった。これを入手すべく、北海道のアイヌの人々は黒テンを狩猟し、それを樺太アイヌ、山丹人を通じて清国役人に供出していたのだ。清国人、山丹人、樺太アイヌ、北海道アイヌ（道央、道東、道南の各アイヌ民族）を通じ、本州へと交易ルートができあがっていた。

一三世紀から一七世紀にかけ、大陸ではモンゴル、明国、清国と統治者は変わっていき、日本では鎌倉時代から江戸時代へと変遷していく。しかし、この間アイヌ民族はほぼ一貫して大陸との交易を続けていたと考えられる。「北のシルクロード」は歴史に詳細をとどめることなく、三〇〇～九〇〇年前に存在していたかと思うと、いささかのロマンを感じざるを得ない。

第〇九話

アイヌ民族の苦難（一）

交易を営む一方、自然環境を大事にする循環型の生活を営んでいたアイヌ民族。その心の優しさと苦しみを美しい表現で綴ったのが知里幸恵（ちり・ゆきえ）の『アイヌ神謡集』である。知里は一九〇三（明治三六）年登別生まれ。キリスト教伝道師で伯母、そして育ての親である神成マツのもとで成長した。ユーカラの吟踊者だった祖母のモナシノウクから口承文芸（ユーカラ）を受け継いだ。日本の言語学者で民族学者でもある金田一京助にその才能を見出され『アイヌ神謡集』を記録するが、刊行する前年にわずか一九歳でこの世を去った。

『アイヌ神謡集』には「原始林の中にあふれる生命。森にも川にも数えきれない命があふれ、冬には極寒になる北の大地で、二万年以上もの長い時をかけて築かれたアイヌの文化には、様々な知恵がありました。ヤウンモシリ（北海道）の主であるアイヌたちは、自然界をカムイ（神）として尊び、祈り、歌い、踊り、命を輝かせ、賑やかで、笑い、泣き、怒り、喜び、まことに豊かな暮らしを送ってきました」とアイヌの人たちの暮らしを美しい表現で書いた。

かつては天真爛漫な稚児のように美しい大自然に抱擁されて生活していた彼らだったが、時代の流れの中で自然環境を破壊され、生活の糧を奪われ、文化も押し付けられたものを受けざるを得ない状況に追いやられた。しかし、知里は「太古ながらの自然の姿もいつの間にか影薄れ、野辺に山辺に嬉々として暮らしていた多くの民の行方もまた何処（いずこ）。時は絶えず流れる。世は限りなく進展してゆく。激しい競争原理に敗残の醜をさらしている今の私たちの中から、何時かは二人・三人でも強い者が出てきたら、進みゆく世と歩を並べる日もやがて来ましょう。それは本当に私たちの切なる望み、明け暮れに祈っていることで御座います」（『アイヌ神謡集』）と、希望を捨てずその日の来るのを祈っていたという。

アイヌ民族の人柄について、松浦武四郎は一五〇年前に次のように絶賛している。

「心情の素直で淳朴なことは例えようがない。世の方々にアイヌ民族の美しい心を知っていただきたい」（新ひだか町、シャクシャイン像の近くに建てられている碑）。

この当時、蝦夷地だけで五〇万人を超えるアイヌ民族が住んでいたとのことだが、現在は二万数千人（推定）に減っている。環境対応性に優れ、オホーツク海から東北地方まで交易の地域を広げ、優しい人柄であるアイヌ民族が、なぜこのような人口減少に追い込まれていったのだろうか。その衰退にはどのような歴史があったのだろうか。

まず考えられるのが、第一話で記載した元による樺太アイヌ掃討の影響。交易民族としてアイヌは大陸から樺太、日本海沿岸（今の稚内、留萌、余市、松前）を通じ、本州との一大交易ルートを確立していた。しかし、一二八五（弘安八）年から一三〇八（延慶元）年にかけての元との戦いで、多くの樺太アイヌが殺害された。捕虜・奴隷となり大陸に連れていかれた者もいただろう。このことで樺太アイヌの勢いが衰えたというのは容易に想像できる。さらに、交易は従来の対等な関係から、元王朝に対する一方的な朝貢（貢物を献上する）に変えられたため、樺太アイヌが貢ぐワシの羽や毛皮などの高価な品に対し、元からはささやかな品が下賜（かし：身分の低い者に与える）されるのみとなる。すなわち、交易の条件が大幅に悪化したわけだ。もともと樺太アイヌは弱かったのかといえばそうではないだろう。相手がいかにも強大過ぎたのだ。樺太アイヌはよく戦ったと賞賛すべきだとも思う。

一方、蝦夷地のアイヌはどうか。こちらの衰退は「コシャマインの戦い」「シャクシャインの戦い」「クナシリ・メナシの戦い」というアイヌ三大蜂起が原因と考えられる。蜂起はしたものの松前藩や東北各藩の鎮圧によって、勢いは大きく削がれていった。アイヌ民族の生活の中に入ってきた和人商人たちは、鮭、鱒、シシャモなどの遡上魚を川下に大網を三重にも張って根こそぎ捕ってしまう。当時「江差の五月は江戸にもない」「元日・節句の有様は京・江戸に劣らず」と松前、江差は繁栄していたが、これも請負商人がアイヌの人たちを酷使し、そこで得たお金を運上金として藩に上納したからである。松前藩の収入は場所請負制度になってからは四倍にも膨れ上がり、藩収入の九五%にも達していた。

自然環境の破壊によりコタンは疲弊し、生活基盤を根底から崩壊されたアイヌ民族は窮乏化していった。悪徳商人の中でも、とくにひどかったのが飛騨屋である。一七八八（天明八）年、飛騨屋は突然サケの〆粕造りを始め、クナシリ・メナシのアイヌを強制的に使役し始めた。桁外れに安い報酬で酷使した上、女たちを辱める。抗議すると皆殺しにすると脅かす。これがクナシリ・メナシ蜂起の背景にある。

「コシャマインの戦い」「シャクシャインの戦い」、そして「クナシリ・メナシの戦い」では、直接の戦死者による人口減少よりも、敗戦によるアイヌ民族の抵抗力と影響力の衰えが人口減少に大きく響いたと言ってよいだろう。和人たちはアイヌから徹底的に抵抗力を奪い、アイヌ民族は時の権力にやむなく従わなければならない道を選ばざるを得なかった。

アイヌ民族にとってさらに不幸だったのが、一六四〇（寛永十七）年の駒ケ岳の噴火と太平洋岸の大津波、さらに一六六三（寛文三）年の有珠山噴火だ。この時は多くのアイヌの人たちが災害によって亡くなったと言われるが、松前藩も災害による財政難から、アイヌの人々へ売っていた内地の商品を三倍にまで値上げしたのだ。たとえば従来、米二斗に対して鮭一〇〇本であったのが米七升に減らされたという。

蝦夷地を九回にわたり探検・調査した冒険家、幕臣の最上徳内（一七五五年＝宝暦五年〜一八三六年＝天保七年）は、蝦夷地をくまなく歩く中で、アイヌの人たちから「クナシリ・メナシの戦い」の状況を聞いた。江戸に帰ると『蝦夷草紙』を書き、その中で詳しく報告した。
「松前藩支配下の北海道・千島アイヌほど悲惨なものはなかった。これは地獄だ」
「本土人（江戸・京都）の喜ぶ錦や飾り玉は、蝦夷（アイヌの人たち）の身を異国に売りたる代金なり。実に身の塊なり。借金を責められ返すすべもなければ、よんどころなく一生の別れをして異国に囚われ、また残りたる妻子は草の根を掘りて喰い、あじけなき命を長らいても生きて甲斐なき風情なり。これ皆、松前にて催促して（松前藩がアイヌの人たちに無理強いして）錦・青玉を買い上げる故なり。たとひ数万両の金を捨つるとも、これまで取られたる蝦夷を返したく思うことなり」

当時、沿海州に住む山丹人は、江戸や京都の人たちが喜ぶ蝦夷錦や飾り玉を黒テンの毛皮や日本製の鉄製品やたばことアイヌ民族を通して交換するのだが、松前藩はアイヌの人たちにその交易を強制した。黒テンも乱獲で減少し、またアイヌの人たちが搾取により貧窮化すると、山丹人は蝦夷の少年を奴隷として連れ去るということが頻繁に起こっていた。松前藩はその事実を知っていても知らぬ顔だ。

最上と同様、蝦夷地を六回にわたり訪れ、その間アイヌの人たちと寝食をともにした松浦武四郎（一八一八年＝文化十五年〜一八八九年＝明治二一年）は『近世蝦夷人物誌』で次のように、アイヌの人口減少を嘆いている。

「文政のお引渡し（一八二一年＝文政四年に幕府が直轄していた蝦夷地一円の支配を松前藩に戻した）時

点では、シャリ会所には戸数三六六、人口一三二六人がこの地に住んでいた。しかし今（松浦が訪れた一八四九年＝嘉永二年）は、戸数一七三、人口三五〇人と四分の一に減っている」

「この地の夷人（アイヌ民族）は、十六〜十七歳になると男女の区別なくクナシリ（国後）やリイシリ（利尻）等へ強引に移動させ、そこで使役させる。女は番人・稼人等の妾とし、その夫は離れた土地の漁場に追いやり働かせる。アイヌの男性は昼夜の別なく酷使され、その苦しみに耐えられず病に就くものは倉に放置し、一服の薬も、一切の食事も与えない。ただ、身寄りの者が食事を運んで生きながらえさせる生活をするのみ」

アイヌの人たちは松浦に「アヨタコタン（地獄だ）」と、悲しげに言葉をふりしぼって語ったという。松前藩や場所請負人、さらに多くの和人たちは、心優しく純朴で交易の民として活躍していたアイヌ民族をまったく理解せず〝入れ墨をしている〟〝髪が整っていない〟〝衣服（あっとうし）が着流しである〟〝文字がない〟ということだけで自分たちを優越視し、アイヌ民族を蔑視した。同じようなことが今もあるのではないだろうか。〝皮膚の色が違う〟〝宗教が違う〟〝風習が違う〟などの理由だけで、毎日多くの人たちが差別を受け、悲惨な生活を余儀なくされている。

意味なく格差社会に追い込まれ相互不信が高まった時、それが火種となって歴史が示すように恐ろしい紛争が発生する。今一度、和人とアイヌ民族との関係に思いを致さなければならないだろう。

第一〇話　アイヌ民族の苦難（二）

アイヌ民族の人口減少の要因として、和人によって本土から持ち込まされた伝染病について触れなければならない。寒冷な風土の中、今まで病原菌のない自然環境で生活していたアイヌの人々には天然痘や梅毒などに対する免疫力や抵抗力はなかった。一度流行病が発生した際には、破滅的な事態を招くことも多かったという。和人のもたらした各種の病気に苦しんだアイヌの人たちは数多かった。

アイヌ民族が伝染病によって民族を衰退させていった経緯についてはアメリカ人の研究者、ブレット・L・ウォーカーが分析している。彼の著書『蝦夷地の征服』には「一六世紀終わり頃から組織的に行われていった蝦夷地での交易で、新たな感染症がこの地にもたらされ、その生態系に大きな打撃が加えられた」という指摘がある。

蝦夷地を最初に襲った伝染病は一六二四（寛永元）年の天然痘で、アイヌの人々に大きな動揺をもたらした。その二〇年前の一六〇四（慶長九）年、松前藩の太祖・松前慶廣は徳川家康から「蝦夷地の交易においてはすべて松前藩の許可が必要である」との黒印状を授けられた。蝦夷地でのアイヌ民族との交易が組織的に始まったきっかけだ。この後、多くの和人が蝦夷地に到来。その中には天然痘や梅毒などの疫病をもった場所請負人やその番人たちもいたのだろう。

蝦夷地での天然痘は一六二四（寛永元）年以後も周期的に発生し、そのたびに村々の人口を大きく減少させていった。中でも一六九八（元禄一一）年の蝦夷地全域で流行した時の被害が大きかったという。一九世紀に入ると、イシカリ場所で天然痘が流行した。一八〇七（元禄二）年からの一年間で、アイヌの総人口の四割弱が死亡したと記録されている。アイヌの人々は天然痘を「バコロカムイ：疱瘡の神」として恐れたが、彼らには山奥に逃げ込むしか対処法はなかった。

梅毒などの性病は一七世紀後半から蝦夷地で発生している。この時期はシャクシャインの戦い（一六八九年＝元禄二年）と重なっており、戦いに敗れたアイヌの人たちに対する和人のさらなる弾圧が始まった時期でもある。一八世紀中盤から、河口でアイヌを使役し魚肥（しめかす）生産が始まると、男性は安い賃金で強制的に酷使され、過労で病気に対する抵抗力が極度に衰えていった。一方で女性は番人たちに辱めを受け、性病をうつされた。これにより、各種伝染病はさらに広がっていった。

明治に入り、開拓使が北海道を統括するようになってからも、アイヌ民族と伝染病との関係は心を痛める哀しい歴史が続く。一八七五（明治八）年に締結された「樺太・千島交換条約」は、樺太アイヌの人たちに塗炭の苦しみを与えた。この条約は日本が樺太から全面的に撤退し、ロシアが千島から退くという内容。当時、樺太には約二四〇〇人のアイヌ民族が住んでおり、ロシア国籍を得るか日本に移住し日本国籍を持つか、判断を迫られた。日本政府はこの樺太アイヌの人々を日本に移住させることにした。

同年九月、一〇八戸八四一人が北海道に移住し、宗谷に住み着いた。翌年、開拓使は彼らを農業開拓に従事させるべく、石狩の対雁（ツイシカリ・今の江別市）に強制移住させる。当時の対雁はあまりの自然環境の厳しさに東北（仙台）からの移住者も逃げ出したという場所だ。漁労で生きてきた樺太アイヌの人々が無理矢理連れてこられ、慣れぬ農耕を強いられることとなった。その困窮はいかばかりだったことだろう。さらに、強制移住後の一八七六（明治九）年には大洪水、一八七九（明治一二）年にはコレラが流行。三〇人の死者を出した。一八八六（明治十九）年には対雁から石狩川河口へ再度移住させられたが、再びコレラや天然痘が流行し、翌年には三七〇人が病死。移住した八四一人のうち、四〇〇人以上がわずか七年で亡くなったのだ。

一八七一（明治四）年、新政府は戸籍法を公布し、アイヌの人たちの身分は平民籍に編入された。名字が使用されたことで、他の一般平民と同様な扱いになった。同時に女子の刺青や男子の耳輪が廃止され、日本語を使う一定の土地への定住が義務付けられた。因みに、女子の刺青は一〇歳頃から数年もしくは一〇年もかけ、少しずつ掘り拡げるもので、成人の女性となった証でもある。刺青の廃止で結婚できないと嘆き悲しんだ女子も多かったとのことだ。さらに、一八七六（明治九）年には伝統的仕掛け弓猟や毒矢の使用を禁止し、畑作に専念するように指導した。狩猟民族としてのアイヌの生命線が断たれた。

明治政府は北海道の開拓にアイヌの人たちの力が必要であるとし、一家に一万五〇〇〇坪の農地（開墾地）を付与したが、これは内地から移住する和人の四分の一に過ぎない。開拓使が進める狩猟から農耕への生活、風俗習慣の和風化はアイヌの人たちの肉体そのものまで危機に追い込み、やがてその人口は大幅に減少することになる。

一八七八（明治一一）年、開拓使は戸籍上のアイヌ民族の呼称を「旧土人」という差別的表現に統一した。この蔑称は一八九九（明治三二）年に公布された「北海道旧土人保護法」にも引き継がれている。子供たちも「旧土人児童教育規定」により「旧土人学校」で学ぶことが義務付けられた。

アイヌの人々が、和人に土地を奪われ差別と迫害に苦しんでいることを知り、その救済と生活改善のために各地に学校（愛隣学校）を設立したのが、英国人宣教師のジョン・バチェラーだ。一八九〇（明治二三）年には幌別町にアイヌ児童教育施設「愛隣学校」を開設し、一八九二（明治二五）年には函館にも設立した。　アイヌ民族を救済・保護する活動を行ったのが、日本政府ではなくイギリスのキリスト教宣教師であったことに、何か言い表しがたい思いを抱く。

静内でお会いしたアイヌのお年寄りから「子供の頃ですが、私のお婆さんがお友だちと話しているところに行くと、お婆さんは泣きながら私を怒りました」と聞かされた。お婆さんたちはアイヌ語で話しをしていたのだ。「おまえは絶対に聞いてはいけない」と追い出されたという。

変化が訪れたのは一九八七（昭和六二）年。アイヌ民族代表が国連人権委員会に参加し、保護法の廃止とアイヌ新法の制定を訴え、ここに「北海道旧土人保護法」廃止に向けた動きがようやく始まった。

日本政府は一九九一（平成三）年、国連人権規定に基づく報告書でアイヌを「少数民族」として初めて認め、一九九七（平成九）年アイヌ文化振興法を公布。旧法をようやく廃止した。実に九八年にも渡って「旧土人」という蔑称の法律がこの世に生き続けていたのだ。なんと長い時が過ぎたことか。また国連から指摘されて初めて廃止の決定に至ったのも情けない話だ。

二〇〇七（平成一九）年、国連総会において「先住民族の権利に関する国際連合宣言」が採択された。国内でもこの宣言を踏まえて「アイヌ民族を先住民族とする決議」が二〇〇八（平成二〇）年の国会で全会一致により議決された。

蝦夷地から始めた「大日本沿海輿地全図」作成

第一一話　伊能忠敬

二〇一七（平成二九）年七月、厚生労働省が発表した二〇一七年の「日本人平均寿命」によると、女性が八七・一四歳、男性は八〇・七五歳で、香港に次いで世界二位だ。日本は世界でも類例のない超高齢社会に突入している。人口および就業者の減少、社会保障費の負担増、一〇〇〇兆円を超える国および地方政府の債務総額のさらなる拡大、金融資産の取り崩しによる預金率の低下など、日本は今多くの問題を抱え込んでいる。果たして、高齢者（私もその一員だ）は社会にとって「負」の存在なのだろうか。

北海道開拓の始まった江戸時代後期から明治にかけての平均寿命を調べてみた。最も古い記録が一八九一（明治二四）年から一九〇〇（明治三三）年に調査されたもので、当時女性は四四・三歳、男性は四二・八歳となっている。なんと現在と比較すると四十歳前後も若くして亡くなっていることになる。もちろん、当時は幼少期の死亡率が高かったと思われるので「人生五〇年」が江戸後期から明治初期では一般的だったのではないだろうか。

このような時代、通常ならば隠居すべき五〇歳で天文学を志し、五六歳で六カ月かけて未開の蝦夷地を測量し、七四歳で亡くなるまで日本全土を歩き回り、詳細な地図を作製した人物がいる。戦前の修身の教科書では「晩学」の模範として教材にもなっている人物、北海道開拓の偉大なる先覚者、伊能忠敬である。

忠敬は一七四五（延享二）年、千葉の九十九里町で生まれた。七歳の時に母が亡くなった。父親は後妻を迎えたので親類縁者の間を転々と移り住み、時には九十九里浜の漁師の納屋で寝泊まりすることもあったそうだ。少年の頃から数学の才覚が抜きん出ており、幕府の役人やお坊さんを驚かせるほどであったという。一八歳の時、旧家伊能家の婿養子となった。伊能家は今の千葉県佐原市で酒造などを営む家柄であったが、当主が亡くなると家運が次第に衰えていった。そのため有能な人材を婿養子にすべく親類が集まり協議。その結果、賢いと評判の高い忠敬を後継者に決定した。妻は未亡人で忠敬より四つ上の二二歳、かかあ天下で忠敬は尻に敷かれていたといわれる。

伊能家を継ぐと忠敬は倹約を守り仕事に打ち込んだ。生来の商才もあって家業は一〇年の間に前にも増して栄えるようになった。また、一七八二（天明二）年からの天明の大飢饉では私財を投げ打って地域の窮民を救済した。こうした功績が幕府の知るところとなり、名字帯刀を許され三七歳で名主に、さらに名主を統括する村方後見に任命されるまでになった。全村の管理のため田畑の位置・境界・広さなどを正確に知る必要から、次第に天文学に興味を抱くようになる。

一七九五年（寛政七年）、姉さん女房も亡くなり長男に家督を譲って、若い頃から興味を持っていた天文学を勉強するため江戸に向かった。師事したのは当時天文学の第一人者と評判の高い高橋至時（たかはし・よしとき）で、その門下生になった。この時、伊能五一歳、高橋は第一人者とはいえまだ三二歳である。普通なら二〇も年下の若造に頭を下げて弟子入りを請うことには抵抗があるだろう。ましてや、年上を敬う儒教が全盛の時代である。しかし、伊能は違った。燃える向上心の前ではプライドなど取るに足らないものと思っていたのだろう。

当初、高橋は伊能の弟子入りを年寄りの道楽だと思っていた。しかし、昼夜を問わず猛勉強する伊能の姿を見て、高橋は心から尊敬するまでになった。伊能は家を再建したことにより資産を有していたので、巨費を投じて自宅を天文観測所に改造。日本で初めて金星の子午線経過観測もしていた。

この頃の伊能の興味は地球の直径を計測することだった。「北極星の高さを二つの地点から観測して、見上げる角度を観測することで緯度の差がわかる。二地点の距離がわかれば地球は球体なので外周が割り出せる」と高橋は伊能に提案する。高橋は「二地点が遠ければ遠いほどより正確に測定できる」として、江戸のはるか遠方に位置する蝦夷地と江戸間の距離を測ることを勧めた。

時あたかも、ロシアが南下し択捉島を奪う勢いであるとの情報がしきりに江戸に入っていた。幕府も松前藩に任せておけなくなり調査隊を派遣。翌一七九九（寛政一一）年、東蝦夷地は幕府直轄の地とした。

このような時、伊能は自費で蝦夷地を測量したいと請願したのである。幕府は蝦夷地測量の必要性は痛感していたものの、伊能の技量を信用していなかった。結局、元百姓・浪人の肩書で試みに派遣することを決めたが、与えられた調査費用は極めて少額であった。

一八〇〇（寛政一二）年四月一九日、五六歳の伊能は若い門弟三人と下男二人を引き連れ、江戸の仮住まいを出発した（ちなみにこの年は、近藤重蔵が最上徳内らを引き連れ、高田屋嘉兵衛の船で択捉島に渡った年でもある）。一行は奥羽街道を毎日三〇〜五〇キロ歩き、歩数が一定になるように訓練をして走行距離を測った。羅針盤で方向と遠方の山並みの方位を測定。また夜間には恒星の高度から緯度を算出した。

青森・三厩（みんまや）に到着したのは二〇日後の五月一〇日。波のおさまるのを待って出航し、対岸の蝦夷地（松前・吉岡）に着いたのは、江戸を発ってから三三日目だった。

箱館から東南海岸沿いに未開の地を歩数で距離を測りながら一日二〇〜三〇キロの行程で海岸線の危険な場所を踏破し厚岸に至った。江戸出発から一〇五日目である。江戸の高橋は「今、天下の学者はあなたの地図が完成するのを、日を数えながら待っています。あなたの一身は天下の歴学の盛衰にかかわっているのです」という手紙を送っている。帰路も往路と同じ道を通り、往路の測量を点検しながら箱館に着いた。

一七〇〇キロの行程を終え江戸に帰着したのは一〇月二一日。出発してから実に一七七日がたっていた。測量した情報を基に直ちに製図に取りかかった。一二月には幕府に大図二一枚と小図一枚を提出。その出来栄えは見事なもので高橋も驚嘆したほどであった。蝦夷地測量の結果、地図の作成とともに伊能の年来の宿題であった子午線一度の長さを計測することができた。一度を一一〇・八五キロと算定し、地球の円周を約四万キロと測定した。これはオランダで計算された数値と比べ、その誤差はないに等しい値であった。この結果はシーボルトにより世界に紹介され、伊能の評価は高まった。

一八〇一（寛政一三）年には静岡県から青森県の測量、一八〇三（享和三）年には福井県・三重県の測量を実施し、日本東部の沿岸実測を終了した。

一八〇四（享和四）年、将軍・徳川家斉に提出した『本邦東半部沿海実測地』は、そのあまりの精密さに幕府役人が息をのんだ。伊能の測量家としての名声は高まるばかり。幕府は伊能を小普請組（こぶしんぐみ）に抜擢し、天文方に配属した。

六〇歳となった伊能は一八〇五（文化二）年、天文方で今度は西半部の測量を命じられた。今回は小普請組でもあり各種の便宜が与えられた。時には一〇〇人を超える調査隊を率い詳細な測量が行われた。すべての測量が終わった時、伊能は七〇歳を迎えていた。一五年かけ歩いた距離は実に四万キロ。自身が計算した地球一周と同じ距離になる。娘に宛てた手紙には「歯はほとんど抜け落ち一本になってしまった。もう奈良漬も食べることはできない」と書いている。

全国の測量が完成した後、日本全国を統合する地図を作製するよう命令を受けた。しかし、一八一八（文化一五）年、完成前に伊能は七四歳で生涯を終える。門弟たちは「この地図は伊能先生が作ったものと世間に知らしめなければならない」と、死を隠して製図にあたった。間宮林蔵の実測した蝦夷地の材料を加え、一八二一（文政四）年全図を完成させた。これが「伊能図」といわれる『大日本沿海輿地全図』だ。大図が二一四枚、中図が八枚、小図が三枚にもなった。途方もない規模のもので、並べると野球のグラウンドほどである。伊能図は長い間、幕府の秘庫に収められていたが、江戸城引き渡しの際、西郷隆盛がこれを見つけ出したといわれる。伊能図は明治新政府に引き継がれ、北海道の開拓はもとより近代日本の建設に大きな役割を果たすことになった。

伊能が亡くなった四三年後、イギリスの測量艦隊が明治政府を強要して日本沿岸の地図を作製しようとした。この時伊能図を見せられ世界水準の正確な地図であることに仰天。測量を中止するとともに、文明後進国と見下していた日本の評価を改めたと言われている。

伊能は遺言に「私が大事を成し遂げられたのは至時先生のお陰である。どうか先生のそばに葬ってもらいたい」と遺し、上野の源空寺に弔われている。

地図を仕上げた高橋の息子・景保は、その縮小版を持っていた。ドイツの医師フィリップ・フランツ・フォン・シーボルトは世界地図と交換したいと働きかけ、その写しを国外に持ち出そうとした。たまたま一八二八（文政一一）年に九州を襲った猛烈な台風で難破した船の中からこの写しは見つかり、景保は捕えられ失意のうちに獄死した。間宮が密告したとも伝えられている。いわゆる「シーボルト事件」である。またその時の台風は「シーボルト台風」と呼ばれている。景保は「私は罪を認め、罰も受けるが、この世界地図は日本のためになる」と遺している。

当時の平均寿命を考えると、五〇代後半から七〇歳に至るまで道なき道を四万キロも踏破した伊能の偉業には頭の下がる思いだ。そこで、北海道開拓の先覚者の中で、困難を極めながら探検・測量し蝦夷地を歩き回った人たちの享年を調べてみた。最上徳内八二歳、松浦武四郎七二歳、岩村通俊七六歳、伊達邦成七四歳、間宮林蔵六五歳といずれも長命であることに驚かされた。「人生五〇年」の時代、死に至る直前まで奮闘された人々である。意志の強さとともに、歩くこと・鍛えることの重要性を教えてくれる。私も酒量を減らし、大いにトレーニングしなければと自戒させられる。

第一二話　間宮林蔵

樺太探検を通じ北のシルクロード発見

「エイヤ」「エイヤ」「エイヤ」——

腹の底から絞り出すような掛け声があたりの静寂な雰囲気を震わせる。二〇一四年度「第四回新成人寒中禊（みそぎ）会」が一月一九日、雪が降り積もった北海道神宮の一角で行われた。

新成人に先立ち、早朝体操の仲間数人が禊の儀式に参加するとのことで拝見しに行った。二〇人の行者は、男性が褌一枚、女性は禊用の白上下服で白い地下足袋か白足袋を履いているだけだ。地面は凍っており、私なら震えと足場の悪さで立っているのもおぼつかないだろう。

精神を統一し、掛け声を上げ、力一杯櫓を漕ぐような動きをしているうちに行者の身体は赤みを帯び湯気が立ってくる。二〇分ほど気合いを入れてから、いよいよ冷水（氷水）を身体にかける。当日の朝、神宮の温度計はマイナス一一度を指していた。二〇杯も水をかけると最後のほうは冷たいというより痛く感じるそうだ。経験者の禊の後、二〇人の新成人（男性一七人、女性三人）が同じように儀式を行う。私の胴回りの半分もないのでないかと思われる細身の新成人も、寒さと痛さに耐えながら行をやり遂げた。目頭が熱くなり、思わず拍手と声援を送ってしまった。がんばれ新成人。

まさに寒の最中。この時期、樺太は気温がマイナス三〇度に下がる日もめずらしくないだろう。そのような時期、樺太を縦断し、島であることを証明したのが間宮林蔵である。

樺太は南端が北緯四五度五四分、北端が北緯五四度二〇分で、その差は八度二六分。その間の直線距離は九四〇キロにもおよぶ。ちなみに、北海道の南端と北端の緯度差は四度一二分で、樺太は南北の直線距離で北海道の二倍になる。

間宮は一八〇八（文化五）年から一八〇九（文化六）年に渡り一五カ月をかけて樺太を一往復半も踏破。さらに黒竜江にまで足を伸ばしている。その合計距離は三五〇〇キロにもなるだろう。今話は間宮海峡発見に至るまでの調査・探検についてその概要を記載したい。

一八〇六（文化三）年、蝦夷地全域の直轄を決意した幕府は日露の境界を決める必要に迫られ、その大任を松田伝十郎と間宮に命じた。一八〇八（文化五）年四月、二人は決死の覚悟で宗谷から樺太最南端のシラヌシ（白主）に渡り、松田は西海岸、間宮は東海岸を調査すべくそれぞれ分かれて出発した。松田は大陸に最も近い西海岸のノテトまで行き、樺太が島であることをほぼ認識した。しかし、その確証は得られなかった。任務が終わった二人は六月二〇日に宗谷へ戻ったが、負けん気の強い間宮は樺太が島であることを自ら確かめるべく、単独での調査を願い出た。幸い願いは聞き入れられ、間宮は宗谷に止まることわずかひと月で単身、樺太に向かった。

宗谷海峡を越え、シラヌシから蝦夷船で五〇キロほど北の本斗（ポント）に渡り、そこから最北端のナニオーまで行こうとしたが、蝦夷人（アイヌ）は恐れをなして同行するものがいない。ようやく六人の蝦夷人を集めて北に向かうが、三丹人に脅かされていったんは本斗に戻った。

寒の真っ最中である一八〇九（文化六）年一月二九日、間宮は再び北を目指して出発。四月九日、大陸に最も接近しているノテトに達した。吹きつける雪が体を凍てつかせ、日本海も猛烈に波立つ中、道なき道の探検に三カ月と一〇日を要した。

ノテトでは海が凍っていたため一カ月ほどこの地に滞在し、氷が解けるとともに船で出発。ついに樺太最北端の地ナニオーに至った。ナニオーから望む海は遥か遠くまで開けており、樺太が大陸を離れた島であることを確認できた。間宮らは再度ノテトに引き返したが、食料はすでに底を尽き魚肉や草などを食する状態だった。

ノテトからは対岸の大陸が遠望できる。日本は鎖国のただ中であり、それを破って渡来するのは死罪に相当する。それを承知のうえで、間宮は黒竜江（アムール河）下流地方を探検しようと決心した。間宮の探検家の血が騒いだのだろう。

間宮には日頃好意を寄せるアイヌ女性がおり、彼女の口利きで七人の蝦夷人（アイヌ）同行者が集まった。ノテトを出発、四日をかけて満州官吏が詰める黒竜江の交易拠点デレンに到着した。この間、異民族である間宮はいたるところで嘲笑され、侮辱され、命さえ危うい場面もあった。

デレンでは清国人が勢いをふるっており、ロシア帝国の極東地域支配が必ずしも十分ではないことをつかんだ。帰任後、現地の様子や詳細な地図を作製し、それらを『東韃（とうだつ）地方紀行』に記載している（なお、間宮はアイヌとの間に子供をもうけ、その子孫が今も北海道に在住しているとのことだが、このアイヌ女性がそうなのかどうかは不明である）。間宮が単独樺太探検を終え、松前に到着したのは一〇月一一日。この探検はなんと一五カ月におよぶものであった。この間、穀物を摂ることはできず、指は凍傷のため腐っていた。心身ともに疲れ果て病床に伏した。

間宮は一七八〇（安永九）年、茨城県伊奈町（今のつくばみらい市）に生まれた。子供の頃より恐ろしいくらいの神童だったとの記録がある。伊奈町は田園地帯で、その豊かな収穫をもたらすのは堰（ダム）から注がれる灌漑水だった。毎年春、田に水を引き小さなダムを造る堰止め工事が行われる。うまく水が流れず工事が滞っていた時、間宮がある方法を提案。それを採用すると、見事に田に水が注がれるようになった。この噂が広がって幕府の役人に認められることとなり、間宮は下役人となった。数学を得意とし測量を好んだ間宮は各地の測量に従事することになり、若くして日本各地で行われた治水工事や新田開発に取り組んだ。

一七九九（寛政一一）年、間宮は一九歳で初めて蝦夷地に出かけた。日本の地理学の歴史で特筆すべきことは、間宮がその時に伊能忠敬と会ったことだろう。間宮は伊能から測量技術を習得する機会に恵まれたのだ。二人の努力はその後の蝦夷地および日本地図の作製と精度向上に大きく寄与した。

前年の寛政一〇年は高田屋嘉兵衛が最上徳内に初めて会った年だ。その年、幕府はロシアの南進を懸念するとともに松前藩の蝦夷地管理に疑念を抱き、一八〇名もの調査隊を蝦夷地に派遣している。その結果、翌年一七九九（寛政一一）年には東蝦夷地（南部から東部）を松前藩から召し上げ幕府直轄にした。そして、一八〇〇（寛政一二）年には近藤重蔵を先発隊隊長として最上、高田屋らが択捉島に上陸している。なんと、本多利明、高田屋嘉兵衛、近藤重蔵、最上徳内、伊能忠敬、間宮林蔵、松田伝十郎と、主要な北海道開拓の先駆者が同じ時期に蝦夷地の調査・探検をしていたのだ。

その背景として、ロシアの南下政策とそれを防衛しようとする幕府とのせめぎ合いがあった。ロシアはなんとか日本と通商を結ぼうと、一八〇四（文化元）年ニコライ・レザノフを長崎に遣わせた。しかし、幕府はレザノフを半年にわたって幽閉した上、通商はできないと返答をした。屈辱的な扱いを受けたレザノフは独断で部下に日本人が居住する役所や街を攻撃するよう指示を出した。部下のニコライ・フヴォストフは一八〇七年（文化四年）、樺太や択捉を攻撃し略奪行為を繰り返す。これが「文化露冦（ぶんかろこう）」である。

たまたま択捉に勤務していた間宮は、この露冦に遭遇した。ロシア船の攻撃に対し、南部藩・津軽藩から派遣された守備隊は戦意がなく、すぐ遁走してしまう。この中で間宮は戦意の高揚に努め、町が壊滅するやいなや人員をまとめて国後に引き上げた。多くの人命を間宮は守ったのだ。

さて、間宮は樺太が島であることを確認した人物として認められ、師の高橋景保によって海峡説を採用。シーボルトは後に作成した日本地図の樺太・大陸間の海峡最狭部を「マミアノセト」と命名した。世界的大探検家マーダム・ヨハン・フォン・クルーゼンシュテルンをして「我敗れたり」と言わしめるほどの偉業である。

間宮海峡を発見したのち、病気も癒え間宮は北海道測量という大事業に取り組んだ。蝦夷地全土を測量し、伊能忠敬の『大日本沿海輿地全図』の北海道部分（特に西半分）を完成させた。さらに、今の北海道地図の基本となる『蝦夷図』の完成につながっていく。

間宮は一九歳の年に初めて蝦夷地に赴いてから四三歳までの二三年もの間、北海道を中心に活躍。そのうち一二年間は蝦夷地を実際に測量のために歩き続けた、まさに「日本北方地理学の創設者」である。一八四四（天保一五＝弘化元）年、六五歳で多彩な生涯を終えた。

第一三話　松田伝十郎

山丹人からアイヌの子弟を救出

北海道新聞は二〇一四年一月二七日付朝刊で「厳寒北のシルクロード」という特集記事を二面にわたって取り上げた。道新は前年の一一月、特別取材班を編成。ロシア・ハバロスクを出発、アムール川（黒竜江）を八〇〇キロ北上して間宮海峡近くのブラワ村まで取材している。間宮林蔵は樺太が島であることを確認し、その後、大陸に渡ったが、プラワ村は間宮が訪れたデレンの近くである。この地はかつて黒竜江の交易拠点として満州官吏が詰めていた。

　この記事で国立民族博物館教授の佐々木史郎は「アムール川は絹と毛皮という二大商品を中心に物産が行き交う、北のシルクロードだった」と話されている。夢とロマンを彷彿させる語感である。

　しかし、そこには山丹人（満州地域と樺太を行き来して交易を主業としていた北方民族）と松前藩の間で過酷な取り引きを強いられたアイヌの人たちがいたのだ。最上徳内は『蝦夷草紙』の中で、アイヌの人たちについて次のように記している。

「松前藩支配下の千島アイヌほど悲惨なものはなかった。これは地獄だ」

　当時、沿海州に住む山丹人は蝦夷地に来て、江戸や京都の人たちが喜ぶ絹織物「蝦夷錦」や飾り玉をテンなどの毛皮と交換していた。松前藩はアイヌの人たちにその交易を強制し、搾取により貧窮して返済できなくなると、山丹人は頻繁に蝦夷の少年を奴隷として連れ去った。

　最上と同じように、松前藩がアイヌ民族に強要した山丹人との交易に義憤を感じていたのが松田伝十郎である。松田は前話のとおり間宮とともに数カ月に渡り樺太を探検し、樺太が島であることを推察した人物である。

松田は間宮との樺太探検（一八〇九年＝文化六年）のあと宗谷詰めとなり、幕府の役人として樺太を管轄した。この樺太経営を通じて忘れることができない松田の功績は、山丹交易の改善である。間宮が訪れた黒竜江下流のデレンには清国の役人が出張しており、その地の山丹人に朝貢を求めていた。山丹人はテンの毛皮を貢ぎ、その報償として蝦夷錦などの絹織物を役人からもらう。朝貢のため山丹人はテンの毛皮を求めて樺太に行き、現地のアイヌに毛皮を集めさせ、アイヌにはわずかな蝦夷錦を交換物として与える。

蝦夷錦は、京都では高僧の袈裟に用いられるなど、極めて貴重で高価な品である。ここに目をつけたのが松前藩。アイヌ民族に強制してこれを手に入れようとした。アイヌの人々は懸命にテンの捕獲に努めたが、テンの数は次第に減り、山丹人に対し負債を重ねることになった。

山丹人は清国の威光をかさに横暴を極めており、その負債に過酷な条件をつけた。もし払えない場合はアイヌの子弟を人質として拉致すると脅かし、実際多くの子弟が連れ去られた。山丹人の持ってくる珍物（蝦夷錦）を得ようとする松前藩と、横暴を極める山丹人の間で、アイヌの人たちの負債はますます増加し、樺太は山丹人の属国のような有様だった。

「この関係を整理しないで樺太をどうして統治することができよう」

松田は自らこの問題の解決に当たることを決心した。松田は山丹人に「アイヌの借財は返済するから申し出よ」と告げ、返済額が判明すると、アイヌが支払うことのできない部分は官が支払い、アイヌを山丹人からの捕縛から解放した。山丹人との折衝は一八一〇（文化七）年から一八一二（文化九）年まで続けられ、幕府（函館奉行）は、毛皮二五〇〇枚、一三一両を支払っている。これで決着がつき、それ以降、山丹人とアイヌとの私的交易はすべて禁止され、交易は役人立ち会いの上、樺太の南端シラヌシの会所で行われることとなった。その支払いは幕府が蝦夷各地から集めた毛皮をもって行われた。

松田は山丹人の傲慢な態度を厳しく叱責し、くわえ煙草で部屋に入ってきたり、脱帽しなかったりという時は容赦ない対応で山丹人を震えあがらせた。松田の努力により、樺太における日本の支配権は確立されたのである。松田は間宮の上司であり、その協力者としても知られている。探検者であるとともに有能な官吏であり、また前述したように樺太アイヌの窮状を救った、高い人間性を備えた人物だ。

松田は一七六九（明和六）年、半農半漁の貧しい生活を営む浅見長右衛門の息子として越後で生を受けた。一四歳の頃、土木工事の監督に来ていた幕吏に才能を認められて江戸に行った。このあたり、くしくも間宮と同じような運命をたどっている。江戸では下級役人の松田伝十郎（先代）の養子となり仁三郎と名乗った。一七九九（寛政一一）年には蝦夷地御用係を命じられる。この年は東蝦夷地が幕府直轄になった年であり、多くの幕臣が蝦夷地に渡った。その目的は千島に沿って南下するロシアの勢力を食い止めるためだ。江戸を出て三カ月目の六月二四日、松田は厚岸に着いた。ここでアイヌの酋長イコトイに会う。イコトイはクナシリ・メナシの戦いの時、松前藩に恭純な姿勢を示し、和人を襲った三七人のアイヌ人を差し出した張本人である。その頃、イコトイは妾を三〇人も従えていた。松田はこれを諭し、彼女たちをイコトイの部下の独身者に分け与えたという話が残っている。

一八〇七（文化四）年三月、松田は三度目の蝦夷地勤務を命じられて江戸を出発した。その途中で「文化露冦（ろこう）」事件の報に接する。松田は津軽兵三〇人ほどを率いて宗谷に赴き、北方防衛の任にあたった。

一八〇八（文化五）年に松田は「伝十郎」に改名し、間宮とともに樺太調査へ向かった。最上徳内からは危険だから漁師に変装して行くようにと忠告されたが、武士姿そのままで威厳を整え、従僕には「年を越えても帰国しない時は、出船の日を忌日にせよ」と遺して出発した。覚悟のほどがうかがわれる。

松田は樺太西海岸を、間宮は東海岸と二手に分かれて調査した。間宮は知床岬で北上を断念したが、松田はラッカ海峡（樺太と大陸がもっとも近くなっている場所）まで行き、潮の流れが強いことから島であることはほぼ間違いないと確信する。

松田の地元・米山町（現新潟県柏崎市）では「樺太は島なり、大日本国境と見極めたり」と刻んだ碑が建てられており、間宮よりも早く、島であることを確信した彼を称えている。

一八一三（文化一〇）年、高田屋嘉兵衛が尽力したゴローニンの釈放、帰国にあたり、その護送役としても活躍している。

松田が初めて蝦夷地に渡ったのは一七九九（寛政一一）年のこと。以来二四年間、蝦夷地が風雲急を告げる寛政・文化・文政に渡って蝦夷地開拓と防衛に心血を注いだ。一八二一（文政四）年、宗谷詰めとなり、増毛から斜里、利尻・礼文島、樺太という広範囲を管轄することになった。しかし、その年突然、幕府は蝦夷地の直轄をやめ、全領地を松前藩に返すと決定した。過去の松前藩の所業に憤懣やるかたない思いを持っていた松田にとって突然の任務解任は、さぞや悔しかっただろう。

「骨折りし二四年の栗餅を黄粉くるめて鷹に取らるる」と、その思いを詠んだ。もしかしたら、樺太が島であることの名声を部下の間宮に取られたという思いも込められているのかもしれない。

話は変わるが、二月七日は北方領土の日だ。この日は全国各地で北方領土返還運動が展開される。北方領土の日は一九八一（昭和五六）年一月六日、閣議了解によって決められた。

江戸幕府とロシアとの間で最初に国境を取り決めたのが「日露通好（和親）条約」で、その調印が一八五五（安政元）年二月七日に伊豆島田でなされている。この日が北方領土の日と決められたのだ。この条約では択捉島と得撫（ウルップ）島の間が国境となっており、樺太は両国の共同居住地として曖昧になっていた。

一九四五（昭和二〇）年八月、ロシアは日ソ中立条約を無視して対日参戦し、満州、樺太、千島へ攻め込んで八月二八日から九月五日までの間に北方四島を占領した。島民の半分は脱出、残った島民は二二年から二三年にかけ、劣悪な環境の下、樺太経由で引き上げることになった。引き上げ船のうち二隻は留萌（苫前）沖で潜水艦（？）に撃沈され、多くの尊い命が失われた。私も幼な心に、その後の悲しみに包まれた留萌の様子を記憶している。

一日も早い北方領土問題の解決を切に望んでいるが、現実はそうとう難しいであろう。ただロシアの人たちの八〇％近くが日本人と日本の文化（製品、アニメ）に好意的であるというのが救いである。

一方、二〇一四（平成二六）年二月六日には「『北方領土の日』反対！アイヌ民族連帯！関東集会」が東京・渋谷で開かれた。その趣旨は「北海道・サハリン・北方諸島は、北方諸民族が住み自由に往来するアイヌモシリ（人間が住む静かな大地）である。一九世紀後半から日露両政府による領土略奪で、アイヌ民族は虐殺され、土地は奪われ、強制移住させられた。アイヌ民族・北方諸民族への侵略植民地支配に対する謝罪も賠償もないまま続けられている領土交渉に反対する」というものである。また、二〇二〇年の東京オリンピックまでに白老に建設しようとしている「慰霊・研究施設（民族共生象徴空間）」の建設に対しても反対している。また　現在、全国の大学（東京大学・北海道大学・京都大学など）に一六三五体のアイヌの人たちの遺骨が研究のために収められているが、「これらの遺骨や副葬品はアイヌコタン（郷土）に返還させるべき。研究や『先住民族であるアイヌと日本人は共生してきた』と国内外に宣伝する目的で展示するのなら、アイヌ民族の魂を踏みにじることになる」と主張している。

我々は、最上徳内、松田伝十郎、松本十郎、そして、松浦武四郎がそうであったように、アイヌの人たちに対して深い思いやりの心で、ヒューマニストとしてこの問題に当たらなければならないだろう。

第一四話　本多利明

蝦夷地開拓のグランドデザイン作成

新雪の北海道神宮は荘厳で静寂な空気に包まれている。厳寒の二〇一三（平成二五）年師走にもかかわらず、積もった雪をかき分けかき分け、白い息をまるで馬車馬のように吐きながら神宮の早朝体操に参加。一〇〇名近い御同輩が集まっていた。

本話では壮大な北海道開拓をデザインした先覚者について考察したい。その主役は本多利明。

本多は一七四三（寛保三）年、越後（新潟県）に生まれ、一八歳で江戸に出た。関孝和（せき・たかかず）の高弟に数学を学び、また天文学、剣術を習得した。一四歳にして江戸・音羽に塾を開き、数学、天文、地理、測量技術を教えた。江戸後期の経世家（経世済民の論を唱えた知識人、オピニオンリーダー）として高名な学者である。

当時、江戸では本多のことを、その徳のある人柄と学識の高さから「音羽先生」と呼び親しんでいた。司馬遼太郎が『菜の花の沖』で「一世の怪傑である」と称した最上徳内を見いだし、門弟に加えたのが本多である。

のちに最上は松前藩から嫌疑をかけられ投獄されることになる。獄中、病気になり死線をさまよったが、八方手を尽くして最上を救ったのも本多である。本多が北方探検の祖・最上を指導しなかったら、後に続く間宮林蔵や松浦武四郎を始めとした蝦夷地開拓の先駆者も現れなかったのではないかと言われている。

本多と北海道との関係について進めていきたい。

本多は西欧諸国が国力を高めているのは優れた科学的航海法によるものだと考え、蝦夷地開拓もコンパスを利用した航海法によるものでなければならないと主張していた。一八〇一（寛政一三）年には自身も厚岸や根室などの地に測量用具を用いた船舶で訪れ、その主張を実践している。彼の蝦夷地に関する詳細な知識と開発に関する戦略は、最上との共同作業によってもたらされたといっていいだろう。

江戸幕府が一七八五（天明五）年、第一回調査隊を蝦夷地に派遣した際、本多は四二歳になっていた。そこで自らの渡航は体力的に困難とし、最上を代わりに派遣させている。最上はその後二〇年に渡り九回も蝦夷を探検。その都度、詳細な資料をもって本多に報告し、多くの書物を著すなど、ともに蝦夷地開拓の研究に励んだ。

本多はかねてより新天地の開拓こそ日本の国力増強の要であると、蝦夷地の開拓を主張していた。地理学者として、数学者として、本多は世界地図から蝦夷地の緯度に着目している。

「蝦夷地は湿地で和人が居住することは困難なところといわれているが、それはいまだ開墾が行われず草木が生い茂り地面を覆っているからだ。世界中で栄えている多くの都市は北緯四〇度あたりに位置し、豊かな農産物をもたらしている。蝦夷地も同じ緯度にあり、火を放って草木を焼き、畑作を行えば作物ができないはずはない。作物ができれば鉱山も商工も自ら開けよう。日本とロシアの国境も明確になり、侵入を防ぐ防波堤ともなる。蝦夷地開拓により国富が増進し、国内の過剰人口の受け入れの地にもなり得る。それには天文・数理の研究を怠らず、北方に適する衣食住を研究すべきである。松前藩の如き小藩、若しくは利のみを追う商人に任せておくべきではなく、官船を派してこれに当たるべきである」

さらに、次のような大構想も述べている。

「蝦夷本島は北緯四〇度より四三度の間にあり、支那の順天府（今の北京：北緯三九度）と気候は等しい。また、オランダの首都（アムステルダム）は北緯五二度にあり蝦夷よりはるか北に位置している。これら諸国は進んだ国である。エゾ諸島も開拓することによって発展することは疑いのないことだ。世界で最も進んだ国家であるイギリスの首都は北緯五一度に位置している。同緯度にあたるカムチャツカ半島中心部に大都会ができたなら、北方圏はもとより米国の諸島（アリューシャン列島か）も支配下に置くことができる。これにより富裕な日本が建設できるであろう」と、一七九八（寛政一〇）年に著した『西城物語』に記している。

イギリスは、メキシコ湾流の関係でカムチャツカ半島よりも温暖であるのを本多は見落としていたのかもしれない。しかし、カムチャツカ半島を北緯四三度の札幌に置き換えたならば、本多の指摘はまさに当を得たものといえるだろう。首都を京都から江戸以遠の土地に移すべきとした北海道開拓使初代長官・鍋島直正、札幌を北京（きたきょう）と改称し夏季には天皇にお住まいいただく行宮にすべきとした島義勇、上川地方を北京とし首都機能移転を論じた初代北海道庁長官・岩村通俊および第二代長官・永山武四郎の考え方に継承されるものだ。

なお、米国カリフォルニア大学ロサンゼルス校（ＵＣＬＡ）教授ローレンス・スミスが科学データをもとに二〇一二（平成二四）年に出版した『二〇五〇年の世界地図』では、地球温暖化が進行することで、北方圏（ＮＯＲＣｓ：ノース・リム・カントリーズ）が社会・経済・文化で今後優位性をおおいに発揮し、顕著な成長を遂げるであろうと述べている。スミスは今後一層発展する都市として、カナダのトロント、オタワ、バンクーバー、米国のミネアポリス、ポートランド、シアトル、ロシアのウラジオストックの各都市をあげている。興味深いことに、これらの都市はほぼ北緯四三度上に位置している。札幌もまさに同じ緯度の線上にある。本多の先見の明にあらためて感心する。

本多は「日本国務：国としての最優先課題」として、我が国が力を入れなければならない分野は渡海・運送・交易と指摘している。鎖国政策を敷いていた江戸時代後期に貿易の重要性を説いているのである。「万国に船を遣り、国用の要用たる産物および金銀銅を抜き取って日本へ入れ、国力を厚くすべきは海国具足の仕方なり」と、多くの国々との交易を高め、我が国でとくに必要とする物資や貨幣の基となる金銀を交易し、国を富ます必要性を説いている。一八五四（嘉永七）年の開国より一〇〇年近く前から、日本の進む道として貿易立国を唱えているのだ。

明治以降、一時期を除いて日本は常に輸出が輸入を上回り、国の資産が積み上がってきた。しかし、二〇一一（平成二三）年から輸入が大幅に増え、貿易赤字に陥った。原子力発電所の停止による化石燃料の輸入増大が主因ではあるが、電気機器や電子部品といった日本が優位に立っていた産業部門の競争力が大きく損なわれたことも、輸出の大幅減少と輸入増加の要因になっている。貿易立国であったはずの日本におかしな気配が生まれてきている。

本多は「国用万事の根本たる金銀銅（通貨）なれば、日本を出て異国へ抜け行かぬように制度建立すべし」と説いているが、現在の日本は通貨が海外に流れ出し始めている。

さらに、本多は「流通させる金銀に一定の枠を定め、士農工商（階層別所得）をしっかり保つこと。通貨量を多い少ないに応じて伸縮させ、物価を調整することは世を治めるための政治第一の役割」と説いている。

今の日本は異次元の金融緩和で、一定の枠を定めるどころか市場にはマネーがあふれ返っている。しかし、その恩恵に浴しているのは一部産業や輸出企業の正規雇用者に限られている。輸入産品の高騰により非正規若年雇用者や高齢者の負担は増しており、階層別の格差は広がっているのではないだろうか。

ほかにも本多は国の舵取りをする為政者（国君、幕府、天皇、政府）に、慈（いつくしみ）と仁（いたわり）の志を持つことを求めている。慈仁の根本は「明察」と「問うこと」だという。明察とは君主（政府）の方から明智をもって推察することであり、問うこととは国民のほうから問題を提起してもらうことだ。「非難や抗議までも受け入れ、短所を退け長所を発揮し、小さな成果も大きく取り上げ、すべての意見を入れて民衆を助ければ何事も適う」と、封建社会の中で民主主義の根幹を示しているのだ。

江戸の人々に親しまれる「音羽先生」であったが、一八二一（文政五）年三月、七八歳で永遠の眠りについた。その年、幕府は蝦夷地の直轄をやめ、再び松前藩に返した。アイヌの人たちへの慈仁が消えていってしまうことになる。本多が生きていたならばどうしたであろうか。

第一五話　最上徳内

松前藩と対した一世の魁傑

今から二〇年以上も前だったろうか。『竜馬がゆく』や『坂の上の雲』など司馬遼太郎の長編小説をむさぼるように読み、司馬遼の世界に引き込まれていた時期があった。その中でも高田屋嘉兵衛の生涯を描いた『菜の花の沖』には強烈な印象を受けた。

そして、小説の中で「嘉兵衛が街を歩いていると、他国者と思われる旅姿の武士に出会った。年の頃四〇で何よりも人間を感じた。松前藩からは蛇やサソリのように嫌われている人物だ。松前藩は彼に尾行をつけたりして細かく網を張っている。その天文地理の素養、観察能力、自分の見聞と洞察を表現する文章能力、飽くことを知らない探究心、さらに蝦夷人に対する愛情と松前藩という組織悪に対する憤りを強く持っているお方だ。徳内先生は一世の魁傑である」と表現しているのが、本話で紹介する最上徳内である。

一七九九（寛政一一）年、幕府は唐突に松前藩から東蝦夷地を召し上げ直轄領にした。その前年にあたる一七九八（寛政一〇）年、幕府はロシアの進出を調査するとともに、松前藩のアイヌ虐待政策を調査するため、三橋籐右衛門を頭とする蝦夷調査隊を派遣した。最上も案内役で同行している。『菜の花の沖』で最上が登場するのは「寛政一〇年」の章である。この中で、最上が高田屋嘉兵衛と道端で会う場面がある。そこで立ち話をしただけで高田屋は松前藩役人にしょっ引かれ、牢獄に入れられ叩きのめされた様子が描かれている。いかに松前藩がこの調査隊に強い危機感を抱いていたか、そして、最上をいかに忌み嫌っていたのかがわかる。

最上は調査を終え江戸に戻ると、膨大な建白書「蝦夷草紙後篇」を記し幕府に提出した。この建白書が東蝦夷地を幕府直轄にする理論的支柱になったものである。最上こそ、松前藩の悪政を打破した人物ともいえる。それでは、最上はどのような人物だったのだろうか。

最上は貧農の長男として生まれ、実家を二男に譲るとたばこ屋に奉公に出た。利発な子で、当時著名な数学者・本多利明の門を叩き、学問にいそしんだ。なお、本多は北海道開拓神社に祭られている三七人の一人。本多は一介の数学者ではなく、経世家で北方の脅威（ロシアの南下政策）を早くから説いていた。

本多は幕府が蝦夷地の調査を行うことを聞き、知人の青島俊蔵に頼んで最上をその一行に加えた。これが最上最初の蝦夷地探検になる。この探検で最上は、国後、択捉まで踏破し、ここでロシア人と懇意になった。これにより最上はロシア情勢を的確に把握することができた。その後も何度か蝦夷地行きを企てたが、松前藩により拒絶された。

一七八九（寛政元）年、松前藩や場所請負商人に虐待されていたアイヌの人たちが立ち上がり、クナシリ・メナシの反乱が起こった。当時、北海道東部の交易権や漁業権を松前藩から手に入れた商人・飛騨屋は、先住民族アイヌに対する暴虐・非道の限りを尽くしていた。飛騨屋の現場監督はアイヌ女性を犯したり、命令に従わないアイヌを打ち殺したりした。妻を和人に殺されたマケメリの息子を頭にアイヌは蜂起、和人七一人を殺害した。松前藩は加担した三七人のアイヌを斬首、また多くを殺害したといわれている。クナシリ・メナシの戦いはアイヌの最後の抵抗だった。その後、アイヌは徹底的に管理・弾圧されることとなる。

それまでも松前藩はアイヌに対し、ずいぶんあくどいことをしてきたが、「場所（漁場）」という制度が確立してからは、藩のアイヌに対する態度がさらにエスカレートした。

米を収穫することができなかった蝦夷地で、松前藩は藩士に漁場を与え、アイヌと交易することで知行を与えた（商場知行制＝あきないば ちぎょうせい）。その後、藩士たちはアイヌの生産を上げさせるため、場所を商人に請け負わせることになった（場所請負制＝ばしょ うけおいせい）。商人たちは松前藩に運上金を上納することで場所の運営を一切取り仕切り、アイヌの人たちが獲る海産物を独占的に買い占めた。アイヌの人々を労働力にするところが多くなるにつれ、彼らを動物以下に扱い、徹底的に絞り取った。

最上はクナシリ・メナシの事件を耳にすると、蝦夷探検で同行した青島に報告した。その後、最上は青島に従って三度蝦夷地に探索に出かけている。最上は蝦夷に入ると髭も剃らず、アイヌの人たちと生活をともにし、アイヌ語も巧みに話せるようになっていた。アイヌの代表から動乱後のアイヌ部落の動きを余すところなく聞き取り、事情がはっきりとする中で彼らに深い同情を寄せた。蛮行を省みない松前藩を始め、あらゆるものに義憤を感じていた。

青島に同行したある酒席で、最上の発言が松前藩に漏れ、それが幕府に通報された。幕府は青島と最上を罪人として牢獄に入れた。青島は獄死となったが最上は恩師の本多に引き取られて牢を出ることができた。牢を出るとすぐに、最上は『蝦夷国風俗人情之沙汰（蝦夷草紙）』を著した。蝦夷の情勢を詳しく記述しており、当時その右に出るもののない名著で、多くの幕府要人の目にも止まることになった。最上は蝦夷地専門家としての評価が高まり、普請役として幕府に取り立てられるという出世を果たした。身分制度が厳しい江戸時代には珍しい立身出世の人物である。

さて、蝦夷草紙の中で最上はアイヌの人たちについて次のように記している。

「松前藩支配下の北海道・千島アイヌほど悲惨なものはなかった。これは地獄だ」

当時、沿海州に住む山丹人（ギリヤーク人）は蝦夷地に来て、江戸や京都の人たちが喜ぶ蝦夷錦や飾り玉を日本製の鉄製品やたばこと交換するのだが、松前藩はアイヌの人たちにその交易を強制した。アイヌの人たちが松前藩の搾取により貧窮化すると、山丹人は蝦夷の少年を奴隷として連れ去っていった。松前藩はその事実を知っていても知らぬ顔だった。最上は蝦夷草紙の中で次のように表している。

「本土人の喜ぶ錦や飾り玉は、蝦夷（アイヌの人たち）の身を異国に売りたる代金なり。実に身の塊なり。借金を責められ返すすべもなければ、よんどころなく一生の別れをして異国に囚われ、また残りたる妻子は草の根を掘りて喰い、あじけなき命を長らいても生きて甲斐なき風情なり。これ皆、松前にて催促して（松前藩がアイヌの人たちに無理強いして）錦・青玉を買い上げる故なり。たとひ数万両の金を捨つるとも、これまで取られたる蝦夷を返したく思うことなり」

最上は人民保護の思想が濃厚である以上、基本的に人間差異は認めなかった。後に、最上の上申を受け幕府は山丹人に借金を支払い、債務の鎖に繋がれていたアイヌの人たちを開放している。

松前藩は最上に毒を盛るなどして調査の妨害を試みたが、幕府調査団はロシアの南下政策の現状やアイヌの人たちに対する松前藩の横暴をくまなく調査した。その結果、一七九九（寛政一一）年に幕府は東蝦夷地を松前藩から取り上げることとなった。最上の貢献がいかに大きかったかがうかがわれる。

さらに、幕府は蝦夷地全域の完全掌握を目指し、一八〇五（文化二）年、目付・遠山金四郎景晋にその調査を命じ、最上はその案内役に起用された。この調査の結果、幕府は松前藩を奥州梁川に移し、幕府が蝦夷地全域を直轄することになった。幕府の蝦夷地直轄は一八二一（文政四）年に松前藩に戻されるまで一五年も続いた。

晩年の最上に関して特筆すべきことは、ドイツ人医師フィリップ・フランツ・フォン・シーボルトとの関係である。最上は何度か会見してシーボルトと学術研究の交換をしている。当時、最上は七二歳になっていた。シーボルトはその著『ニッポン』の中で「この尊敬すべき老人は、日本の北地事情に偉大な功績を残したにもかかわらず、当時役目を去られ、不幸と貧困の中に陥っていた。それはその発見を少しも生きるために（利用）せず、あまりに実直に、かつは年老い、自ら膝を屈することをしなかったからである」（『開拓の神々―北海道開拓神社御祭神の偉業―』北海道神宮刊）と書いている。見事な人生を全うした人である。

第一六話　近藤重蔵

幕府蝦夷地調査隊長で択捉島に標識を建立

一八〇〇（寛政一二）年、今まで見たこともない大型の船が随行船四隻とともに択捉島沖に現れた。近づくと船には日の丸が掲げられ、先頭には鎧・兜に身を固めた武士が紅白の指図旗で指揮をとっている。島民（アイヌの人たち）には討伐軍が押し寄せたのではないかと一瞬緊張が走った。しかし、やがて船が上陸すると、その武士が二年前に島を訪れた近藤重蔵であり、船団を率いている船頭が高田屋嘉兵衛だと気がつくと、みな小躍りして喜んだ。アイヌの人たちは再度来航した近藤と高田屋ならびに最上徳内を旧来からの友人のように大歓迎した。五艘の船には米・塩・漁具・衣類など、アイヌの人たちに与えるべき物資が満載されており、さっそく彼らにふるまわれた。近藤ら一行はアイヌの人たちとともに択捉島の開拓に取りかかったのだ。東蝦夷地が幕府直轄になった翌年である。

話を二年前の一七九八（寛政一〇）年に戻してみよう。この時期、幕府は松前藩の悪政とロシアの南下政策に強い脅威を抱いており、二〇〇名近い幕府役人を調査のため蝦夷地に派遣した。この調査隊の先発隊長となったのが近藤である。当時、近藤は二八歳。主要な配下として水戸藩士・木村謙次（四七歳）、蝦夷地調査経験者の村上島之丞（三九歳）、それに蝦夷探検の第一人者として認められていた最上徳内（四四歳）らを従えた。蝦夷開拓の重要人物が加えられたことから見ても、若輩である近藤の力量がいかに高く評価されていたかがわかる。

一行は箱館を出発し根室に到着。国後から択捉島を目指した。国後で各種調査をし、択捉への渡航の機会をうかがっていたが、一カ月後ようやくその目的を達成した。国後から択捉への渡航は困難を極めた。その様子を近藤は、友人に送った手紙の中で以下のように伝えている。

「荒潮の強さは津軽海峡の難所の二倍もある。逆波は四面にわき立ち、うねりは一七尺近く深い水の底をつくり、近くの友舟の帆も見えないほどであった。粗末なアイヌ舟のこと、それに慣れた彼らさえ必死に祈りの言葉をささげながら舟を操る有様だ。あわや水死を覚悟したのも一度や二度ならず」

択捉のタンネモイに着くとその丘の上に一本の標柱を建てた。そこには「大日本恵登呂府」と記し、その下にアイヌの人たちをはじめ全員の名を書き連ねた。

「この国土と生死をともにしてきたのはアイヌである。大日本恵登呂府の名をもって異邦の侵犯を防ぐものは、彼らアイヌなのである。だからともに名を連ね、その栄誉と責任を明らかにしたものである」

厳しい北方の地を守り生活しているアイヌ民族に対する尊厳の思いを、近藤、最上、高田屋は共有していたのだろう。ちなみに、択捉島からの帰路、一行は日高地方の沙流川、鵡川地域を視察し、この地方で源義経伝説（義経は衣川館＝岩手県平泉町で自刃したのではなく、その後蝦夷地に渡った）が残っているのを知った。重蔵は鎧兜姿で金箔塗りの義経の像を寄進している。この像は今、平取町・義経神社のご神体として祀られている。

蝦夷地巡視後、一行が江戸に帰ると、近藤らの進言もあり東蝦夷地の幕府直轄が決まった。近藤は一番重要な勘定役となり択捉担当を命じられた。前回（一七九八年＝寛政一〇年）の択捉渡航では小型のアイヌ船を使い九死に一生を得てたどり着いたので、大型船を利用すべく高田屋に航路開拓を依頼した。

高田屋は一人国後島の高台に登り、海流を見定めたり、アイヌ舟を流したりして潮の流れを長時間かけて探ることで、ようやく一本の安全な航路を発見することができた。一八〇〇（寛政一二）年、高田屋は頑健に改造した一五〇〇石積みの辰悦丸、さらに四隻の舟には波よけをつけ、近藤、最上を始めとした幕府役人を乗せ択捉に至った。

この地では毎年秋大量のサケ・マスが川を上ってくる。近藤ら一行は持参した漁具をアイヌの人たちに与え、網で獲る手法を教えた。三年後の一八〇三（享和三）年には一万八〇〇〇石（三五〇万《トン》）の漁獲高になり、金額にして一万両にもなったといわれる。

また、サケの油や〆粕は交易の重要な商品となり、大きな船が次々に択捉を訪れるようになった。アイヌの人たちは生産・労役に応じて正当に物資を渡されたので、これまで貧窮を極めていた島民の生活も一変していった。

重蔵は島をいくつかに分け村とすること、そこに名主を置き、日本風の生活を勧めた。幕府の指示に従い、アイヌに和人風の生活を奨励したのだ。すると髭を剃り、髷を結い、名も日本風に変える者が次々と現れてきた。蝦夷地の中で新政が最もよく行われたところとして、最果ての択捉島開拓が賞賛されることになる。

重蔵は択捉担当を務めた一八〇五（文化二）年から二年後、ロシアの乗組員の暴行事件を調査するため利尻島にも赴いた。この事件で重蔵は北方全体を統括する府を建て、対ロシア政策を確立する必要性を痛感した。江戸に帰ると、将軍・徳川家斎（とくがわ・いえなり）に「蝦夷地警備に関する意見書」を提出した。その要点は次の通り。

・石狩川の本流・支流を利用するならば、容易に全島の要地に達する
・北方統括地として箱館は南に偏りすぎる。府は石狩平野に建つべし
・その適地は当別方面、札幌付近がよく、港ならば小樽である

北方守備の要地として札幌の重要性を指摘したものである。札幌府の建設に実際に着手したのは島義勇であるが、近藤の発想と指摘が今の札幌を生み出したといっても差し支えないだろう。

近藤は一七七一（明和八）年、身分の低い貧しい武士の子として江戸で生まれた。小さい時から神童と言われるほど頭がよく、六〜七歳の頃、孝経を暗唱したという逸話がある。成人に達する頃には身長一八〇センチ、色は浅黒く、筋骨も逞しくなっていた。その頃、老中・松平定信は広く人材を登用すべく、湯島にある聖堂で学術の試験を催した。遠山金四郎（当時四三歳）を含む三名が合格したが、その中に弱冠二六歳の近藤が入っていた。近藤はその才が認められ長崎に赴くが、書物を読む中で海の向こうには文化の進んだ国々が多くあるのを知った。

そして、二八歳で蝦夷地調査隊の先発隊長に命じられるのである。

近藤は二八歳から三七歳までのおよそ一〇年間、北海道開拓のために尽くした。その功により、御書物奉行に任じられ一二年間務めた。時には寝るのは一時間か二時間、書物を読み続け一昼夜に七冊の本を写したこともあったという。その後、大阪弓矢槍奉行二年でお役御免となった。一世の学者として、また探検家として知られた近藤にどういう問題があったのか

晩年の近藤は不遇であった。「長崎から北地まで遊歴すること二五カ国、踏破すること数千キロ。自分ほど足を伸ばした者は数少ないであろう。蝦夷地在勤五カ年の間、在宅はわずか一〇カ月、家族への温情にも事欠き、幕府への忠勤と両親への孝養とは両立しなかった」と記している。両親への孝養のみか、その息子・富蔵との屈折した親子関係が不幸をもたらしたといってよいだろう。富蔵は虫一匹殺せぬひ弱な(やさしい)子供で、武術・学問も際立つものはなく、勘当されたりもした。たぶん富蔵はファザーコンプレックスを持っていたのだろう。父親の探検家・研究者としての名声に自分を重ね合わせ、極度の劣等感を抱くにいたった。そのような時、父親が京都滞在で留守にしていた頃、江戸の邸宅を奪おうと荒くれ者が嫌がらせを続けていた。富蔵はそれに怒り、五人を切り殺してしまった。

近藤は富蔵のおとこ気を称え勘当を許したが、殺した中には二人の女性もおり、富蔵は取り調べのうえ、八丈島流刑に処せられた。近藤も家事不行届きで裁かれ、滋賀の大溝藩に幽居。その後、痛風で没するこ

とになる。時に近藤五九歳。

富蔵は二三歳で八丈島に流された。七六歳で罪は許され江戸に帰るが二年間の滞在のみでまた八丈島に戻った。島民に慕われながら一八八七（明治二〇）年、八三歳で亡くなった。実に六〇年間の流刑生活だった。富蔵は子供の頃からなまけもの、いくじなしと親にも見られ、自分も世間もそう信じたが、流人生活の中、七二冊にも及ぶ「八丈実記」を書き上げている。そのうち三三巻は今も東京都政史料館に残されている。

第一七話　高田屋嘉兵衛

ゴローニンを救った快男児

函館山の麓、宝来町グリーンベルトに立派な銅像がある。高い台座の上で海を見つめている。函館を拠点に国後・択捉まで全道に漁場を開拓し、北前船で北海道と関西の間を雄飛した豪商・高田屋嘉兵衛の銅像である。この銅像は高田屋の功績を称えるとともに、箱館開港一〇〇年を記念して一九五八（昭和三三）年に建てられたもの。その台座の裏には以下の碑文がしたためられている。

「高田屋嘉兵衛（一七六九～一八二七）は淡路の人、二八歳の時（函館に）渡来し五〇歳の時帰国するまで箱舘を基地とし、エトロフ島を開発経営して北洋漁業を営み奉行所松前移転後も本店を本町に、屋敷を蓬莱町に構えて大船一〇余・蔵四〇余を持ち大いに箱舘の繁栄を築いた。またゴローニン抱因のとき沈着剛胆よく日露の間を奔走してその釈放につとめ、長く露国に感謝された」

私がサラリーマン時代で函館勤務の頃、営業成績が落ち込むと、よくこの銅像前に行き、函館市とその先の海を眺め、心を落ち着かせたものである。

第一五話の最上徳内編で、司馬遼太郎の大作『菜の花の沖』に触れた。第一七話では「菜の花の沖」の主人公で、私の敬愛する「快男児」高田屋嘉兵衛を取り上げる。司馬遼太郎もこよなく愛した人物で「今も世界のどんな舞台においても通用できる人」と称えている。

北海道開拓の先覚者たちを調べていくと、当時の身分制度で低層に位置していた人たちが、それぞれの才覚や努力で北海道開拓に多大な貢献をしているのに気づく。最上もそうであったが、高田屋もまさに貧しい漁師の六人兄弟の長男として一七六九（明和六）年、淡路に生まれた。明治政府が誕生する一〇〇年前である。小さい時から海に親しみ、海に玩具の船を浮かべて潮の満ち引きを調べて大人を驚かせることもあったそうだ。

二四歳で兄弟そろって兵庫（神戸市）に出て、水主（かこ）で船稼ぎをするようになった。才能と勇気にあふれ、優秀な船乗りとして認められた高田屋は、船頭から二八歳で船主になり、松前、函館へも足を延ばすまでになった。この時期、幕府は千島列島を南下してくるロシアに対応する国防対策を急ぐ必要を感じていた。これに何の手だてもしない松前藩に不信感を募らせ、ひそかに蝦夷地直轄の準備をしていた。

蝦夷地直轄に欠くことのできないのは船舶輸送で、幕府から準備を命じられた三橋籐右エ門は、高田屋に意見具申させた。その時の高田屋の回答がすこぶる明快。三橋をいたく感嘆させ重用されることになった。時に一七九八（寛政一〇）年であり、『菜の花の沖』で高田屋が三橋の配下、最上徳内と遭遇したのがこの年である。

高田屋が厚岸に滞在中、択捉島開拓の任を受けた近藤重蔵に呼ばれた。近藤は三橋から高田屋の船乗りとしての類なき才能を知らされていたので、択捉島への海路開発を高田屋に委ねたのである。国後・択捉間の潮流は非常に速く、当時は命懸けの航海であった。高田屋は毎日山に登り潮の方向を観測した。時に蝦夷船を流すなどさまざまな試行錯誤のうえ、ついに航路を発見。高田屋は造船の技術にも長けていたので、七五石積の持ち船に堅牢な波よけをつけ、十分な用意を整えた上で無事、択捉島に渡った。二年後には近藤らを乗せて択捉に向かい、この地の開発に成功した。これもひとえに高田屋の努力の賜物である。

高田屋に関しては「ゴローニン事件」を抜きにするわけにはいかない。一八〇四（享和四）年、ニコライ・レザノフを代表とするロシア遣日使節が長崎を訪れ通商条約の締結を求めるが、幕府は鎖国を理由にそれを断った。レザノフは憤慨し彼の部下が樺太の日本人居住地を襲い、翌年には日本人五名を捕らえるという行動に出た。この事件で幕府は北方警備のため東北諸藩に出兵を命じ、守備を固めることとした。このような時期、ロシア戦艦艦長ヴァシリー・ミハイロヴィッチ・ゴローニン中佐以下が食糧・水・薪の補給のため国後に上陸、配置されていた幕府守備隊に襲われ捕虜の身となった。

副艦長のピァートル・リコルドはゴローニンの安否を何とかして確認したいとの思いで翌年、再度国後を訪れ付近を航海していたが、ちょうどこの時、山高印の高田屋の船に遭遇し、これを威嚇射撃し高田屋以下を襲ったのである。この時、高田屋は少しも動じることなく、事のいきさつをリコルドの持つ手紙で知り、彼らがゴローニンの安否を深く心配していることを理解した。高田屋は自分の手に日露の平和のカギが握られていると判断。リコルドに従い捕虜の身でロシアに連れて行かれることを受け入れたのである。身支度を整えた後、高田屋は弟に次のような手紙を出している。その要点だけ抜き書きすると「このたび天運つき候ことかオロシャへ参ることに相成り候。囚われと相成り候以上、大丈夫にて（堂々と）掛け合いいたす（交渉する）つもり候。何ほどつらき目にあい候とも、命さえ捨てる覚悟に候。ただ天下の為とのみ思いおり候」――高田屋の決意と侠気が浮かび上がる。

リコルドは高田屋の堂々とした態度からその器量の大きさを感じ、丁重に接し、船中はもちろんカムチャツカに行っても居食をともにするようになっていった。この間、高田屋もロシア語を理解できるようになり、リコルドとの間で意思を通じあうことができるほどになった。リコルドは一時ゴローニン釈放のためには幕府と一戦交えねばならないとの思いにかられたが、高田屋にすべてを任せることとし箱舘に上陸せしめた。

幕府との交渉は高田屋の考えた通りに進み、ゴローニンは二年二カ月にわたる幽閉の後、釈放されることになった。敵対感情さえ持っていた両国の交渉を平和裡に解決まで導いたのは、ひとえに高田屋の献身的な努力の賜物である。十数年に渡り日露の関係はもつれていたが、ゴローニン釈放後三〇年間は日露間に何の紛争も生じることはなかった。

今、高田屋が生存していたならば、日露間の領土交渉もうまく進んでいただろう。ないものねだりだが、第二の高田屋が出現することを期待したい。

それまで福山（松前）の副港だった箱舘が、やがてそれを凌駕するようになったのは高田屋の努力によるもので、特に本店があった本町や園地があった蓬莱町は今も往時の隆盛をしのばせている。

数十の持ち船で大阪と兵庫に支店を持ち、山高印の船は至るところでその姿を見せていた。引退して郷里に戻っても、河川の築造、橋梁や波止場の修繕、若者の育成など地方のために尽力し、一八二七（文政一〇）年五九歳にて他界した。明治政府が始まる四〇年前である。「実に、高田屋嘉兵衛こそ北海を舞台に存分に活躍した快男児である」と『北の先覚』の著者・高倉新一郎は評している。

高田屋家は嘉兵衛没後も隆盛を誇るが、一八三三（天保四）年に嘉兵衛の弟・金兵衛が幕府から密貿易の疑いをかけられ全財産を没収されてしまった。嘉兵衛が日露の友好に尽くした功績を大とし、ロシアは高田屋の船と遭遇してもこれを妨げないとの約束を交わし、その印として手旗で合図するとの約束を交わしていた。幕府はこの合図を密貿易と誤解したのである。誤解は解けたものの、幕府に届けることなくこのような約束を交わしていたことで処罰されたのである。

高田屋家の没落後、箱舘は火が消えたようになり、一八六八（明治元）年函館府ができるまでの三五年に渡り低迷の時期を迎えることになる。

第一八話　中川五郎治

数奇の運命をたどり我が国初の種痘接種に成功

いたいけな子を抱きかかえ、その右腕に注射針を刺しているエドワード・ジェンナー。小学生の頃、教科書に載っていた写真を記憶している。ローマ帝国では三五〇万人が天然痘で死亡、北米では免疫のないインディアンの部族が全滅している。また、南米でもわずか二年で四〇〇万人が、西インド諸島ではほぼすべての原住民が罹患し亡くなった。いずれもヨーロッパから持ち込まれた天然痘が原因である。

種痘の生みの親と呼ばれるエドワード・ジェンナーは、イングランド南部にあるバークレーで生まれた。そこは乳牛が盛んな酪農地帯だ。ジェンナー自身、八歳の時に人痘（天然痘に罹った人の菌を注入し免疫状態にする）を受け、危うく死にそうになったので天然痘には強い関心を持っていた。たまたま農村の女性が「私は前に乳しぼりで牛痘（牛の天然痘）にかかったので、天然痘にかかることはありません」と話しているのを耳にし、これが頭から離れなかった。

ジェンナーは二四歳で開業医になり、牛痘を人に接種する方法に取り組む。一七八九（天明九）年、一〇カ月になる長男に天然痘の軽症型「豚痘」接種を試施したといわれ、この時の姿が彫刻となっている。その写真が世界中に広がり日本の教科書にも載ったものだ。

しかしながら、一七九六（寛政八）年、使用人の子供ジェームス・フィップス少年に「牛痘」の実験を試みたのが実態としては最初である。その後、ジェンナーは「牛痘は人体を天然痘の感染から守る」と発表、一〇年もたたないうちに種痘は世界中に広まった。

我が国で種痘を最初に成功させたといわれているのは鍋島藩で、開拓使長官にも任命された鍋島直正が藩主であった。一八四九（嘉永二）年のことである。

驚くべきは、鍋島藩で牛痘による種痘が行われるより二五年も前に、北海道で種痘が実施されていたのである。本話の主人公、中川五郎治は日本で初めて種痘を成功させ、アイヌや多くの日本人を天然痘から救った人物である。なお、種痘はワクチンをＹ字型の器具に付着させて人の上腕部に刺し、円形の傷をつけて皮下に接種するもので、私の右腕にも痕跡がかすかに見られる。

さて、中川は陸奥国（現青森県）下北郡川内村で一七六八（明和五）年に生まれた。若い頃に蝦夷地へ渡り、択捉島の遮那会所で番人小頭になる。姓もなく下っ端の役人だったが、語学の才能があり、現地のアイヌ人やロシア人との交流の中でアイヌ語とロシア語を理解できるようになっていた。

以前触れたように、一八〇四（享和四）年、ロシアは外交官ニコライ・レザノフを長崎に遣わして日本との条約を結ばせようとした。しかし、幕府はレザノフを半年間にわたって幽閉した上、通商を拒否した。この屈辱的な扱いにレザノフの部下は憤慨し、日本人やアイヌ人居住地の攻撃を命じた。部下のニコライ・フヴォストフは一八〇七年（文化四）年に樺太や択捉を攻撃、掠奪行為を繰り返した。これが世にいう文化露寇（ぶんかろこう）である（蒙古襲来を元寇というのに対し露寇という）。下っ端役人だった中川は、文化露寇から始まる歴史のうねりの中で数奇な運命をたどることになる。この時、中川は四〇歳。

間宮林蔵もたまたま択捉島で地質調査をしており、文化露寇に遭遇した。彼は部下の戦意の高揚に努めたが、幕府軍壊滅となると国後に引き上げる。その時、酔いつぶれて帰艦が遅れたロシア兵を捕まえ、ロシア側と交渉することになった。ロシア語が話せる中川と部下の佐平治が交渉役に選ばれて赴いたが、ロシア兵に叩きのめされ、捕らわれの身となってしまった。

その後、二人は国後島、樺太からシベリアに移送。交渉役を担ったことで、中川は幕府の上級武士と勘違いされたのだ。これが中川の奇なる運命の第一幕だ。

シベリアに送られた中川は何度か脱走を試みるが失敗し、この過程で部下の佐平治とは死に別れた。抑留生活も五年の月日が経過したある時、中川にとって第二の奇なる運命が訪れる。それは高田屋嘉兵衛の話で触れた「ゴローニン事件」とのかかわりだ。文化露寇に脅威を感じた幕府は東北諸藩に命じ、蝦夷地防衛に取り組んだ。ロシアへの備えを強化している中、千島列島を測量中だったロシアの軍艦ディアナ号が薪や水の補給のため国後島に上陸した際、艦長のゴローニン以下を捕らえ松前に幽閉するという事件が起こった。副艦長のピョートル・リコルドは、ロシアに捕らえている日本人とゴローニンを交換しようと企図。そこでイルクーツクに捕らえられていた中川も人質交換の一人に指名された。

捕虜交換のため、イルクーツクを出発してヤクーツクに向かう途中で中川はとある商人の家に一泊することになった。この時、彼の人生を決定する出会いがあった。中川第三の奇なる運命である。出会ったのは一冊の書物で、その本にはエドワード・ジェンナーが発見した「牛痘」を接種し天然痘の免疫にする手法が記されていた。

蝦夷地には長い間、天然痘はなかったが、和人が入るようになってから感染が拡大するようになった。

免疫がない処女地に入った天然痘はいったん流行すると勢いがすさまじく、本州に比べ死亡率も高い。中川は蝦夷地に出稼ぎに来ていた時、その惨害を目のあたりにしていた。中川はこの書物を商人からもらい受け、さらに医者の従者にもなって種痘方法の伝授を受けた。また、出航地オホーツクでは牛痘を人に接種する治療も実際に見てもいる。

さて、中川はリコルドに連れられ六年ぶりに祖国の地を踏むことができた。リコルドは中川にゴローニンの生死を確認させる命を与え上陸させた。しかしながら中川はふたたびリコルドのもとに戻ることはなかった。中川は捕虜になってからロシアに対する憎悪がつのり、リコルドの命には従わなかったのだ。中川は江戸で尋問を受けた後、翌年松前に戻って妻を娶り中川の姓も許される。中川四六歳のときである。

一方、ゴローニン奪還に燃えるリコルドはついに高田屋嘉兵衛を捕縛し、最終的に高田屋の努力もあってゴローニンは釈放。事件は解決する。

中川は後に足軽となって松前や箱館で勤務していたが、一八二四（文政七）年に箱館で天然痘が大流行した。これも第四の奇なる運命であろうか、中川は奇跡的に牛痘にかかった牛を見つけ、この牛から採取した体液で牛痘苗を作成した。怖がって種痘を受けようとしない人たちを懸命に説得し、ついに田中イクという当時一一歳の商家の娘に牛痘を施した。天然痘の惨禍のなか、イクはまったく発病しなかった。

鍋島藩で最初に種痘が成功したのは一八四九（嘉永二）年であり、なんと中川はそれを遡ること二五年前に牛痘による種痘を成し遂げていたのだ。中川の実施した方法は天然痘の種苗を大野村の牛に植え、その痘菌を抽出し乾燥保存して種痘苗とし、それを牛乳で溶解して男子は左腕、女子は右腕に施したといわれる。

その後も天然痘の発生は続いたが中川は種痘を人々に施し、多くの人が発病することなく救われた。中川がロシアから持って帰った医学書『オスオエンナヤ・クニーガ』は松前に幽閉中のゴローニンの目に触れ、彼の勧めで幕府の通訳・馬場佐十郎によって一八二〇年（文政三）年『遁花秘訣：とんかひけつ』として翻訳された。また三〇年後の一八五〇年（嘉永三）年には利光仙庵によって『魯西亜牛痘善処：ろしあぎゅうとう　ぜんしょ』と改題して出版されている。これらはわが国初のジェンナー種痘法の医学書として位置づけられている。

当時、中川は五七歳。種痘が金になることを知ってその独占を図ったといわれているが、弟子の白鳥雄蔵や松前藩医などにも伝授。白鳥は秋田で藩医に伝え、その医療法は脈々と受け継がれていった。

中川は八一歳で川に転落し数奇な一生を終えるが、大事な種痘苗は何もわからない妻が遺体やほかの医療器具とともに焼いて灰にしてしまったという。

中川の偉業は長い間、知られることはなかった。これも奇なる運命であろうか。一八八五年(明治一八)年、七二歳の老婆が一一歳の時、中川に種痘してもらったと明かした。その老婆が日本で始めて種痘を施された田中イクである。その後の調査で、中川の数奇な運命と一八二四（文政七）年に牛痘による種痘を成功させたことが歴史に刻まれることになる。

日本では一九〇九（明治四二）年に「種痘法」が設定され、乳幼児と小学校入学前に接種することが決められていた。しかし、天然痘の撲滅が確認された一九七六（昭和五一）年以降、その接種をやめている。世界的にもWHOは一九八〇（昭和五五）年に種痘による悪影響を考慮し、接種義務を終了させた。私の長男の母子手帳を見ると、乳児の頃のみ接種したことが記録されている。たぶん、それが最後の種痘だったのだろう。ただ、生物兵器に天然痘が使われると、悲惨なことになると懸念されている。私の右上腕にはまだ微かにその痕跡がある。私は大丈夫なのだろう。

第一九話　村山伝兵衛

長者番付に載るも無一文になった場所請負人

真っ青な海から押し寄せる波が絶壁にぶつかる。白波が高く上がり、しぶきが飛び散っていた。二〇〇八（平成二〇）年だったろうか、姉弟家族ともども「先祖の地」能登半島を訪れたことがある。先祖の地は能登湾に面し、かつては漁業と北前船の交易で栄えたところと聞かされた。能登の国からは多くの開拓者が北海道に移住しており、私の祖父もその一人だ。

さて第一九話は、能登半島の阿部屋（あぶや：現在の石川県志賀町阿部屋）から松前に移住して巨万の富を築き、西の横綱・鴻池善右衛門と並び称された村山伝兵衛である。

初代村山伝兵衛は能登半島の生まれで、松前藩船頭の娘の養子として一八歳で松前に移住した。阿部屋（あぶや）の称号で回漕業を営み、事業を順調に拡大。一七五〇（寛延三）年～一七五三（宝暦三）年には宗谷・留萌の二場所を請け負い、アイヌの人たちに漁業を教えて漁獲高はどんどん増えていった。増毛町のホームページには「一七五一年、松前の商人村山伝兵衛が増毛場所を請け負い、この地に出張番屋を設け交易が始まりました。これが増毛の地に和人が定住した始まりです」と紹介されている。私の出身地、留萌の礎を築いたのも村山だったのだろう。

村山家で最も活躍したのは三代目村山伝兵衛で、一七三八（元文三）年に松前で生まれている。松前で基礎を固めた祖父の事業を受け継ぎ、藩吏や幕吏たちの信用を高めていった。二二歳の時には問屋株を手に入れ、松前に出入りする多くの船から積荷に対する問屋口銭を得て富を蓄えた。一年で五〇〇両（現在の一億円）から一〇〇〇両（同二億円）もの口銭を手に入れるほどだった。

一七七五（安永四）年、飛騨屋久兵衛が宗谷場所を請け負ったと知ると、その場所を借り受け、鰊・鮭・

鱒などの漁業を興した。この頃から他の漁場を金にあかせて手に入れ、独占的な場所請負人として村山家の全盛時代を築いた。

ここで、場所請負制度についておさらいしておこう。蝦夷地は当時、米を作ることができなかったので、松前藩は石高の代わりに「商い場」を藩士へ与えた。しかし、武士の商法では場所を適切に管理することができず、それを商人に与え、彼らから運上金を上納させた。村山家は地元の運上屋であり、藩士との関係もうまくいっていたのだろう。

さて、一七八九（寛政元）年にクナシリ・メナシの戦いが勃発する。アイヌの蜂起は酋長たちのとりなしで収束し、首謀者とみなされた三七人のアイヌ人の首がはねられた。この事件は幕府の知るところとなり、場所請負を任されていた飛騨屋のアイヌに対する非業な仕打ちが背景にあるとされ、飛騨屋は厚岸・霧多布・国後・宗谷の四場所すべてを没収された。

好機到来と、すぐさま行動に移したのが三代目村山伝兵衛である。村山は飛騨屋の請け負い場所を借り受け事実上支配していたので、アイヌに対する仕打ちと無関係であったとは思えないが、すぐさま飛騨屋の番人たちを残らず引き払った。飛騨屋との関係を絶ち切ったのである。村山の思惑通り、松前藩は飛騨屋に代わって村山にこれらの地を管轄するよう命じた。松前藩は当時、飛騨屋からの莫大な借金を背負っていたので、飛騨屋を切ることは願ったりかなったりだったと思われる。

村山は、任された場所に物資を輸送するなど早急に手を打たなければならなかった。下命直後、季節は秋。海は波が荒く、船での資材運搬は難しかった。そのため、村山は自分の請け負い場所である石狩、小樽、増毛の使用人やアイヌの人たちを総動員し、宗谷、厚岸へ陸路で塩・米そのほか諸物資を運んだ。翌年には旧飛騨屋管轄の各場所に多くの雇い人・漁具などを送り、アイヌの人たちを撫育しながら各地に漁場を開いていった。クナシリ・メナシの戦いにおびえ、隠れていたアイヌの人々も次第に漁場に戻り、生産は急激に増加していった。

村山の勢いは止まるところを知らず、その請け負い場所は三五カ所に増え、福山本店に倉庫数十棟、持ち船一二〇隻を有するまでに拡大。やがて松前第一の豪商として日本長者番付に載るまでになった。松前藩への運上金は一年に二五〇〇両（一万石）に達したといわれる。

しかし、好事魔多し。破竹の勢いは突然の不運によって失われた。一七九二（寛政四）年、松前地方を襲った大暴風により、村山の持ち船一二隻が荷物を載せたまま沈没。これが村山家没落の引き金となった。この頃から、阿部屋の独占的なやり方が多くの人々の羨望と嫉妬を受け、江差の漁民が騒動を起こし村山追放の願いを藩に出すに至った。

村山の強引な事業のやり方に問題があったのは確かだろうが、この騒動の裏には村山を陥れようとする面々がうごめいていた。その中心にいたのが松前藩八代藩主の松前道廣である。

松前道廣は幕府より二七歳の若さで隠居させられていた。クナシリ・メナシの戦いの原因となったアイヌへの非業な扱いを看過していた点、南下するロシアへの防備を怠っていた点がその理由である。道廣は歴代藩主の中では傑物とされ、隠居した後も藩に対し隠然たる力を持っていたが、放縦・傲慢で品行が修まらない性格だったといわれている。

道廣は吉原の遊女を妾に持つなど多額の遊興費を使い続けたことで、飛騨屋などからの借金がかさみ、藩財政は窮乏していた。金を得たい道廣。村山を陥れ、その事業をものにしたい商人たち。両者の思惑がくしくも一致した。

まず大阪の商人が、道廣が若い頃、妾にしていた女の兄に取り入り「宗谷、斜里、樺太の三場所を自分に任せてくれたら、村山の運上金の三倍を藩に支払う」と伝え、道廣はこの企てに乗った。

次に江戸や南部の商人たちの「増毛、苫前、厚岸、国後、根室の鮭の上納金を村山の二倍から三倍払う」との甘言を道廣は聞き入れ、さらに各藩士も村山に請け負わせていた二〇余カ所に上る場所を取り上げた。

村山は苦労して開発した場所をことごとく失い、さらに問屋株や藩船「長者丸」も取り上げられ、すべての役職を失った。その上「蓄えた財産を持って村山が大阪に逃げる」との噂を耳にした道廣は家臣の諫めを退け、一七九六（寛政八）年に村山の持つすべての地所・財産の没収を命じた。日本の長者番付にも載った村山は五八歳で無一文の身に没落していったのである。

一方、松前藩は村山の財産を奪い取ったものの、その利益は目先だけのもので、各商人の経営は破綻。松前藩政は多大な混乱と打撃をこうむった。

さらに一七九九（寛政一一）年、幕府は東蝦夷地を松前藩から召し上げ、直接支配することを決意した。この決定は、前年の一七九八（寛政一〇）年に幕府が派遣した蝦夷地巡見隊の詳細な現地報告が決め手となった。巡見隊には、近藤重蔵、最上徳内など今まで取り上げてきた開拓の先駆者たちが含まれている。

幕府は失意のうちにあった村山を再度起用すべく、宗谷、樺太、斜里の三場所、および留萌、石狩の漁業権を村山家に与えた。しかし、一度打撃を受けた村山は昔の活動を望まず福山に隠居し、一八一三（文化一〇）年に七六歳で亡くなった。この年は高田屋嘉兵衛の尽力でロシア艦隊艦長ヴァシリー・ミハイロヴィッチ・ゴローニンが二年間の幽閉の後、松前から釈放された年でもある。

松前藩の始祖である松前慶廣は豊臣秀吉や徳川家康に取り入り、アイヌの人たちや和人を労働力とした場所請負制度で富を築いた。しかし、八代目の道廣に至りその横暴極まる藩運営が幕府の逆鱗に触れ、東蝦夷地を召し上げられたばかりでなく一八〇七（文化四）年には西蝦夷地も取り上げられ、松前藩は陸奥の梁川に移封された。

第二〇話　栖原角兵衛

支配者の犠牲になった場所請負人

最上徳内などの江戸時代後期に活躍した北海道開拓の先覚者は、道なき荒野を歩み、蝦夷地を奥深く調査。アイヌの人たちとも接触し、蝦夷統治の問題点を松前藩の専横と場所請負制度にあると喝破した。その後、松前藩は幕府調査隊や開拓使により一七九九（寛政一一）年に東蝦夷地、一八〇七（文化四）年には西蝦夷地を取り上げられた。しかし、松前藩もしぶとく、一四年後の一八二一（文政四）年に再び蝦夷地を支配することになる。

第二〇話は栖原角兵衛（すはら・かくべい）を取り上げる。同時に場所請負人として飛ぶ鳥を落とす勢いだった豪商たちと松前藩との関係についても書き進めていきたい。

江戸後期から明治の初期にかけ、林業・漁業で蝦夷地を舞台にして繁栄を極めた豪商たちがいる。飛騨屋久兵衛、村山伝兵衛、高田屋嘉兵衛、そして今回取り上げる栖原角兵衛の四人の場所請負人がそれだ。しかし、そのすべてが没落してしまった。栄華を極め松前藩政にも多大な影響をおよぼしていた豪商たちが、なぜそのような末路をたどることになったのだろうか。

松前藩は京風の贅沢で雅な生活を送っていたといわれる。その理由の一つとして、松前藩には公家から奥方を娶った藩主が多いということがある。大名や位の高い武士の娘の場合は持参金があるが、公家の娘は身一つ。贅沢三昧の金食い虫である。また実家への送り届けも欠かせない。藩は商人からの御用金（運上金や上納金）で華美な生活を賄わなければならない。江戸中期まで、松前藩と取り引きするほとんどの請負人は京都に近い近江商人だったことも、松前藩が京風であった理由だろう。

元禄以前まで松前藩を潤していたのは砂金と鷹だった。しかし、これらの資源は枯渇していき、藩財政は厳しくなっていく。豪勢な生活を維持すべく、松前藩は近江商人に無心を繰り返すが、彼らの財源にもそれほど余裕があるわけではない。ここに松前藩と近江商人との間に溝が生じた。

そんな時期に、新興勢力として近江商人の牙城に食い込んだのが飛騨屋久兵衛である。一七〇二（元禄一五）年、飛騨屋は松前城下に海産物と木材を扱う問屋を出した。なぜ、飛騨屋が出店できたのだろうか。飛騨屋は蝦夷檜（エゾヒノキ＝エゾマツ）の伐採を松前藩に願い出た。蝦夷檜は木目が細やかで筋が通っており檜に負けない良木だ。当時、障子や献上台、曲げ物の用材として使用されていた。

飛騨屋は松前藩に年間八二五両（現在の価値に換算すると一億六五〇〇万円：一両を二〇万円として計算）の運上金で八年間の伐採権を取得した。飛騨屋はこれで大儲けする。しかし、使用人が三〇〇〇両（六億円）の使途不明金を出す。不明金の多くは松前藩の家老などに渡っていた賄賂である。さらに、使用人の嘉右衛門や藩の家老が結託し、蝦夷檜の伐採権を飛騨屋から奪い取ろうと画策。飛騨屋はお上に訴え出て勝訴するが、松前藩の体面を保つためその罰金はわずかなものであった。この時点で飛騨屋の松前藩に対する貸付金は八一八三両（一六億円）にも上っていた。

松前藩は貸付金の引替えに国後、厚岸、霧多布など藩主直領の五つの「場所」を飛騨屋に請け負わせ、飛騨屋からの借金をチャラにする。しかし、飛騨屋の場所（漁場）経営はアイヌとの「交易」ではなく、まさに「強制」「詐欺」「酷使」であった。飛騨屋の徒弟は「働かぬものは釜茹で（かまゆで）にする」と脅迫してアイヌの人たちを働かせ、アイヌ女性への言語道断の仕打ちも日常的であった。これに怒ったアイヌ民族が立ち上がり「クナシリ・メナシの戦い」になる。三七人のアイヌの若者を処刑してこの戦いは終わるが、幕府の知るところとなり、松前藩は幕府から厳重な注意を受けて改善策を提出しなければならなくなった。松前藩はこれに対して全責任を飛騨屋に押し付け、主要な場所を取り上げてしまった。飛騨屋の損害額は七万両（同一四〇億円）にものぼり、借金八二〇〇両（一六億円）を抱えて故郷の下呂に引き上げざるを得なかった。

飛騨屋の後を継いだのが村山伝兵衛だ。前話のように松前藩八代藩主・松前道廣は吉原の遊女を妾に持つなど、多額の遊興費を使い続けて贅沢三昧の生活をしていた。金がいくらあっても足りない。村山家の勢いが下降気味になると、運上金を大阪・江戸の商人たちに求めた。その額は村山家の運上金の約二倍、これを商人たちが受け入れると、道廣は村山家の持つすべての地所・財産を没収するという手段に出た。これで村山家は没落していった。

次に松前藩の餌食になったと思われるのが高田屋。当時の高田屋の資産は今の日本の年度予算に匹敵するほどであったという。

一八二一（文政四）年、幕府は蝦夷地の支配を松前藩に戻すが、一八三三（天保四）年に高田屋はロシアとの密貿易の疑いですべての財産を没収された。以前の項で述べたが、ロシアは高田屋嘉兵衛が「ゴローニン事件」の解決に大きく貢献したことに感謝し、海上で丸高印の高田屋の船を見ると合図の旗を掲げて友好を表明していた。幕府はこれを密貿易とみなしたのだ。

高田屋もすべての資産を没収された。もちろん、幕府や松前藩は高田屋から借りた金を踏み倒したであろう。択捉を中心とした高田屋の請負場所（漁場）は栖原屋が引き継ぐことになる。

さて今回の主人公・栖原角兵衛も同様に支配者（今回は開拓使）の犠牲になった場所請負人である。栖原家は代々角兵衛を名乗っている。

三代目角兵衛は木材業を営んでいたが、同業の飛騨屋が蝦夷檜を一手に請け負うと、栖原屋は飛騨屋に資金を提供してその木材を販売していた。この頃から栖原屋は飛騨屋との関係を深くし、資金的に飛騨屋を支えた。

五代目角兵衛は一七六四（明和元）年、松前城下に支店を設けた。飛騨屋の成功に刺激を受けたものと思われる。

六代目は本格的に場所請負に進出。天売、焼尻、留萌、苫前、さらに十勝の場所を次々と請け負い、事業は順調に推移した。クナシリ・メナシの戦いを機に飛騨屋が没落すると、幕府の命により東蝦夷地漁場幕府直営の影武者として働いた。

七代目は石狩五場所および樺太場所の請負を命じられ、さらに高田屋が没落すると択捉島の経営を任された。栖原屋はますます隆盛を誇っていく。

八代目になると、栖原屋の資産は膨大になり、松前藩財政への影響力も増した。これにより、栖原屋は松前藩から藩財政の切り盛りも任されるまでに信用を高めていった。

九代目になってアイヌの人たちの徴用は最も過酷になり、悪者を意味する「スワラノチェ」というアイヌ語が生まれたほどだ。

一〇代目になると、番頭が松前藩の勘定奉行を務めるようになる。今でいうと日本銀行と普通銀行を併せ持ったような絶大な信用を蝦夷地で築くに至った。

栖原家に影がおよんできたのは、一八七五（明治八）年の樺太千島交換条約の締結からである。苦心して開発した樺太場所は翌年、千島との交換でロシアに全面的に移譲された。

春漁の最盛期。開拓使より漁獲を断念せよとの厳命が出された。漁獲した魚は干す暇もなく腐敗して商品にならない。網などの漁具は海中に投棄、五八カ所の家屋、倉庫、漁具は運搬できない。政府はロシアに売ろうとしたが相手にされず、四八万円（九六億円＝一円を今の二万円で計算）の損害のうち政府が保証したのは一万八〇〇〇円（三億六〇〇〇万円）のみ。樺太漁場撤退により、栖原屋はすべて合わせて一二〇万円（二四〇億円）の損失を被った。

樺太を失った栖原屋は千島に全力を注ぐことになる。一八七八（明治一〇）年には西洋型帆船「金剛丸」を新造。その後も船舶に経営資源を注ぎ、この頃の持ち船は二〇隻を超えるほどになっていた。この頃から栖原屋は三井物産の資金支援を受けていた。

一八七九（明治一一）年と一八八〇（明治一二）年には択捉で硫黄の採掘を試み、同時期に缶詰工場の払い下げを受けて、年二〇〜三〇万個の鮭鱒缶詰を製造して欧州への輸出や軍用に供給していた。一八九〇（明治二三）年には択捉で鮭鱒の人工孵化場を設け、年間数十万匹の稚魚を放流した。また留萌、増毛の鰊粕製造に改良を加え、燃料を三分の二に節約するなどの技術改良を行った。

このように、一〇代目角兵衛は時代を先取りする経営を推進し、売り上げそのものは順調に推移した。しかし、樺太での巨額損失は経営に重くのしかかった。義理の弟が会社の金を不正使用して一三万円

（一二六億円）、総代理人・栖原小右衛門も同様に一〇万円（一二〇億円）の不正使用をするなどして、経営は極度に悪化していった。

栖原屋が三井物産（財閥解体前の会社）から受けていた資金援助は年々積み重なっていた。一九〇〇（明治三三）年から一九〇三（明治三六）年の間に三井物産からの借用金は一〇〇万円（一二〇〇億円）に達し、そのうち四三万円（八六億円）は返済しきれず、やがて北海道における漁業の多くを三井物産に委譲せざるを得ない状況となった。これで栖原屋の名は消え失せることとなる。一〇代目角兵衛は一九一八（大正七）年に八二歳で死去。晩年は事業が振るわず、すこぶる寂しかったが、今は開拓神社に静かに祀られている。

第二一話　佐野孫右衛門

釧路開拓の祖

久しぶりに釧路を訪れた。以前から釧路、根室の若手経営者たちから講演を依頼されており、ようやく実現したのが二〇一四（平成二六）年一二月。釧路では是非行きたい場所があった。釧路地方の漁場や農業を拓いた功労者、佐野孫右衛門を顕彰した碑が建っている佐野碑園（ひえん）だ。

講演に参加した方々にお聞きしたが、その場所を知っているのは一人だけ。翌日、タクシーで向かったが運転手さんも不案内で、連れて行ってくれたのは米町（よねまち）公園。石川啄木の碑は建っているが佐野孫右衛門の碑は見当たらない。ようやく近くを散歩している人に教えていただき、佐野碑園にたどりついた。釧路開拓の功労者が、意外に知られていないことに驚かされた。

佐野碑園は小さな公園で、入口には「この大きな碑は、江戸時代末期から明治初めまで久寿里（クスリ）場所の請負人（漁場持ち）として釧路地方の開発にあたった佐野孫右衛門（一八四一年＝天保一二年～一八八九年＝明治二二年）の功績を顕彰したものです。佐野家は、寛政年間に新潟県から釧路に移り、代々場所請負人を任じられていましたが、四代目にあたる孫右衛門は、昆布漁業振興のほか自費による道路開削や川湯の硫黄採掘事業も行い、釧路地方の発展に特に貢献しました」と記されている。

さて「佐野氏紀功碑」は一九三五（昭和一〇）年八月に建立されたもので、高さ四～五メートルの立派なもの。碑陽（表面）には当時の内務大臣、後藤文夫と北海道大学名誉教授の佐藤昌介の顕彰文が彫られている。カメラに収め、拡大しながら碑文の内容を読み取ろうとしたが、年数がたっていて一部解読不能の部分もあり、また辞書にも載っていないような旧漢字も多く、その全体を理解するのに大変苦労した。参考文献の助けを借りながら、碑文に沿って佐野の功績を辿ってみたい。

開拓神社に祀られている佐野孫右衛門は四代目で、屋号は米屋(よねや)。代々孫右衛門を名乗っている。

初代は天明年間（一七八一年＝天明元年～一七八八年＝天明八年）に越後から福山（松前）へ入り、石狩一三場所の漁場を請け負う。

その後、一八〇五（文化二）年に久寿里（くすり）場所を請け負った。久寿里場所は現在の釧路、白糠、厚岸一帯で、この地で最初に漁場を請け負ったのは、かの有名な（悪名の高い）飛騨屋久兵衛であった。

飛騨屋は久寿里場所で豊富に揚がる鰊・鱈・鱒・鮭で大金を稼いだが、米屋もまたそのおかげで大いに繁栄する。飛騨屋はアイヌの人々を酷使したといわれているが、初代孫右衛門は紀功碑によると「資性卓絶（その性格は他に比べるものもないほど優れている）で「不毛を拓き民利を興すの志有り」と記されている。漁民やアイヌの人たちにも慕われていたのだろう。初代孫右衛門は南部（奥州）地方から馬一〇〇頭を買い入れ、アイヌの人々を馬追いとして雇って賃金を与え、物資運送と馬の繁殖を図ったという。

一八二五（文政八）年、二代目孫右衛門は久寿里場所を一五〇両の運上金で請け負い、その七年後の一八三二（天保三）年には三代目が引き継いだ。三代目は早世し、四代目が一六歳で米屋を引き継ぐことになった。

四代目は久寿里場所での商いだけでなく「いつまでも稼ぎ所で同じことをしていてはだめだ」と、次々と新たな事業に乗り出す。それまで漁場の働き手は出稼ぎで、漁期が終わると郷里や別の稼ぎ場に引きあげていたが、四代目は南部（奥州）から五戸一五人を久寿里に呼び、この地を永住の地とさせた。蝦夷地東部で初めての定住者である。

一八七一（明治三）年には奥州や函館から漁民を募り、一七四戸六二七人がそれに応じた。彼らは釧路、昆布森、仙凰跡にそれぞれ移住。その家屋、漁具の一切は四代目が私費で与えたものだ。当時の釧路は未開の地で、病になっても医者がおらず、治療を施すことができなかった。四代目はそれを憂い、医師を釧路に招いて開拓者を無料で治療した。また子弟の教育にも熱心で、僧侶を招いて教えを説いてもらうともに、寺子屋で子どもの教育にあたらせた。このような心配りに、移住してきた人々は深く感謝し、四代目への忠節は高いものになった（紀功碑では「民風厚きに帰す」と記載）。

翌年は釧路市街の開拓に取り組み、橋梁や渡船場を建設して通行（行旅）の便を図った。また二万円（今の四億円）もの私財を投じ、市内に長さ七町（七三〇メートル）、幅四間（七・三メートル）の道路を開削。市街地としての体裁を整えた。移住者たちは四代目の屋号をとって米町（よねまち）と名づけた。釧路で初めての町ができたのだ。

だがこの年は、米屋にとって極めて厳しい年だった。流氷が押し寄せ、昆布の多くが流され、鰊漁や〆粕生産も不振であった。さらに、この頃には函館港が開港し、外国商社が次々と函館に支店を設けて事業を拡大した。請負人たちはこれらの商社と競合もしくは提携を迫られた。昔ながらの商いでは近代的な経営手法に歯が立たず、交易も不振を極めていく。四代目はやむなく、所有の建物、漁具一切を佐賀藩に譲渡し、債務を肩代わりして函館への退去を決めた。二〇〇戸を超える移住者やアイヌの人々は四代目の徳を慕い、彼が釧路川から別れを告げようとすると、小舟を出して引き止めようとした。彼らをなだめた四代目は、酒を振舞って温かい見送りに応えた。

場所経営の経験がない佐賀藩の手法は当然四代目と違い、住民の生活は窮乏に陥った。漁場管理はうまくいかず、翌一八七二（明治五）年、再び開拓使の所管となる。開拓使は米屋の道東での実績を高く評価しており、四代目佐野孫右衛門を釧路、白糠、厚岸三場所の戸長に任命。これを聞いた移住民やアイヌの人々は大いに喜んで祝宴を張り、数日間踊り明かしたといわれる。

四代目は釧路に戻るとすぐ村々を巡回し、自費で河川に渡し舟を置いた。

また橋を架けて窮乏する漁民の援助もした。住民の借金一万二〇〇〇円（今の二億四〇〇〇万円）を免除して、昆布の干し場を無償で提供した。一八七九（明治一二）年には釧路、白糠、厚岸で一〇〇カ所以上の漁場と農場を開発している。当時、場所請負人は大きな力を持っており「佐野氏記功碑」の碑背（裏面）には以下のように刻まれている。

「請負人が仰せつかっている職務としては、地方行政を司り、その事務所は会所と称して半官半民の役所の如くであり、その居舎（住宅）は極めて豪壮である。しかも、その東側は幕府並びに警備の任にあたる幕臣などの役宅（官舎）を始め、会所付属の建物が相連なっている（今の浦見町九丁目およびその付近数町歩）」

少しさかのぼって一八七八（明治一一）年、四代目は釧路川上郡跡佐登（あとさのぼり）の硫黄鉱採掘の許可を得て、その事業に取り組んだ。硫黄の運搬のため釧路から跡佐登にいたる二七里（八〇キロ）の道路を整備し、住民および作業員の便を図った。

四代目の徳について、碑文（碑陽：表面）にはそのいくつかが記されている。

第一に、一八六五（慶応元）年、箱館で米価が急騰して住民が困窮を極める状況になった際、四代目は自分の米蔵を開いて半年の長きに渡って粥を炊き、住民へ施したといわれている。この年、幕府にも二〇〇〇両（今の三億円）を寄贈し、混乱期における幕府の施策を援助している。これにより、四代目は苗字帯刀が許され、佐野を名乗ることになった。

第二に、箱館戦争で薩摩・長州を中心とする官軍が箱館港上陸しようとした時、旧幕府軍は海底に鉄製の網を張り、軍艦の侵入を阻もうとした。四代目は小林重吉とともに、部下の船頭に命じてそれを除去し、官軍の箱館入港を援助した。

そのほか、公益のため多くの私財を提供もしている。しかし、彼は必ずしも穏やかな晩年を過ごすことはできなかった。一八八〇（明治一三）年、病のため弟の儀一郎に五代目を譲るが、儀一郎は間もなく病没。その息子が後を継いだ。その子はまだ五歳の幼児であった。四代目は病身に鞭打って家運を戻そうとするが、もはやその力は失せていた。

一八八五（明治一八）年、佐野家の経営が不振になると、硫黄鉱山は銀行家の手に移った。その後、佐野家の債務は北海道によって解消されるが、四代目の病気は重く、一八八九（明治二二）年九月、五〇年の生涯を閉じた。

第二二話　堀織部正

蝦夷地開拓の基礎を築いた英傑

堀織部正（ほり・おりべのしょう）は開拓神社に祀られていないが、北海道開拓の歴史に名をとどめている多くの先覚者たちに大きな影響を与えている。

「泰平の眠りを覚ます上喜撰（高級なお茶と蒸気船をかけている）たった四杯で夜も眠れず」

一八五三（嘉永六）年、ペリーが浦賀に来航すると日本中が大騒ぎになった。同じ年にはロシアの使節エフィム・プチャーチンも長崎に来航。両国は、物資補給と交易を求めて日本に開国を求め、さらにロシアは千島列島・樺太の国境の設定を迫ってきた。

翌年、幕府はこの事態に対応すべく松前蝦夷地御用掛の堀織部正と村垣範正を松前、蝦夷地、樺太に派遣し、現地調査を命じた。

堀たちの一行が江戸を出発し箱館に到着して間もなく、まだ正式に開港していない箱館港へ近日中にもペリー艦隊が来航するという知らせを受けた。堀は急きょ、同行者の武田斐三郎（たけだ・あやさぶろう）を箱館に残し、アメリカ側との対応に当たらせた。武田は後に弁天砲台と五稜郭を設計施工し、当代随一の知識人として知られていた人物だ。武田は技術者、教育家、武人としても一流の才覚を持っていた。

武田を残し、堀たちは箱館から日本海岸を通って宗谷に至り、樺太クシュンコタン（旧大泊）に達する。南下するロシア軍との一戦をも覚悟の調査であったが、不思議なことにロシア軍はその姿を見せることはなかった。ちょうどその時期、ヨーロッパではクリミア戦争が勃発しており、イギリス、フランスなどを中心とした同盟軍とロシアは戦っていたのだ。帰路は樺太からオホーツク海沿岸を踏破し、根室から室蘭へと帰還した。

なお、堀たち一行はその後も定期的に蝦夷地巡回調査を実施しており、榎本武揚と島義勇もその調査隊に加わっている。このことがその後の北海道開拓の歴史に大きく影響することになる。榎本は旧幕府軍八隻の艦隊を率いて函館に赴き、蝦夷共和国を樹立。箱館戦争の一方の大将である。島は樺太調査の一五年後、三柱の祭神をたずさえ札幌まで踏破し、現在の札幌市の基礎を築いた人物だ。堀はまた、松浦武四郎の知識と経験の豊かさを認めて樺太調査の同行を要請したが、残念ながら実現しなかった。武田、榎本、島という北海道開拓に心血を注いだ先覚者たちが堀を慕い、思いを一つにしていたことからも、堀の器の大きさがうかがわれる。

さて、掘たちが蝦夷地調査をした結果、ロシアを始めとする外敵に対して、松前藩の警備体制は極めて脆弱であることが判明した。また場所請負人の使用人らがアイヌを酷使して米などをだまし取った上、アイヌ女性を妾にするなどの非情な扱いをしていることも判明した。堀は江戸に帰任後、ただちに幕府に調査の詳細を報告し、改善すべき点を上奏した。その結果、松前藩領を除くすべての蝦夷地を再度、幕府直轄とすることが決められた。

松前藩は一七九九（寛政一一）年に東蝦夷地を、一八〇七（文化四）年に西蝦夷地を幕府に召し上げられ、一八二一（文政五）年に一度は返還されていた。返還後の三三年間に渡るその治世があまりにもいい加減だったことが堀たちの調査でわかり、幕府に再度取り上げられたのだ。

一八五四（安政元）年、堀に加えて竹内保徳、村垣範正が箱館奉行に任命された。三人は江戸執務、箱館執務、蝦夷地全域巡視を交代で務めることになった。三奉行はともに人々の敬愛を受けたが、中でも江戸っ子かたぎの堀の人気は高く、親しみをもって「楽焼奉行さん」と呼ばれたそうだ（中村嘉人著『函館人』）。

それほどに堀を筆頭とする箱館奉行の活躍はめざましいものがあった。まず、ロシアを始めとする外敵からの攻撃を阻止する強固な防備の構築だ。堀は武田に命じ、台場（砲台）の強化と箱館奉行所の建築を行わせた。外国船襲来に備え箱館沖に建設されたのが弁天台場（砲台）。将棋の駒のような六角形をしており、大砲一五門が据え付けられた。また箱館奉行所はそれまで松前藩が築いた建物を使用していたが、この場所は箱館湾に近く防御に適さないとして、亀田近辺に新たな奉行所の構築を命じた。武田はオランダの城を参考に、星型の洋式の城「五稜郭」を一八五六年に着工。七年かけて完成させた。

さて、ここで忘れてはならないのが松川弁之助である。第二四話で取り上げるが、松川は武田の設計した弁天台場ではその建設に、五稜郭ではその土塁築造に深くかかわっている。堀に関しては、日本初の洋式船「箱館丸」を建造した続豊治（つづき・とよじ）についても触れなければならないが、第二五話で詳しく触れていきたい。

堀は教育にも熱心で、一八五六（安政三）年、箱館に「諸術調所（しょじゅつとりしらべしょ）」という洋式学問所を開設した。日本各地から大志を抱いて集まった若者に対し、航海術、物理、兵学、天文学、舎蜜学（化学）と広範な教育を施した。ちなみに学長は武田斐三郎である。

また、蝦夷地の詳細な地図が必要なことから、松浦武四郎にその作成を命じた。松浦は松前藩の悪政とアイヌ民族に対する様々な迫害に憤慨しており、その著書で松前藩を鋭く批判していた。これにより松前藩は彼を敵視。刺客を放って松浦を捕らえる算段をしていた。堀は松浦の経験と知識、並びにその気骨を認め、幕府お抱えとして部下に採用した。これにより、松浦は松前藩からの手出しを受けなくなった。もし松浦が松前藩の手にかかっていたら「北海道」や道内一一カ国八六郡にもおよぶ地名はどうなっていたことだろうか。

堀を中心とした箱館奉行は、鉱山の開発、養蚕の振興、貨幣の鋳造・発行（箱館通宝と呼ばれた）など、多面的・多彩な施策を次々と実行していった。

越前大野藩藩士の早川弥五佐衛門が樺太への渡航を願い出た時に、それを許可したのも堀である。

堀は箱館奉行を四年間務めた後、一八五八（安政五）年に幕府新設の外国奉行となる。当時の幕府にとって、海外各国との通商交渉は最も困難な課題であっただろう。それを任された堀の人物の大きさ、卓越した外交力は当時の幕府にあって右に出る者はいなかったと思われる。箱館奉行として蝦夷地開拓と外圧からの防御にあたった手腕も高く評価されたと見るべきだろう。翌年には神奈川奉行を兼任。諸外国大使との交渉にあたり、また横浜開港にも尽力した。各国との通商条約では全権の一人として日本国を代表して署名している。ところが、一八六〇（万延元）年九月、外国奉行と神奈川奉行を免職されている。いったいなぜだろうか。

この年、堀はプロセインとの条約交渉（日普修好通商条約）の日本代表として奔走していた。プロイセンは、一八世紀から二〇世紀初頭にかけて栄えた王国で、領土は現在のドイツ北部、ポーランド北部を含み首都はベルリンにあった。

堀はプロイセンの外交官と条約締結に向け交渉を続けていた。この時に堀がプロイセンと裏交渉をしているとの風聞が立ち、さらにドイツ連邦（オーストリア）との秘密交渉も露見した。老中の安藤対馬守はこれに激怒。堀は幕府から追及された。堀はこれに対して何の弁解もせず、一八六〇（万延元）年一一月、プロイセンとの条約締結直前に切腹した。享年四三歳だった。まだまだ日本の開国・外交・国力増強に貢献できた年齢である。墓所は東京都文京区源覚寺にある。

堀の死後、プロイセンとの条約交渉は村垣範正に引き継がれ、翌年一月、日普修好通商条約が締結された。村垣範正は、先に触れたように堀と蝦夷地・北蝦夷地（樺太）を調査・探検し、またともに箱館奉行を務めた人物である。

村垣範正、武田斐三郎、榎本武揚、島義勇、続豊治、松浦武四郎、早川弥五佐衛門、荒井金助、大友亀太郎等々……。堀の周りには、彼の薫陶を受け北海道開拓に邁進した先覚者たちが名を連ねている。開拓神社の祭神には祀られてはいないが、まさに北海道開拓の基礎を築いた英傑である。

第二三話　武田斐三郎

五稜郭を設計した当代随一の科学者

箱館奉行として蝦夷地開発の基礎を築いた堀織部正（ほり・おりべのしょう）は、外敵（主にロシア）からの攻撃に対する防御として弁天砲台や五稜郭を建築、教育の重視から様式学問所・諸術調所の開設、さらに外国公館との関係構築などを指導した。これらの施策を実施したのが奉行の懐刀で、学識豊かな武田斐三郎（たけだ・あやさぶろう）である。

一八五三（嘉永六）年、ペリーが浦賀に来航、同年にはロシアの使節エフィム・プチャーキンの長崎来航に対応すべく翌年、幕府は堀と村垣範正に蝦夷地・樺太の現地調査を命じた。

さて、一行が江戸を出発し箱館に到着して間もなく、ペリー艦隊が箱館港に来航するとの報せを受ける。堀は急きょ、武田を箱館に残し、アメリカ側との対応に当たらせた。堀は、武田が当代随一の知識人であり、また語学にも優れていたことから交渉の全権を委任したのだ。この時、武田は二八歳で、来航したペリーと堂々と会見している。ペリーは、武田の人物の大きさと学識の深さに感服し、彼をほめたたえたと記録されている。

同年に箱館奉行所が設置されると武田は箱館詰めとなり、その後一〇年間に渡り同地に滞在。蝦夷地の近代化に多大な貢献と足跡を遺した。彼も開拓神社には祀られていないが、間違いなく北海道開拓の先覚者である。

武田は一八二七（文政一〇）年九月、伊予国喜多郡中村（現在の愛媛県大洲市）で生まれた。この年は、高田屋嘉兵衛が亡くなり、ジョン万次郎が生まれた年でもある。武田の名が示すように、先祖は甲斐の武田氏につながっている。大洲の藩校明倫館に通う傍ら、母親に漢方医学を学んだといわれるので、学識豊かな両親のもとで育ったのだろう。ちなみに大洲藩は好学・自己錬成が藩風で、初期の大洲藩からは儒学者の中江藤樹が出ている。

二二歳で難関の適塾（正式には「適々斎塾」）に入塾。この塾は蘭学者で医師でもある緒方洪庵（おがた・こうあん）が開設した学問所で、主な門下生として、大鳥圭介（榎本武揚の右腕で蝦夷共和国陸軍奉行）、大村益次郎（日本陸軍の創設者）、佐野常民（日本赤十字社初代総裁）、高松凌雲（箱館病院院長、同愛社社長）、福沢諭吉（慶應義塾創立者）、手塚良仙（手塚治虫の曽祖父）など、幕末から明治にかけて活躍した錚々たる人物が通った。これらの中で、武田は後に緒方より塾頭を任されている。また、二年後には緒方の紹介で伊東玄白や佐久間象山に兵学や砲学を学び、学問の領域をさらに広げていった。

この間、英語、ロシア語も習得し、二七歳でロシアのプチャーチンが長崎に来航した際、武田は幕府旗本として通詞御用（通訳）を務め、二八歳でペリーが箱館に来航した際には直接会談している。語学においても、武田は習得の努力はもとより、優れた才能を有していたことがうかがわれる。

さて、一八五四（安政元）年、箱館奉行所ができると堀ら三人の奉行が任命され、武田は請われて箱館詰となる。機械・弾薬の任に就くとともに、武田には三つの重大な役割が与えられた。「教育の充実」と「外敵からの防衛を強化するための台場の設置」、そして「奉行所および城の設計」であった。

教育については一八五六（安政三）年、堀が箱館に「諸術調所（しょじゅつしらべどころ）」という洋式学問所を開設したが、その学長に就任したのが武田だ。

私は函館を訪れた折に「諸術調所跡」を訪ねた。市電十字街停留所から元町公園に通じる基坂通りの中ほどに碑が建てられている。そこには「諸術調所とは、箱館奉行の研究教育施設で、蝦夷地の開拓と警護に必要な人材育成を目的として、一八五八（安政五）年に設立された。教授は五稜郭設計で有名な武田斐三郎で、蘭学はもとより、測量、航海、造船、砲術、築城、化学などを教え……（以下略）」と書かれている。教授は武田のみで、語学から化学に至るまでのすべての科目を一人で教えたとのことだ。いかに武田が学術万能な人物であったのかが、このことからもうかがわれる。

座学のみではなく、本書第二五話で取り上げる続豊治の製造による初の国産洋式船「亀田丸」で、操縦訓練を兼ね日本初の修学旅行でロシア黒竜江まで航海し、貿易も実践している。諸術調所では、榎本武揚、前島密（郵便制度創始者）、井上勝（鉄道制度創設者）など、明治日本の動脈を作った優秀な門下生を輩出している。また、同志社創設者の新島襄が箱館からアメリカへ密航したのも、諸術調所に入るために箱館にやってきたが、武田が江戸へ出てしまっていたための行動だったといわれている。

次に、外敵からの防御を強化するための弁天台場の構築と五稜郭の築城である。箱館奉行所は当初箱館山の麓にあったが、箱館港からは丸見えで、艦砲射撃があった場合には集中砲火を浴びる危険があることから、堀は港から離れた亀田の地に築城し、そこに奉行所を置くこととした。

一八五五（安政二）年、箱館に来航したフランス軍艦の軍人から教えられた方式を参考に、武田はヨーロッパ式の台場と築城の設計、それらの工事の進捗管理も任された。弁天台場は翌一八五六（安政三）年に、一八五七（安政四）年に五稜郭（亀田御役所土塁）工事が始まり、七年の歳月をかけてともに一八六四（元治元）年に完成した。

弁天台場と五稜郭が完成したわずか三年後に大政奉還となり、徳川幕府最後の箱館奉行、杉浦兵庫頭（すぎうら・ひょうごのかみ）の任は明治新政府の総督・清水谷公孝（しみずだに・きんなる）に引き継がれた。さらにその年一〇月には榎本武揚率いる旧幕府軍が五稜郭を占拠。翌一八六九（明治二）年には薩摩・長州を主体とした新政府軍が五稜郭を開城した。なんとすさまじいばかりの勢いで時代が変わっていったことだろうか。

記録によると、武田は二九歳で商家の娘・小島美那子（一九歳）と結婚している。年齢からみると武田が箱館奉行所に勤務していた時期であり、美那子は箱館の女性だったと思われる。二人は熱烈な恋愛の末、子供ができたため正式な婚姻届けを提出した模様だ。こちらの方面でも、当代随一の夫婦関係を時代に先駆けて実践したといえるだろう。美那子とは死別しているが、二人の間に箱館生まれの子孫がいたとしたら、北海道生まれで当代随一の学識者になっていたのではないだろうか。

箱館奉行所に在職していた間、武田は三三歳で溶鉱炉を製造し、三五歳で亀田丸を操縦して日本を一周。また日本で初めてのストーブを考案したりしている。なんと多才な人物であったことか。

一八六四（元治元年）年、武田は江戸に戻り、開成所（東京大学の前身）の教授に転出し、さらに幕府から大砲製造頭取を任じられた。明治維新後は新政府に出仕し、日本軍の兵制・装備・運用等、科学技術の近代化を先頭に立って指導した。

一八七六（明治八）年には陸軍士官学校を開校させ、教授（大佐）となるが、同年に日本を訪れた元米国大統領ユリシーズ・グラントが武田の授業を参観し、「東洋にウエストポイントに劣らぬ学校あり」と称賛したとのことである。グラントは黒田清隆の要請を受け、ホーレス・ケプロンを筆頭とする開拓使お雇い外国人顧問を日本に送った人物であり「ウエストポイント」とはニューヨーク州にある米国陸軍士官学校を指す。

一八七六（明治八）年当時、陸軍は大将が一人（西郷隆盛）、中将三人（山縣有朋、黒田清隆、西郷従道）、大佐は一二人いたが、ほとんどが薩摩・長州出身者であり、幕臣出身で科学・技術知識を持っているのは武田だけだった。

しかし、激務が続き、武田は一八八〇（明治一三）年、惜しまれて逝去する。東京芝東照宮前の表参道に有栖川の宮親王の額による碑が建てられている。勝海舟は、武田の死に対し、「武田成章（たけだ・しげあきら：斐三郎の後年の名）はこの国家主義に持して終始一貫した人物であり、我が国科学技術の先覚者として万能の逸材であった」と惜しんだ。

二〇一五年夏、私は息子一家と五稜郭を訪れた。再築された箱館奉行所の入口に武田の彫像が置かれていた。その顕彰碑には「五稜郭は我が国はじめての洋式築城で、一八五七（安政四）年着工、七年の歳月を費やして一八六四（元治元）年に竣工した。のち旧幕府脱走軍がこの城に立て籠り箱館戦争の本城となった。築城一〇〇年記念に当たってこの碑を建てた。一九六四（昭和三九）年七月一八日　函館市」と記されている。武田の彫像は本人の写真をもとに制作されたものだが、その顔の部分だけがピカピカに光っている。顔を触ると武田のように頭がよくなるという噂が広まり、五稜郭を訪れる人たちが撫でまわしたからだと説明された。

第二四話　松川弁之助

五稜郭・弁天砲台の土塁工事施工

函館戦争で榎本武揚を支え、函館市中取締頭取として果敢に幕府軍と戦ったのが土方歳三である。土方の生き方は今も日本人の心の中に生き続けている。

一八六九（明治二）年五月一一日、新政府軍の総攻撃の情報を聞いた土方は五〇人ほどを率い、敵軍に包囲され弁天台場に引きこもる仲間を救出すべく五稜郭本陣を出た。両軍の戦力の差はあまりにも大きく、土方は死を覚悟しての出陣だった。土方は弁天台場にたどり着くことはできず、途中の一本木関門（今の函館駅の近く）で壮絶な最期を遂げた。

五稜郭から土方最期の地・一本木関門までは「松川街道」と呼ばれていた。この道は五稜郭建造の際、港から工事資材を運ぶためのもので、施工を担当したのが松川弁之助である。松川は私費を投入して工事を請け負った。函館奉行所はその褒賞として道路に沿った土地を彼に与えた。その地は松川町として今も残っている。また、「松川街道」の大部分は今の高砂通である。では、松川とはどのような人物だったのだろうか。

松川は一八〇二（享和二）年に越後の国で生まれた。家は代々、付近の七カ村を統率する大庄屋であった。松川は父の資質を受け継ぎ、質素倹約を旨とし、学問に励み、また弓術にも優れていたと伝えられている。父は蝦夷地への強い思いを持っており、松川も彼の地への注意は怠らず、機会があったら蝦夷地開拓を率先して実践しようと思い描いていた。

父が病気になると、好きな煙草をやめて日夜、病床に付添い、看病したといわれる。松川は六番目の子であったが、兄たちが早逝したため四二歳で父の後を継いで大庄屋となった。公務のかたわら農事の改良に力を注ぎ、公平不遍、弱きを助け、大庄屋としての胆力を蓄えていた。朝は四時に起き、夜は一二時に寝て、郷土のために村人の先頭に立って働いたという。

松浦武四郎が東蝦夷地・箱館・松前を調査したのは一八四五（弘化二）年である。幕府による北方防備と蝦夷地開拓が勢いを増す時期、若い頃からの蝦夷地への思いを「今こそ実現する時が来た」と松川は奮い立った。

一八五〇（嘉永三）年、息子の和三郎を蝦夷地に行かせ、地理や風土を調査させている。そして、領主の柳沢弾正に蝦夷地開拓の願書を提出し、幕府もその願いを許可した。

蝦夷地への出発準備に追われる中、失火で家屋・倉庫が全焼する事態となったが、松川は少しも騒がず一八五六（安政三）年三月、箱館に向かった。箱館に入ると御用地の開墾、谷地（湿地帯）の排水や溜池による新田の開発、糞尿処理で作った肥料を農民に施すなど、次々と開発を進めていった。函館奉行所が開設されたのは松川が箱館に移住する二年前（一八五四年＝安政元年）であり、奉行所も彼の功を高く賞し援助を惜しまなかった。

松川が最も力を尽くしたのは、五稜郭の土塁築造と弁天砲台の建設である。一八五四（嘉永六）年に日米和親条約、続いて翌年に日露通好条約が締結された。箱館が開港すると外国船の出入りも多くなり、ロシアの南進に対する警戒から防備を強化する必要性に迫られた。その対策として総力をあげて取り組んだのが弁天島の砲台設置と五稜郭の建造であった。

五稜郭は函館奉行の意見具申により徳川家定が築城を命じた。総面積二万四七五〇平方《メートル》（約七万五〇〇〇坪）。ヨーロッパの築城方式を採用している。当時、日本で建造された星型の城郭は総じて「五稜郭」と呼ばれたが、何といっても「五稜郭」といえば函館のものだ。設計者は洋式軍学者の武田斐三郎（たけだ・あやさぶろう）で、松川は土塁工事の施工を任された。一八五四（嘉永六）年の工事開始であるから、松川が箱館に来てからわずか二年後。この短い間でいかに彼が奉行の厚い信任を得ていたのか、また彼の手腕がいかに優れていたのかがうかがえる。

一八六八（明治元）年、旧幕府軍が箱館に入り土方歳三らが五稜郭を占拠。その年の末には榎本武揚が総督として箱館政権が誕生した。しかし、翌年には新政府軍との激しい戦いで榎本・土方らの旧幕府軍は破れ、その年から開拓使による北海道開拓が本格的に開始される。

一方、弁天台場は弁天砲台とも呼ばれ、五稜郭着工二年後の一八五六（安政三）年に工事が開始。七年かけて建造された。総面積三万九六〇〇平方メートル（約一万二〇〇〇坪）、周囲七〇〇メートルの不等辺六角形で、将棋の駒のような形状であった。台場には一五門の砲台が装備され、箱館港の防衛拠点となった。設計者は五稜郭と同じ武田で、松川は工事を請け負い、松川が推挙した石工の井上喜三郎が砲台の建造にあたった。

箱館戦争で、旧幕府軍は新撰組が中心となりこの台場に立てこもって奮闘したが、箱館市内が新政府軍によって占領されたため台場は孤立。結局、先立って降伏せざるを得なかった。弁天台場は一八九七（明治三〇）年頃に取り壊され、現在は「函館どつく」前にその碑が建っている。

松川が次に開拓者としての熱い情熱を燃やしたのが樺太である。一八五五（安政元）年、日露和親条約が締結されるが、この条約では樺太の国境は定められておらず、いわば樺太の開拓と領地取得は早い者勝ちであった。ロシアは一八五三（嘉永六）年に樺太南部クシュンコタンに兵を上陸させ、日本にその占領を認めさせようとしていた。さらに、一八五八（安政四）年にはクシュンナイ（久春内）に、さらにマアヌイ（真縫）へと兵を進出させた。

箱館奉行はこれに対抗すべく秋田藩兵を中心に樺太の要所に派遣したが、領土を主張するためには日本による奥地開発の実績が必要だった。奉行は松川にその任務を依頼したのだ。松川は箱館の工事で多忙であったため、親戚の一人に現地調査を命じるとともに、別の親戚に知床を経由して樺太に至る航路を開発させた。樺太で試験的に鱒漁を試み数百石の漁獲をあげている。この成果で樺太での漁業の見通しを立て、本格的に事業を開始すべく五〇人をクシュンナイで越年させ準備させた。これがその後の松川の没落の始まりになるとは思いもよらなかっただろう。翌年の春までに、越年させた者たちの半数が壊血病などで亡くなるという惨事が松川を襲った。

亡くなった者たちを丁重に弔った後、予定通り魚場は設置されたものの、物資補給の運搬船の到着が遅れ、漁獲の時期を失ってしまった。一八六〇（安政六）年、準備のため松川は幕府より一万両もの大金を借用せざるを得なかった。しかし、その年も準備の遅れで漁獲期を逃し、その後の二年間も予定した漁獲量を下回った。さらに悪いことは続くもので、漁師の病死が相次ぎ、難破船も多く、負債が重なって成功の目処はまったく立たなくなった。

松川は、箱館の新事業で得た資金や土地はもちろん、先祖伝来の資産もつぎ込んで事業を続けたが、ついに力尽きて奉行に差配御免（任務を解く）を願い出た。松川はすべてを失い、悲嘆のうちに越後の故郷に戻ることになった。

『北の先覚』の著者・高倉新一郎は「高田屋嘉兵衛が成功し松川が失敗したのはその技量の違いのためと思われる。高田屋は船乗りを業として優秀な技術を持って自らの船を自由に運航し、産業経営にも訓練されていた。一方、松川は豪農の出で資金もあり人を使用することもできたが、自ら航海の経験がなく、よい船頭が得られなかったためと思われる」と、評している。

一八七五（明治八）年、黒田清隆の全権を得た駐ロシア大使・榎本武揚は「樺太・千島交換条約」に調印した。松川がすべての情熱と資財を注いだ樺太の地は日本の手から離れてしまったのだ。故郷で病床に伏していた松川はこの報を聞いて「かくなったのは自分の罪だ」と、嘆き悲しみ続けたという。「もし自分の事業が成功していたら、このようなことにはなっていなかった」という思いがこみ上げてきたのだろう。条約調印の翌年、松川弁之助は七五歳で数奇な人生に幕を下ろした。

第二五話　続豊治

日本初のスクーナー船建造

函館市大町西埠頭には、二本のマストを持った堂々たる帆船が展示されている。約一六〇年前の一八五七（安政四）年、つまり時代が明治に変わる一一年前に建造された「箱館丸」の復元された姿である。箱館丸は日本人によって独自に設計・製造された最初の「スクーナー」（二本以上のマストがある洋式帆船）だった。この船は一九八八（昭和六三）年、青函トンネル開通記念博覧会に展示する目的で、建造当時の姿そのままに復元されている。広げると九枚の帆を張ることができ、その勇姿は今でも感動的である。西埠頭の近くには「函館どつく」が日本屈指の造船地・函館の名を今も引き継いでいる。さて、箱館丸はどのようにして建造されたのだろうか。

「泰平の眠りを覚ます上喜撰（蒸気船）……」

一八五三（嘉永六）年、浦賀沖に黒船が現れると日本中が大騒ぎになった。翌年三月三一日に日米和親条約が締結されて下田と箱館が開港。二六二年続いた日本の鎖国に終止符が打たれた。一八五四（嘉永七）年五月一七日にはさっそくマシュー・ペリー率いる米国艦隊の帆船が二隻、続いて三隻の蒸気船が箱館港へ入港し、測量などをおこなった。箱館の町中はその脅威に恐れをなし、町民はみな家に引きこもり、役人は度肝を抜かれて声も出なかったそうである。同年六月には箱館奉行所が開設され、蝦夷地における米国との交易準備があたふたと始められる。

さてその喧騒の中で一人、体の中から燃え上がってくる熱い思いを抑えかねている人物がいた。彼こそ箱館丸を設計・建造した続豊治（つづき・とよじ）である。続は一七九八（寛政一〇）年、船大工の子として松前城下に生まれる。二歳で父親を亡くし叔父の続五郎治の養子となり、船大工の腕を磨く。続が生まれた年は、幕府の蝦夷地巡検隊が調査に赴いた年で、最上徳内が足軽として加わり、高田屋嘉兵衛が彼らを東蝦夷地に送り届けた年である。どこか歴史の巡り合わせを感じないわけにはいかない。

高田屋は一八二七（文政一〇）年に亡くなり、家業は弟の金兵衛に引き継がれていた。金兵衛は続の才能と熱心な仕事ぶりを高く評価し、彼を重用。一八三〇（天保元）年には金兵衛から特別に指名され、江戸、京都、大阪、日光への旅にも同行。この歴訪で美術・工芸を見学する機会が与えられた。続の喜びはひとしおで、この旅で金兵衛への忠節がいっそう高まり、彼の才能も啓発され磨かれていった。

歴訪の翌年、金兵衛が亡くなり、高田屋は没落の一途をたどる。以前に書いたが、高田屋はロシア艦隊艦長ゴローニンを松前藩の幽閉から救い出し、その功でロシア側から最優遇措置を受けていた。双方の船が洋上で出会った際には手旗信号で合図を取り交わし、友好関係を確認していたのだ。これが松前藩から密貿易をしているとの嫌疑をかけられ、高田屋は取り潰しになったのである。

続は大いに落胆し、さらに大恩のある高田屋に殉ずる気持ちで、船大工とは縁を切り仏壇店に転向した。髪を切り、失意の中で日々をすごした。二〇年という年月がたち、続はすでに五六歳になっていた。

一八五四（嘉永七）年の箱館開港は、そんな続にとっては運命の巡り合せとも呼べる出来事だった。続はかねてから西洋型船をこの目で見たいと思っていたわけだが、その夢は長いこと眠っていた。それが目の前に現れているのだ。「この機を逃さず西洋船の見取り図を描く。捕まったときは見取り図を船底に隠しておくから頼む」――続は親友で造船業を営んでいる辻松之丞にこれから自分がしようとすることを打ち明け、万が一の時に見取り図を取り出すことを依頼した。

ペリー一行が下船している夕刻、続は磯船に一人で乗り込み、アメリカ船バンタリア号の周囲をまわって図の作成を急いだ。闇夜になり、細部を調べようとしてアメリカ船に近づきすぎて船員に見つかり、警鐘が乱打されボートに取り囲まれ番所に突き出された。

取り調べの場に引き出されたとき、続はもはやこれまでと死を覚悟した。函館奉行は堀織部正。そこで堀は「豊治か、お前大それたことをしてくれたな。それだけ箱館のため日本のため、責任を取らなければならないぞ。仏壇師の足を洗って船大工に戻れ。アメリカ船の見取り図をもとに、名人船大工としての仕事を残すのだ」と言い渡した。堀の言葉に続は耳を疑うとともに、感極まって胸が熱くなった。

奉行所からの帰り道に辻松之丞が待っていた。

「お前が命をかけたのにわしが黙っておられると思うか。わしも共犯者だと一切を奉行所に申し立てた。見取り図はここにある俺の造船所を提供する」

その翌月、続は堀から「異国船応援方従僕」という役が与えられ、この肩書によって入港する西洋帆船の船体構造を堂々と観察することができた。造船にかけては天才的なひらめきのある続だ。彼の頭にはその設計が組み立てられていた。手始めに和洋折衷の運搬船を造ると、従来とは比べものにならない性能で堀を喜ばせ、続はさらに「船工頭取」の役職が与えられた。いよいよ西洋型船の建造である。

一八五七（安政四）年、二本マストの美しい船体を持つ「箱館丸」がついに箱館港に浮かんだ。堀が箱館丸で江戸に戻る際、続も同行した。途中で暴風雨に遭いながらも船体にはまったく損傷がなく、当時としては想像もつかない一七日という短い日数で品川に到着した。洋風のスマートな船体が滑るように走って品川に着いたとき人々は目を見張った。「これが蝦夷地で、しかも日本人がつくった」と聞いてさらに驚き、江戸中の話題になったという。

一八五八（安政五）年、続は堀の計らいもあり「幕府船工棟梁」という船大工として最高の地位を得るに至った。六〇歳の時である。翌年には、改良を加えたスクーナー船「亀田丸」を、さらに和洋折衷型で自分の名前がついた「豊治丸」も建造している。その後、函館戦争や明治初期の混乱で造船は沙汰止みとなったが、一八七五（明治八）年、開拓使が今までの和船に代わって西洋型船の建造を奨励したことで、続は八〇に届かんとする年齢にもかかわらず洋船の建造に取り組んだ。

続は一八八〇（明治一三）年に八三歳で亡くなるまでの四年間に、何と一二隻の大小各種スクーナーを造った。五六歳から本格的にスクーナー船の建造に取り組み、八三歳まで仕事をやり続けたのだ。六〇歳で定年、六五歳ですべての仕事はやめ、後は年金暮らし。これでは続に合わす顔がないし、さらに子や孫に申し訳ない。私も仕事は〝続〟けなければと思い知らされる。

続の長男・七太郎は後継者として洋式造船術を学んでいたが、三二歳で死去。英語を習得中の次男・卯之吉が急きょ続の跡を継ぐこととなった。この卯之吉こそ、新島襄が米国に密航を企てた時に助けた人物である。新島は同志社大学の創始者であるとともに、NHK大河ドラマ「八重の桜」の主人公・八重の二人目の旦那として知られている。

函館市大町一一番地、箱館丸が展示されている場所の近く、緑の島が近くに見えるところに「新島襄海外渡航乗船之処」という碑が建っている。新島は新しい知識を海外に求め、この地から海外に渡航した。江戸より箱館に着いたのは一八六四（元治元）年六月一四日の深夜、外国商館の支配人だった福士卯之吉（後の福士成豊）の協力により、夜半に禁を犯してアメリカ商船ベルリン号に乗り込み、密航に成功した。もし発覚すれば新島はもちろん、卯之吉も死罪になったところだ。続の男気が息子の卯之吉に受け継がれたのだろう。なお、福士は後に開拓使に入り、測量主任として北海道開拓に貢献している。

碑には漢詩が刻まれている。訓読すると「男児志を決して千里を馳（は）す　自ら苦辛を褒むあに家を思わんや　却って笑う春風雨を吹く夜　枕頭尚夢む故園の花」である。

第二六話　早川弥五左衛門

樺太開発に賭けた越前の人

「何でも日本一‥福井県に学ぶ『幸せな暮らし』の秘密」という特集が、ある週刊誌に出ていた。その記事によると、福井県は小中学生の学力と体力が全国一位。社長輩出率や女性の社会進出も一位といった具合だ。我が北海道とはずいぶん状況が異なっている。若狭湾と敦賀湾に面した福井県（越前）は、日本有数の豪雪地帯。地域的に有利とはいえないところが、なぜ数々の分野で日本一になっているのか。厳しい冬という点では北海道と似ており、大いに参考にしたいところ。そこで調べていくと、福井県と北海道には江戸時代からの深いつながりがあるのがわかった。まず若狭湾は、北前船の主要な寄港地の一つだった。旧来から越前と蝦夷地の間では北前船によって交易が行われていた。

　松前藩の藩祖、武田信廣は若狭の人といわれている。武田は上ノ国（江差の南に隣接）・花沢館に寄宿していた際、コシャマインが率いる一万人超のアイヌ軍に包囲された。この時、武田は渡島半島を統治していた安東氏に請われて和人軍の先頭に立ち、アイヌ軍を打ち破った。武田も若狭―松前間の航路を利用していたのだろう。越前の人たちはこのような関係から、蝦夷地に対して比較的深い理解と関心を持っていたと思われる。

さらに「音羽先生」と慕われた本多利明も越前の人だという説もある。本多は蝦夷地開拓の必要性を他者に先駆けて取り上げ、弟子の最上徳内を蝦夷地探検に派遣した人物。「四大急務」の一つとして「属嶋（蝦夷地）の開業（開拓）」をあげた。「蝦夷地は北緯四五度で百菓百穀豊穣の国、この良地を捨て置くのは間違いであり、その間にロシアが侵攻してくる」として北辺の開拓と防衛を強く訴えていた。幕府は本多の建言を受け入れて蝦夷地の調査。一八五五（安政二）年、蝦夷地全体を管轄するとともに、広く士族や農民を移住させて産業開発に取り組ませる政策をとった。

ここで登場するのが越前大野藩だ。大野藩（現在の福井県大野市）は県北部の内陸に位置する四万石（実際は約一万石の収量）程度の小大名だが、西洋の先進技術の研究と吸収に熱心だった。七代目藩主の土井利忠は倹約を率先し、一八四三（天保一四）年には藩校「明倫館」を開校して人材を育成。さらに、緒方洪庵の高弟を招いて「蘭学館」を開く一方、家臣を江戸、京都、大阪の学問所に派遣させ、西洋の実学を学ばせるなど、学問を藩政の基盤とした。

また、困窮する財政を立て直すために藩経営の店を開設。最初の店は大阪で、蝦夷の物産や領内の産物を取り扱った。続いて函館にも店を開き、蝦夷地との関係をいっそう強固なものにした。このように藩政改革、教育制度整備、経済改革などで大きな成果をあげ、さらに樺太を含む蝦夷地開拓を目指した。

藩主・土井の軍師であり懐刀だったのが内山隆佐（うちやま・りゅうすけ、たかすけとも呼ばれた）。内山は桂小五郎が「事業をさせるなら内山隆佐」と推奨したほどの人物である。ペリー（アメリカ）やプチャーチン（ロシア）の来航などで世の中が騒がしくなってきた一八五五（安政二）年、幕府は蝦夷地開拓と防衛を諸藩に呼びかけた。これに応えた大野藩は藩論をまとめ、内山を江戸に向かわせた。そして「大野は厳寒の地で蝦夷地とよく似ており、領民はたくましく寒さにも慣れている。我が国のため役立ちたい」と蝦夷地開拓の意欲を幕府に表明する。

その翌年、大野藩藩主は幕府の許可が下りるのを待って、内山を現地の総督に、兄の内山良休を在藩のまま御用掛に任命。総勢三〇人で渡島半島奥地を調査・探検した。ここで登場するのが、本話の主人公・早川弥五佐衛門である。早川は内山隆佐の片腕として調査に加わった。調査結果は開拓計画書を添えて幕府へ報告されたが、努力は報われず開拓の許可は下りなかった。

早川はその後「蝦夷が駄目なら北蝦夷（樺太）がある」と主張。藩主の許可を得て幕府へあらためて申請した。幕府にとってこの申し出は願ってもないことだった。当時、樺太は日露通好条約で両国雑居地とされていた。だがロシアが積極的に居住民を増やしているのに対して、幕府はロシア南下に対して無策に等しい状況だったからだ。幕府の許可を得た大野藩は、早川を屯田指令に任命。一八五七（安政四）年、箱館に向かわせた。この時、早川は三九歳。

箱館奉行の堀織部正（ほり・おりべのしょう）に樺太探検の許可を得て、樺太のピレオ（樺太南北の境界線）まで探検した。ロシア人の南下によって多くの現地人が土地を追われたことをピレオで知った早川は、改めて防備の責務を感じた。

船を持たない大野藩にとって、樺太への渡航は多くの費用と困難を伴うものだった。早川は船の必要性を痛感、藩に願い出た。折しも、大野藩では藩士の吉田永鉄を幕府海軍所に送り込んで航海術を学ばせ、川崎に造船所を設ける計画が進んでいた。早川の要請もあり、大野藩は栖原角兵衛の手代に造船を命じた。船は一八五八（安政五）年七月に進水し「大野丸」と名づけられた。大野丸は二本マストの帆船で、敦賀に向けて出港。途中寄港した下関では、高杉晋作が船の立派さを激賞したという。大野丸の完成で樺太開拓の準備は整った。

一八六〇（安政六）年三月、総督・内山隆佐、屯田司令・早川、船長・吉田という布陣で、一〇人の藩士と二〇人の領民を引き連れ、大野丸は敦賀湾を出港。二八日かけて箱館に到着した。

翌年四月、早川は樺太・鵜城（ウショロ：樺太間宮海峡沿いの中南部）で開拓と防備を任された。寒さには慣れているものの、樺太の冬は厳しく、早川の手足は凍傷でガラスのように透き通るほどになった。帰国を促されたが、早川は「この島がロシアに占領されるか否かは、自分がここに踏みとどまるか否かだ。

一寸も退却することはできない」と帰国を拒絶した。だがロシアの南下は勢いを増すばかりで、当初の見通しよりも出費がかさんだ。幕府に助成を願い出たがかなわず、開拓は大きな壁にぶつかってしまった。やむなく、幕府へ土地を返還する嘆願書を出さざるを得ない状況に追い込まれた。

この嘆願書に対して幕府は「助成金は出せぬが、大野藩の江戸城における役務は免ずる」とし、引き続き鵜城近辺を領地として警備と開拓を続けるようにと言い渡した。大野藩に対する期待が大きかったのだろう。

鵜城運営の艱難辛苦（かんなんしんく）は言語に絶するものがあった。四度目の渡航の際、船は利尻の暗礁に乗り上げ、その夜には船火事が発生した。早川は「書類と用金を失ってはならぬ」と部下の制止を振り払い、二度にわたって海に飛び込み、猛火の中でそれらを持ち帰った。この果敢な行動と責任感があったからこそ、鵜城で開拓と警備を続けることができたのであろう。

しかし、一八六二（文久二）年、北蝦夷開拓に熱意と理解のあった藩主の土井が隠居。一八六四（元治元）年には総督の内山も死去した。大野丸は根室で難破、沈没してしまい、開拓はいよいよ行き詰まった。大野藩は莫大な費用と大きな犠牲を払った北蝦夷地を明治新政府に返還、開拓事業に終止符を打った。

その後、一八七五（明治八）年に黒田清隆の下で榎本武揚が結んだ「樺太・千島交換条約」交渉で、大野藩が北緯五〇度まで開拓したという事実は、日本側に有利な影響を与えたものといわれている。

福井県大野市歴史博物館にある早川の人物画を見ると、頬骨が高く顎には見事な山羊ヒゲがたくわえられていた。まさに武士の顔である。早川は一八八三（明治一六）年、六五歳で死去する際「武士がその魂を手放して逝けるか」と家族に大刀を持ってこさせ、それを抱いて絶命したと伝えられる。

福井県教育基本計画には「確かな学力の育成」「豊かな心と健やかな体の育成」「信頼される学校づくり」「家庭・地域の教育力向上」「生涯学習とスポーツの振興」「文化の振興」の五項目が掲げられている。藩主の土井を中心として大野藩が築き上げてきた文化が引き継がれているかのように思われる。

ちなみに、福井県が全国一になっているのは、冒頭にあげたほか「低い失業率」「住みやすさ」「一〇万人当たりの緊急病院の数」「刑法犯検挙率」「食べ物のおいしさ」「食物繊維の摂取」などがある。一方、全国で最も少ない（低い）のは「年間完全失業率」「救急車出動回数」「女性未婚率」「非正規雇用率」などだ。北海道と歴史的に強い関係が結ばれている福井県と交流を増やし、大いに学ばなければならないだろう。

石狩開発の先覚者

第二七話　荒井金助

二〇一五年秋、私は札幌市北区篠路の龍雲寺を訪れた。目的はこの寺院と深い関係のある二人の「北の先覚者」、荒井金助と早山清太郎（そうやま・せいたろう）の石碑を拝見するためだった。龍雲寺の住職にお願いし、寺の内部で立派な本堂も見せてもらった後、立ち去る際「開基百年　篠路山豊国院　龍雲寺」という七〇〇ページを超える装丁も立派な本を頂戴した。

この本は龍雲寺境内に住み、札幌市立拓北小学校の教頭も務められた羽田信三を編集委員長として、篠路と関係の深い方々が龍雲寺一〇〇年を記念して一九八八（昭和六三）年に作成したものだ。龍雲寺の歴史、とくに篠路村を開拓した荒井金助と草山清太郎について詳しく記載されている。頂戴した本、および札幌市教育委員会が編集し一九八九（平成元）年に発行した『新札幌市史』、ならびに一九六八（昭和四三）年に高倉新一郎が委員長となり札幌市史編纂委員会が発行した『札幌百年の人びと』を参考にして、荒井金助の人物像を追った。

北海道開拓の第一人者で、私も深く感銘を受けた堀織部正（ほり・おりべのしょう）は、まさに「北海道開拓の基礎を築いた英傑である」とすでに書いた。堀は蝦夷地・北蝦夷地（樺太）調査のあと初代箱館奉行に就任。北方警備のため五稜郭や弁天台場の建築、箱館開港、学問所の開設、続豊治を重用した日本初の西洋型船の建造など、北海道開拓に多大な貢献をしたが、掘の次の一手が石狩開発であった。

龍雲寺に残っている「由緒書（ゆいしょがき：履歴書）」および碑文によると、荒井は一八〇九（文化六）年に江戸に生まれた。代々幕臣の家柄で、父の跡を継いで利根川筋の定普請役を務めた。若くして京都に上り、その後、朝廷に勤務。大柄で肌は浅黒く、鼻は高く、額は禿げ上がった武者風であったという。しかし、腰には武士の魂である大刀はつけず小刀のみ。威張ったことは嫌いで、いつも書物を手にしていた。酒や煙草も口にせず、書生や旅の人を愛し、それに惜しみなくカネを使ったという。荒井は「資性豪爽（性格は豪快かつさわやか）」で、上司におもねず、信じたところをやり通し、部下や若者の育成に努めたとされている。しかし、この性格が災いして上役と意見が合わず、江戸に戻された。江戸では極めて低い地位しか与えられず、失意の中、赤貧洗うが如しの生活を強いられていた。

荒井が苦境にあった最中、北方の重要性を説き、石狩革命のため蝦夷地に呼んだのが堀である。堀は、荒井の手腕を見抜き、彼に石狩改革を任せた。石狩役所長官として一八五七（安政四）年から一八六二（文久二）年まで、足かけ九年にわたって在任させた。極貧の生活を強いられていた荒井にとって、活躍の場を与えてくれた堀は神様のような存在で、堀の掲げる石狩改革を実現すべく懸命に取り組んだ。

高倉新一郎が「今日の札幌は金助の施策によって基礎が開かれたといっても言い過ぎではありません」と語っているが、その活躍は確かに目覚しいものであった。

着任当時、石狩市、札幌市、江別市、夕張市にまたがる「石狩一三場所」、つまり石狩川とその支流付近は鮭の一大産地であった。トクヒラ（石狩川河口、生振あたりか）、ハッシャブ（発寒）、シノロ（篠路）、ナイホウ（伏古川）、上サッポロ（豊平川）、下サッポロ（同）、上ツイシカリ（対雁）、下ツイシカリ（同）、上ユウバリ（夕張）、下ユウバリ（同）、上カバタ（樺戸）、下カバタ（同）、シュママップ（島松）がその場所だ。

堀と荒井は、この地を蝦夷地開拓の中核地とした。さらに北方警備の拠点となるべき場所として位置づけ構想をめぐらせた。「石狩役所のある石狩を中都（箱館が当時蝦夷地の中心都市であったため、それに続く都市）とし、ツイシカリ（対雁）に城を築くべし」というもので、石狩が攻撃された場合、内陸でかつ交通の要衝であるツイシカリに退いて防衛するという構想である。荒井は率先してその実現にあたった。

堀の意を受け、荒井は次々に石狩改革を実践していった。一八五八（安政五）年、石狩仮役場に着任すると、荒井は道なき山野を木綿の着物にはかま姿で調査し、寝るときは熊の皮にくるまり、焚き火の明かりで細かく日中の調査内容を筆記。改革の案を練ったという。

石狩改革の第一がアイヌ民族の撫育（愛情をもって大事に育てること）である。石狩に着任し、最初に行ったのがアイヌの人たちとの対面式（オムシャ）。タバコなどの贈り物を与え、酒を飲み交わして、お互いの理解を深めていった。これらを通して荒井は短期間にアイヌの人たちの置かれている状況を把握し、堀に書簡を送っている。

この中で石狩場所における場所請負支配人らによるアイヌの人々へ非道な扱いが報告されている。「村山家（阿部屋：あぶや）は土人撫育に関し心を用いず、私利私欲に走り種々非道の儀多く、悪習一洗の様子も見えない」と伝えた。これにより掘は、テシオ請負人栖原六右衛門とともに石狩場所の村山伝次郎（阿部屋）に対し、「土人遣い方非道の儀有之に付、心得方申し渡す」と、厳重な警告書を通達した。

荒井が次に打った手が、請負商人に独占されていた魚場を出稼ぎの希望者に分け与える「直捌（じかさばき）」にしたことだった。魚場の開放で、出稼ぎ・永住人が増え、これに伴い商工人も集まった。町屋や寺社も建設され、石狩に大きな繁栄がもたらされた。従来の運上金制度を廃止し、漁獲高の一割五分を上納させたが、出稼ぎ人の増加によりこの金額は阿部屋（村山家）の運上金の二倍にものぼる二五〇〇両になったという。出稼ぎ人には「アイヌ撫育」に心するよう指導も行っている。一方、漁業資源の保護にも留意し、石狩一三場所のうち、ハッサム、ナエボ、コトニ、シノロの四場所を閉鎖、サケ漁を禁止し資源保護の禁漁区とした。

石狩は鮭の大漁場であるとともに、後背地に広大な石狩平野があり、農業開発の将来性が見込まれる地であった。荒井は早山清太郎の調査により、シノロ（篠路）村が肥沃な地であり水路も便利であるとの報告を受けた。そこで自費で住民を募集し、息子の幸太郎を頭としてこの地に移住させた。農民には民家二〇戸を提供し、また木材を流送して提供している。この地は新井村（後に荒井村）と呼ばれ、石狩地方で最初の村となった。新井村はその後のオカダマ（丘珠）、コトニ（琴似）、サッポロ（札幌）が開村されるきっかけとなったと言えよう。移住農民は米作りを希望し、荒井はそれを許した。しかし北辺の地で内地と異なる厳しい気候であることに配慮し、米四割、穀物・野菜六割での耕作を守らせ、凶作時の対応を図った。それまで野菜栽培は行われていなかったが、ダイコン、ニンジン、ナス、キュウリなどの種子を分け与え、野菜づくりにも励ませた。

箱館奉行は荒井が長官として務める石狩役所に、樺太・クシュンナイ（久春内）を担当させることとなり、一八五八（安政五）年九月、部下の城六郎を北地に派遣した。この措置により、その前年からこの地に定住するようになったロシア人の南下を防ぐ効果がもたらされた。荒井はロシア人の丸太小屋を見てシノロの倉庫を丸太小屋にし、隙間には苔（こけ）を詰め、風雪に耐えるようにしている。今のログハウスの元なのではないだろうか。

さらに、荒井はサッポロからゼニバコに至る「札幌越新道」と呼ばれる道路開削にも大きな貢献を果たしている。陸路によりサッポロからゼニバコに至るには、どうしても豊平川を渡し船で越えなければならない。そこで荒井は部下の志村鉄一（しむら・てついち）と吉田茂八（よしだ・もはち）に家族ともども豊平川両岸に定住させ、渡し船の管理をさせることにした。札幌における最初の定住者として、二人は「札幌開祖志村鉄一」「札幌開祖吉田茂八」として、今の国道三六号が通る豊平川の両岸に顕彰の碑が建てられている。

一八九六（明治二九）年に記録された『荒井金助事跡材料』には「荒井は北海道開拓の特色ともいえる屯田制度の構想を持っていたばかりではなく、着任と同時に行動を開始している」と記載されている。そのためには学問と武芸が重要であると、部下で漢文のできる者には講義させ、武士以外の者たちにも聴講させた。また、剣道や弓術・鉄砲術に優れた者を教師とし、武芸をも励ませていた。

荒井は日頃「イシカリ建府論」を唱えていた。「イシカリ地方は一〇年も過ぎれば天子様の巡行遊ばす国になる」と札幌の将来を予測していた。当時、多くの人々は聞き流していたが、一〇年後の一八七六（明治九）年、明治天皇が北海道を巡行している。従来、開拓使判官・島義勇により未開の荒野に突然本府建設が開始されたとの印象をもたれているが、それ以前の幕末期に、札幌近郊で着々とその基盤が築かれていたのだ。

大友亀太郎の開削した「大友堀（今の創成川）」や「ハッサム御手先場（おてさきば：模範農場）」の開

設、荒井による札幌越新道の開削と石狩改革、早山清太郎による石狩地方の開墾適地の調査など、幾多の先覚者たちが近代への胎動を進行させていたのを忘れてはならない。

荒井の最期と龍雲寺の創設について触れてみたい。一八六六（慶応二）年一二月二三日、荒井の死体が五稜郭の掘で見つかった。療養していた箱館の宿舎から突然姿を消して以来ほぼ一カ月後のことだ。荒井が心底慕っていた堀が江戸に戻り、後任の奉行は荒井から石狩場所の収益金が送られてこないのを恨み、荒井を箱館の沖の口掛という下役にし、さらに室蘭詰に左遷させた。荒井は室蘭で病に侵され、箱館で療養中寝巻きのまま突然宿を抜け出し行方がわからなくなったのだ。

荒井には好太郎という長男がいて、江戸より荒井に同行して石狩に移り、開拓事業に加わっていた。その妻・なつとの間に初めて子（孝造）が生まれ、好太郎は父の荒井にそれを知らせる手紙を送った。初孫の誕生を楽しみにしていた荒井だったが、ついにその手紙を見ることはなかった。

私が訪ねた龍雲寺は新堂で、開基一〇〇年の一九八四（昭和五九）年に建立されたもの。同年一〇月六日に大法要が行われている。新本堂の建築に合わせ、旧本堂は現在、札幌市厚別区の「北海道開拓の村」に歴史的建造物として移設されている。龍雲寺ホームページには次のように記されている。

「荒井金助の長男・好太郎の妻・ナツは、荒井家の菩提を弔うため一八七二（明治五）年に自らの遺産や耕地を寄付し、お寺を建立しました。後にそのお寺は龍雲寺として一八八六（明治一九）年に寺号公称されることになりました」

荒井の非業の死に触れたが『開基百年龍雲寺史』には高倉新一郎の「荒井金助の死去を語る箱館奉行の日記の一説」が添えられている。この文は箱館奉行・杉浦兵庫頭の書いたもので、一部紹介する。「荒井金助は昨夜夜中に何処かへいなくなってしまった。夜が明けて始めて気がつき大騒ぎとなり探したが見当たらない。しかし、刀は大小とも、懐中（財布?）は残らず置いたままであり、寝巻き姿の着のみ着のままであった。まったく狂人沙汰である。折悪く今朝は大雪。夕方までも死骸は見つからない。止むを得ず捜索を打ち切った。まったく気の毒なことだった」

高倉は「杉浦は荒井を狂気にしているが、ほかに自殺説があり、また暗殺説さえあるようだ」と記している。『開基百年龍雲寺史』の筆者は「気などは少しも違っておりません。当時、未開地の北海道を半年ほどで踏破し、地理・産物・資源などを調べ上げた男が、感情論だけで気が狂うとはとうてい考えられないのです」と、高倉と同じく自殺説を否定している。

「篠路山龍雲寺」の門前にはイチョウの大木がそびえ立っている。「このイチョウは北海道自然環境等保全条例に指定されている保存樹で、樹齢も百年を超えていることは確実だ」と、根元の案内板に書かれている。秋も深まり見事に色づき、あたりを黄色一色に染めているかのようだ。荒井と早山の石碑にイチョウの葉が風で舞い上がっていた。

第二八話　大友亀太郎

札幌村開拓に取り組んだ二宮尊徳の弟子

開拓使判官・島義勇は札幌・円山コタンベツの丘（円山の中腹と思われる）から眼下に広がる原野を眺めて「河水遠くに流れて……」と詠み、札幌の地がいずれの日にか世界第一の都になるだろうとの思いを高ぶらせた。ここでの河水は豊平川を指しているのだろう。豊平川が流れる現在の南五条西二丁目（鴨々川のあたり）に取水口を設け、一直線に北に向かって流れているのが現在の創成川だ。創成川という名は一八七四（明治七）年につけられたが、それまでは「大友堀」という名前の水路だった。島はこの水路を東西の基準線として、札幌の都づくりに取りかかった。島が北海道の本府である札幌の構築を始めたのが一八六九（明治二）年。つまり、水路はそれ以前に完成していたことになる。本話の主人公はその名が水路に冠されていた大友亀太郎だ。

私は、札幌市東区北一三条東一六丁目に、市の有形文化財および史跡「札幌村郷土記念館」があるということで訪問してみた。会館は大友亀太郎の役宅（事務所と住居を兼ねた建物）のあった場所に再建されたものだ。

記念館の正面には「大友亀太郎着任一五〇年記念」の表示が掲げられている。そこには「一八六六（慶応二）年、西蝦夷地の中心である石狩地方の開拓を命じられ石狩の船着場に到着しました。当時の札幌はアイヌ語で『サホロベツ』（大きな乾いた広い土地という意味）と言われていました。（中略）札幌開拓の先駆的な役割を果たした大友亀太郎の札幌村着任から二〇一六（平成二八）年で一五〇年になります」と記されている。大友は松浦武四郎が北海道と命名した一八六九（明治二）年の二年前から「札幌村」の開拓に取り組んでいたことになる。

記念館の前庭には大友亀太郎の銅像が置かれている。腰に大刀を差し、望遠鏡を右手に持った凛々しい姿を見ることができる。よく見ると、右の目がわずか窪んでいる。大友は隻眼（せきがん）で、眼を患っていたのだ。銅像前の碑文には「（前文略）大友亀太郎は一八五八（安政五）年に渡道し、一八六六年には箱館奉行に蝦夷地開墾の計画書を提出するとともに石狩地方開拓の命を受け、札幌市東区（旧元村）に土地を選んで開墾し、札幌の街づくりの発端となった。一八六九年これを開拓使に引き継ぎ、翌年札幌を去った。亀太郎が掘った大友掘は、今の創成川の基となって街の中心部を流れ続けている」と刻まれている。なお、同じ銅像と碑文は、創成川通りの南一条付近にも建てられているが、どちらが複製なのかはまったく見分けがつかない。

大友は一八三四（天保五）年、相模国（神奈川県）下足柄郡西大友村（現・小田原市）の農家に生まれた。当時は天保の大飢饉で、人々は貧しい生活を余儀なくされていたが、彼は勉学を好み、とくにそろばんを得意としていたという。

「自分は銭を貯めるより善行を積みたい」という思いで、一八五五（安政二）年に二宮金次郎（尊徳）の門に入る。二宮は薪を背負い書物を読んでいる姿が銅像になり、私の小学校の校庭にも建っていたのを覚えている。当時はほとんどの小中学校に建てられており、勉学と勤労のお手本とされていた。二宮は天保の飢饉で疲弊した農村を救済し、復興・開発事業を行っており、大友が入門した当時は徳川家の日光領内の改良に尽力していた。その門下に加わること自体が大きな名誉である。大友は二宮の〝眼鏡〟にかない、開墾人夫として門下生となった。日中は農耕、土木に励み、夜は書を読む。時には二宮の教えを直接受けることもあった。二宮の高弟・富田久助も彼に目をかけ、その育成に骨を折ってくれた。富田の指導もあり、大友は二宮門下で「報徳仕法」と呼ばれる農村復興政策を修得していった。

折しも、箱館奉行の堀織部正（ほり・おりべのしょう）は、蝦夷地開拓のため二宮の出張による助力を願っていたが、二宮は老齢で病床にあった。堀の願いはかなわないまま、一八五六（安政三）年に二宮はこの世を去った。

一八五八（安政五）年、大友は二宮を招聘しようとした箱館奉行の要請を引き継ぎ、同僚とともに蝦夷地開拓のため渡島国に向かった。この時、大友は二五歳。言い渡された役職は「箱館在木古内村開墾場取扱」で、故郷の村である大友の姓を名乗った。大友は早速、上磯郡、亀田郡（現在の木古内町と七飯町）の開墾に取り組み、木古内移民二四戸・三〇町歩、大野移民四八戸・一〇〇町歩の開墾を成し遂げた。この間、箱館在有川の回船問屋の娘・サダを嫁に迎えている

大友の能力を高く評価した箱館奉行は一八六六（慶応二）年に石狩を中心とした蝦夷地開拓の方針を打ち出すと、その差配を大友に命じた。併せて「蝦夷地開拓掛」の役職を与えている。この時、大友三三歳。この年の四月、大友は大野を出立し石狩役所からハッサムに行き、御手作場（おてさきば・模範農園）の選定にかかる。案内したのは早山清太郎。当時のハッサムやシノロでは、山岡精次郎や荒井金助などの先駆的開拓者が開墾に従事していた。大友は調査の結果、フシコサッポロ川の上流「サッホロ」の開拓を決めた。「石狩国原野ヲ実検スルニ、最良ノ原野ハ札幌ナリ。故ニ此地に着手シ、其要ハ用水路及ビ道路等ノ弁理ヲ量リ、測量シテ之ヲ定メ……」と大友は記録している。決めた場所は元村（札幌市東区元町）である。

開拓の基本は「道路の開削」「用排水路の掘削」「橋梁の架設」「家屋の建設」であるとして、早速工事に着手した。用排水路掘削はこの当時「一〇〇万両の工事」とも言われる高額の難工事だった。大友は南五条西二丁目（石狩陸橋）の取水口から北東、札幌村役場（現在の札幌村記念館で大友の役宅のあった場

所）の裏側を通して伏籠川（ふしこがわ）に注がせるルートを策定。津軽出身の黒滝大太郎を頭に、総勢四五〇人が突貫工事で水路を開削した。この水路こそが「大友堀」だ。その規模は全長四キロ、上部の幅六尺（一・八メートル）、川底の幅と深さは五尺（一・五メートル）であった。

元村への農民移住は一八六六（慶応二）年に九戸三五人、翌年に一〇戸四七人、そのまた翌年に四戸一五人と徐々に増えていった。大友は、風土に慣れない移住農民に対し、居住、家財、農具、飯米など充分な扶助を与え、彼らが自立・自営できるよう細やかな配慮を施している。二宮の仕法（報徳仕法）に準拠していたといえるだろう。

さて、その最中に徳川慶喜が大政奉還を行い、明治新政府が誕生した。箱館裁判所（後に箱館府）には清水谷公考（しみずたに・きんなる）が着任。大友は「箱館裁判所付属」に任命された。その後、榎本武揚が蝦夷共和国を立ち上げるがすぐ降伏。箱館府は大友に「兵部省（ひょうぶしょう）出張所石狩国開拓掛」の官職を与えた。月給は一〇円（今の二〇万円程度）。この任を受け、大友はナエボ（苗穂）の開拓と石狩トウベツ（当別）開墾予定地の調査にあたった。

また、この時期には開拓使が発令され、島義勇が北海道本府を開設すべく札幌に着任した。冒頭触れたように、島は円山コタンベツの丘から札幌の原野を眺望し、東西の基点となる大友堀を見て、これを見事に掘削した大友に強く魅かれた。本府建設に協力してもらいたいとの思いを強めた。大友はすでに目を患っていたが日夜仕事に奔走。病は悪化していた。札幌入りした島はこれに同情し、自分の守護神として大事にしていた妙見菩薩の小像を大友に贈った。大友はこれをお堂に祀り村人の信仰の対象とした。この像は現在、妙見山本龍寺（札幌市東区北一四条東一五丁目）にあり、引き続き地元の方々が大切にしている。

島は大友に対し、しきりに開拓使に加わるよう勧めるが、大友は自分が兵部省に雇われていることから島の要請に応えることはできなかった。当時、佐賀を中心とした開拓使と長州閥の兵部省は反目しあっており、大友はこのことを気遣ったのであろう。

一八七一（明治三）年、大友は開墾した札幌村と苗穂村を開拓使に引き渡し、妻の実家・渡島有川村に一時滞在した後、一三年間におよぶ蝦夷地での厳しい職務と生活に終止符を打ち、函館を発った。

大友はその後、若森県（茨城県の一部）、島根県、山梨県の官吏を歴任。一八七五（明治七）年には故郷の大友（神奈川県小田原市）に戻り、副戸長、戸長に就任した。一八八一（明治一四）年には神奈川県議会議員となり四期務めた。一八九七（明治三〇）年、六四歳で他界。墓所は小田原市西大友盛泰寺にある。

大友が最初に開拓した地は札幌元村として開拓が進められ、自然災害も村民の離村も少なく、大きく発展していった。

「札幌本府建造で食料の確保が緊要である」として島は東北各県に農民移住を募集した。一八七一（明治二）年に、酒田県（山県）から三六戸が庚午（かのえうま）一の村に、同じく酒田県から三〇戸が庚午二の村に、そして柏崎県（新潟）から二二戸が札幌新村に移住している。ちなみに、明治三（一八七〇）年は庚午の年に当たり、このような名が各村につけられたのだ。大友が北海道の地を離れた翌年、札幌元村は札幌新村と合併し札幌村となり、庚午一の村は苗穂村、庚午二の村は丘珠村になった。のちにこれら三村が合併し札幌村となり、現在の札幌市東区に引き継がれている。

第二九話 札幌円山開拓に捧げた酒田の人

上田万平

四月一三日は島義勇の命日にあたり、北海道神宮では「開拓判官島義勇顕彰の集い」が執り行われる。札幌に本府を設置すべく、開拓使判官の島は天皇から授かった三神を背負い、一八六九（明治二）年一〇月一日に函館を出発。陸路で石狩に向かった。島の一行は銭函に仮役所を開設し、事業を開始した。最大の問題は食料不足であった。当時の北海道は箱館戦争の後で物資補給が滞り、各場所には備え米もない。さらにこの年は大凶作で、全国的にも米不足だった。開拓使の米も南部藩から調達する計画であったが、凶作でうまくいかなかった。

この当時、兵部省が会津降伏人の移住政策を進めるべく、箱館戦争終了後すぐに実行に移していた。開拓使を率いていたのが佐賀出身の島であるのに対し、兵部省の責任者は長州出身の井上弥吉。箱館府判事も同じ長州出身の堀真五郎で、長州は佐賀への優越意識から、不足している食料の振り分けで、開拓使に対して嫌がらせをしていたともいわれている。さらには銭函に拠点を構えた開拓使へ五〇〇俵の米を運送する物資輸送船「昇平丸」が消息を絶った。昇平丸は同年一二月二四日に箱館を出港していたが、翌一八七〇（明治三）年一月に江差沖で沈没したという。まさに最悪の事態だった。

島は、この状況を打開するためには、札幌近郊に農地を開拓し自給体制を整える必要があると判断。部下に金を持たせ東北地方で移住希望の農民を募った。条件は三年間の生活補助。一八七〇（明治三）年、島は札幌本府建築の道半ばで北海道を去ることになったが、同年五月にその志を担う移民たちが札幌に到着した。この年は庚午（かのえうま）だったので、苗穂に庚午一の村、丘珠に庚午二の村、そして円山に庚午三の村が誕生した。円山地区の村には酒田県（今の山形県）から三〇戸、九〇人が入植し開村。入植二〇年となる一八九〇年には「圓山開村記念碑」が建てられ、現在は円山会館（旧円山市場の近く）の前庭にある。

翌一八七一（明治四）年、岩手県からさらに五戸が加わった。この中に、上田万平とその弟・善七がいる。万平・三一歳、善七・一八歳の働き盛りだ。当時の円山は小川が流れる湿地帯で、踏みつけ道が一本あるだけの寂しい場所。キタキツネの親子がよく顔を出すようなところだった。

二人は懸命に働き、円山地区の農業と地域の発展に大きく貢献した。万平は移住したその年、組頭（五人組の責任者）になり、率先して組の和合と団結を図った。兄弟が農業に熱心であることは、すぐに開拓使判官の岩村通俊や大判官の松本十郎の知るところとなった。上田兄弟は一八七四（明治七）年、開拓使の御用掛に任命され、移住民の農業指導も委ねられた。二人は両判官の期待に応えて、熱心に作業に従事した。

万平は農業のかたわら、裏参道の自宅で日用品・雑貨を売っていたので、家にはいつも村人が集まり、万平も彼らの相談に心から応じていた。村人たちから慕われ、一八七五（明治八）年に円山村副総代、翌年には総代となり、以後三〇年に渡ってその役を務めている。一九〇六（明治三九）年には兄弟そろって村会議員になったほか、頼まれるまま多くの公職に就いた。

農場で採れた野菜は車に積んで売り歩いた。「円山の野菜」の評判は高まり、現在の札幌市中央区南一条西一一丁目に朝市を開設。その後、場所は順次西側へ移転し、「円山の朝市」は、やがて札幌の名物にもなった。

一八七五（明治八）年、万平の主導で簡易教育所（今の円山小学校）が開設。政府の補助を受けて運営していたが、一八八二（明治一五）年に開拓使が廃止になると、補助が打ち切られた。一時は廃校の危機に陥ったが、上田兄弟は学校を存続させるべく、継続的に資金を提供する方法を考え出した。戸長や有志と手稲に一〇〇㌶の農地の無償供与を受け、自分で開墾し、その利益を学校のものとする、という仕組みだ。この農地は「第一学田」といい、その碑が建てられている。その後、今の北海道神宮近くに第二学田、北三条から北五条周辺に第三学田を開墾。円山小学校はその収益によって施設が改良され、保護者の負担も緩和された。

島が明治天皇から拝預された三神は一八七一（明治四）年、札幌神社（今の北海道神宮）に祀られたが、円山村の人たちは自分たちの村に三神を祀る神社があることを大いなる誇りとしていた。万平は神社への奉仕を続け、一八九〇（明治二三）年、札幌神社崇敬講（すうけいこう：神社を支える団体）ができた時には初代総代になっている。一方、善七は神楽講を組織。奏者や舞者になり、神楽方頭取を委嘱された。

上田兄弟は率先して大鳥居を寄進し、また裏参道に赤松を植えるなどの奉仕をおこなっている。一九一〇（明治四三）年には万平の功績を称え「上田一徳翁之碑」が建てられた。現在は伏見稲荷神社の境内に置かれている。

一八七二（明治五）年、開拓使本庁（現在の道庁）建設のため、膨大な量の札幌軟石が必要となった。その多くは藻岩山から採石されたが、円山の山頂からも石材を採掘することになった。しかし、採掘のため岩石が露出し、札幌神社を囲む山としては見苦しいものとなってしまった。信仰心の篤い上田兄弟はこれを大いに気にして、円山の頂上に山神を祀り、何とか神社の荘厳さにふさわしい背景の山道にしようと考えた。万平は新善光寺と相談して登山道を整備の上、そのかたわらに、四国の八十八ヶ所にならって観音像を安置することを思いついた。万平は率先してこの難事業を実現していった。

私は久しぶりに円山に登ってみた。登山道の入口に弘法大師の像が祀られている大師堂があり、その前に案内板が掲げられている。そこには「大正三年に円山村の開拓功労者である上田万平・善七兄弟が円山登山道を開き、四国から本道に移住してきた札幌近郊の信仰者有志に観音像の寄進を呼びかけ、八十八体の像が建立されました。八十八ヶ所登山道の入口から頂上付近まで並ぶ観音像はその後も信仰者の献像により、今では二百体以上が奉安されています。大正四年には登山道入り口に大師堂が建立され、弘法大師の像が祀られるようになりました。その後、境内には日本如来像や石碑が建ち、弘法大師が遺した徳をたたえています」と書かれている。

石仏を拝見しながら頂上にたどり着くと、頂上から眼下に札幌の街並みが大きく広がっている。島がこの場所から「河水遠く流れて　山隅（すみ）に峙（そばたつ）　平原千里　地は膏ゆ（こうゆ:豊かな土地）四通発達　宜(よろ)しく府を開くべし(四方に通じ、北海道の本府としては最適な場所である）　他日(いずれ）五州第一（世界一）の都」と詠んだ時、札幌の人口は一〇〇人もいなかったであろう。

二〇一八（平成三〇）年に開道一五〇年を迎えるが、この短い年月でよくもこれだけの大都会ができたものだとあらためて感心させられる。そして、この地を定めた島の慧眼とその計画実現のために努力された上田兄弟に、円山の山頂から敬服を込めてお参りした。

上田万平は一九一七（大正六）年、円山地域に多くの足跡を遺し、七七歳で満足の笑みを浮かべて亡くなった。弟の善七は一九二八（昭和三）年、逝去した。

円山原始林は開拓使の時代から保護され、その後、北海道庁が原生天然保存林に編入。一九二一（大正一〇）年三月三日には天然記念物に指定されている。カツラ、ミズナラが多くシナノキやエゾイタヤなどの大木が茂っている。

第三〇話　榎本武揚・黒田清隆

箱館戦争で戦うも、ともに明治の開拓に取り組む

一九六二（昭和三七）年、私が小樽商科大学に入学した時の学長は加茂儀一だった。彼は東京工業大学の教授で小樽に縁があったわけではないが、教授会と学生の懇請を受け入れ、一九五七（昭和三二）年、学長を引き受けることとなった。学生はカンパを募り三名の代表者を加茂の自宅に送り、学長受託を懇請

したとのことだ。

「せっかく小樽に来たのだから、それにふさわしい研究をしよう」

加茂が取り組んだのが榎本武揚。加茂は榎本を「単なる軍人や政治家ではなく、優れた科学者、技術者でもあり、その他かなり広い範囲における高い教養の持ち主」と傾倒を深めていった。その研究成果が一九六〇（昭和三五）年、中央公論社から出版された『榎本武揚』だ。

榎本は天保七（一八三六）年、箱田良助の次男として江戸下谷柳川（梁川）で生まれた。幼名は釜次郎。父・良助は測量家で伊能忠敬の内弟子として「大日本沿海輿地全図」作成にかかわっている。釜次郎は江戸っ子気質を身につけ、父親の血を受け継ぎ、知性と教養を兼ね備えた人物として育っていった。若い頃より優秀で、オランダ語を学び西洋文化に触れる一方、ジョン万次郎から英語を学んでいる。

一八五四（安政元）年、ペリー来航の翌年、榎本は幕府目付（翌年箱館奉行）堀織部正の蝦夷地検分に同行し、西蝦夷地（日本海沿い）から北蝦夷地（樺太）、東蝦夷地（オホーツク海沿）を踏破して箱館に戻っている。この時、榎本一九歳。この蝦夷地検分が、のちに新政府に逆らい蝦夷共和国を設立したきっかけになったのではないだろうか。

榎本は箱館から帰還後の安政三（一八五六）年、当時、最新の西洋文化を勉学する「長崎海軍伝習所」に第二期生として幕府より派遣された。一期生には勝麟太郎（海舟）がおり、また箱館戦争をともに戦った中島三郎助、沢太郎左衛門、さらに赤十字社を創設した佐野常民や薩摩藩の五代友厚、医師の松本良順など、その後の明治政府の中心となった人物が連なっている（なお、勝海舟は二度落第して三期生でようやく卒業している）。

伝習所では、西洋文化、技術、造船学、機関学、操船学、舎密学（化学）、医学など最新の学問と技術をオランダから派遣された教師陣から学んだ。榎本は、蘭・仏・英・独・露・漢の六か国語に堪能であったといわれているが、伝習所でさらなる磨きがかかったことだろう。

一八六二（文久元）年、幕府はオランダに軍艦を発注するとともに一五人の留学生を派遣。榎本もその一員として参加し二四二日の船旅でオランダに到着した。現地では欧米の政治体制・国際法、航海術・造船術、舎密学、医学を学んだ。一八六七（慶応三）年、発注した軍艦は進水し、艦名は「開陽」と名付けられた。榎本は艦長として「開陽」に乗り込み、帰路は一五七日で日本に帰還した。時に榎本三二歳、鳥羽伏見の戦いの九カ月前である。その年、留学生として一緒に派遣された林研海（はやし・けんかい）の妹・多津（一六歳）と結婚。榎本は幕府海軍奉行として波乱の時を迎えることとなる。

一八六八（慶応四）年、大政奉還がなされ戊辰戦争が勃発。榎本は薩長に対し徹底抗戦すべきであると主張した。この時「徳川家家臣大挙告文」を新政府軍に提出し、品川に停泊していた幕府所有の「開陽」を旗艦とする軍艦八隻を率い江戸を脱走した。

榎本が起草した「挙告文」は、まず「唱えるところの王政は僅か一・二藩（薩摩・長州）の独見私意の出でて成れるものなれば、もとより真正の王政にあらず」と、日本国全体の総意となっていないことを指摘し、「ここを退去するは、自然わが業を妨ぐる者に攻敵せざるを得ず。これあえて乱を好むにあらず、和を妨ぐるにあらず」と、戦いを好んでの脱走ではなく「皇国をして四海万国と比肩抗行して恥じることなき様にせんは、ただこの一挙にあること、吾輩あえて自ら任じるところなり」と、我が国が世界各国と対等に渡り合うためにやむにやまれず挙行したものであると結んでいる。

同年八月、品川を出航した一行は二〇〇〇名の兵士とともに蝦夷地に向かい、途中仙台に寄港し、新撰組副長・土方歳三、幕府陸軍奉行・大鳥圭介ら一〇〇〇名を加え一〇月、噴火湾・鷲ノ木に上陸した。箱館に直接上陸すると、各国の領事館や町民に損害を与えかねないとの配慮で鷲ノ木を上陸地点としたのだ。

榎本は「戦争に来たのではない」旨の書簡を箱館知事・清水谷公孝に送るが、銃撃を加えられたことで五稜郭に進軍。ところが五稜郭に到着してみれば清水谷以下の軍勢は青森に逃亡した後だった。榎本は松前藩に「松前とても宿怨（うらみ）もなければ兵力を争うしだいもなく、ともに力を合わせて蝦夷地開拓を願う」旨の書状を送るが松前藩は使者を斬殺。土方以下七〇〇名の兵力を松前城に向かわせる。軍艦による海上からの攻撃もあり松前城は陥落。松前藩士は町屋に火をつけながら新設なった「館城（厚沢部）」に転戦するが、ここも落城し熊石から青森に逃亡した。

松前藩との戦いで榎本軍も致命的な打撃を被ることとなった。江差沖に停泊していた旗艦であり虎の子の「開陽」が浅瀬に流され沈没してしまったのだ。江差には「土方歳三嘆きの松」があり、榎本軍の受けた物心両面の痛恨がいかに大きかったかがうかがわれる。五稜郭に戻った榎本は「蝦夷共和国」を樹立し、欧米の民主主義にならい選挙を実施。共和国の「総裁」に選ばれた。

一八六九（明治二）年三月、薩摩・長州を中心とした新政府軍は甲鉄艦「ストーンウォール」を旗艦とする八隻の軍艦を榎本軍討伐のため蝦夷地に向かわせた。榎本軍は宮古に停泊中の「ストーンウォール」に奇襲攻撃（アボルタージュ作戦）をかけるが失敗。逆に主力艦「回天」が甚大な損傷を被り、艦長も戦死した。榎本軍は「開陽」に続き「回天」も失い、制海権は一挙に優位性を失った。

雪解けを待ち、新政府軍は四月、乙部に上陸。五月十一日、総攻撃が開始された。その時、参謀として総指揮を執ったのが黒田清隆である。黒田は自ら少数の兵を率い箱館山の背後から奇襲上陸し、榎本軍を混乱に陥れ、戦況を決定的なものにした。土方歳三は二股口で奮戦し二度に渡り新政府軍の進出を食い止めるが、弁天砲台が総攻撃を受けているとの報で五稜郭からその支援に向かう。しかし、途中の一本木関門で憤死する。

黒田は箱館病院入院中の榎本軍兵士を見舞い、個別に諭したうえ榎本に書簡および人を送って降伏を勧告した。これに対し榎本は「潔く死を選ぶ」という書場とともに二冊の書物を黒田に贈った。榎本はオランダに留学の際、国際海洋法の教典ともいうべき「万国海津全書（自らが書写し数多くの脚注を挿入）」を肌身離さず携えていた。最期を自覚した榎本は、世界の財産でもあるこの書物を戦禍から守ろうと、これを黒田に贈ったのである。黒田はこれに感激し酒樽と肴を榎本軍に贈ったと言われている。

榎本は自害を図ったが止められ、五月一七日、亀田で黒田と面会。降伏を表明した。開城した五稜郭はちり一つなく清掃されていた。

降伏後の榎本およびその主要な配下は東京に移送。裁きを待つ身となった。旧幕府から軍艦を奪い新政府軍と交戦したわけで、木戸孝允など長州勢は榎本らの死刑を強く主張した。その榎本を救ったのは黒田である。黒田は榎本の非凡な才能を惜しみ、頭を丸めて世を捨てる覚悟で助命に奔走した。朝廷の人々はこれに感動し、ついに恩赦を出し榎本の出獄を認めることとなった。

一八七二（明治五）年、榎本は特赦出獄すると黒田が次官（実質的には最高責任者）を務める開拓使に仕官。北海道鉱山検査巡回を命じられ、空知炭田を開発。石炭の輸送のため、一八八〇（明治一三）年には日本で三番目の鉄道である「手宮線」敷設に尽力した。小樽の発展にも大きく貢献した。また、対雁（ついしかり・江別市）に農場を開設し、そこが江別市発祥の地と呼ばれている。

一八七四（明治七）年、榎本は駐露特命全権大使となり「樺太・千島交換条約」を締結。軍備拡張し北海道への進出をうかがうロシアに対し、樺太を捨てることによって安全保障の枠組を結ばせようとしたのである。また一八七六（明治九）年には箱館戦争で戦死した部下を弔うため小樽龍宮神社を建立している。

榎本は黒田の推挙と自らの深い知識ならびに非凡な才能で、明治政府の主要な役職を歴任した。六つの内閣で逓信大臣、文部大臣、外務大臣、農商務大臣を務め、大いに維新後の日本国隆盛に貢献した。

加茂は榎本を「幕末と明治という日本にとっての大きい試練の時代が生んだ一種の万能人」と認めている。一方、福沢諭吉は「お主ばかり偉くなって、お主のためにどれだけ命を落とした人がいると思っているのだ。武士が二君に仕えているとは何事だ」と「やせ我慢の説」で述べている。榎本は新政府に逆らったうえ、明治政府に仕えた裏切り者とされていたが、加茂は榎本を肯定的に評価している。反逆者ということで開拓神社に祀られている三七柱に名を連ねてはいないが、北海道の歴史に欠くことのできない人物だろう。

黒田は一八八七（明治二〇）年、第一次伊藤博文内閣の農商務大臣になり、翌一八八八（明治二一）年には第二代総理大臣になっている。黒田は榎本の才能を重用し、榎本は命を救ってくれた黒田に心服するという二人の関係が明治政府の中核で機能することになった。黒田が一九〇〇年に五九歳で亡くなった時、榎本が葬儀委員長を務めている。

箱館戦争で敵と味方に分かれて戦った二人は、その関係を縁戚関係でも密なものとした。黒田は長女の梅子を榎本の息子の嫁として送り出し、榎本家は今も続いている。一方、黒田の息子・清仲は世継ぎの息子がいなかったため、養子として陸軍大将・黒木為禎の三男・清を迎えた。世継ぎとなった清は榎本の孫娘を妻として迎え、黒田家も榎本家同様、今も続いている。

第三一話　清水谷公考

蝦夷地開拓を志した若き箱館府知事

幕末から明治にかけて初代箱館裁判所総督、箱館府知事を務めながら時代の激流に翻弄され、志を遂げることなく若くして亡くなった清水谷公考（しみずだに・きんなる）。名前でわかるように公家（貧乏公家）である。武士や商人のような逞しさがあるわけではなく、どちらかというと学問や芸術を好み、優柔不断で他人からの影響を受けやすい人であったようだ。

清水谷は公卿・清水谷公正の子として一八四五（弘化二）年に京都に生まれた。松浦武四郎が東蝦夷地を踏破した年である。

清水谷家は石高こそ二〇〇石程度だったが、代々書道の名門だったという。清水谷は幼い頃から比叡山に入り仏弟子の修行をさせられたが、兄が亡くなったことにより、わずか一〇歳で清水谷家を継いだ。その後、官位は上がっていき、一八六二（文久二）年には一七歳で侍従を申しつけられ、孝明天皇、明治天皇に仕えた。時あたかも幕末の大変動期。一八六七（慶応三）年に王政復古の大号令が発せられ、翌年、鳥羽伏見の戦いが勃発する。明治維新の幕が切って落とされたのだ。清水谷、二四歳の時である。

京都の清水谷家は自宅の警備をしてもらっていた会津藩と親しく、その関係から王政復古に積極的には貢献することはできなかった。この負い目が清水谷の焦りとなったのだろう。皇室のため、新政府のため、何をすると役に立つのだろうかと思案していた。当時、新政府の財政は逼迫しており軍用金を必要としていた。ここに目をつけ、以前修行していた比叡山に赴き資金を得ようとした。この時、同行したのが岡本文平（後の岡本監輔：おかもと・けんすけ）である。岡本は以前より清水谷家に寄宿しており、清水谷に学問を教授したこともあった。清水谷にとっては心より信頼する先生であり、兄貴分でもあった。

岡本は「この大変に気を取られて北辺のことがおろそかになり、ロシアに乗ぜられたら大変である。早く蝦夷地に赴き、朝令を伝え、島民を安堵せしめることこそ急務である。僧侶に金を募って軍用金に当てるがごときは些事にすぎない」と清水谷を説得した。

さて、岡本であるが、彼は間宮林蔵の書物を熟読するとともに松浦武四郎に師事し、北辺（特に樺太）の重要性を強く意識していた。岡本は自らの使命を達成するために清水谷を利用しようとしたのではないだろうか。

岡本の熱弁に若く純粋な清水谷は痛く感激し、同じく公家の友人、高野保健（たかの・やすたけ）とともに、速やかに蝦夷地に鎮撫使を派遣すべきと明治天皇に建議する。その内容は「旧幕府軍が蝦夷地に進出する懸念があり、さらにロシアが混乱に乗じて南下する恐れがある。蝦夷地の漁業を開発すると戦費が賄える。自分は二〇〇人ほどを率いて蝦夷地に赴く用意がある」というもので、天皇は直ちにこれを採用した。さらに、次の建議書には「有志の者たちを自由に蝦夷地に移住させる。ロシアと親交を結ぶべきで、そのためにブラキストン（第六〇話）を雇うべきである。石狩に本拠を置き、場所請負制は廃止すべき」など、七項目の具体案を示した。

この建議により、明治政府は函館奉行を廃止して函館裁判所を設置することを決めた。裁判所といっても実際には蝦夷地全般の統治を司る役所である。仁和寺宮親王が総督に命じられたが固辞。代わりに清水谷が初代裁判所総督に就任した。配下には参謀格で薩摩出身の井上長秋（いのうえ・よしたけ）、そして、権判事として岡本ら五人が配された。

清水谷は役職を賜ったものの、出発に際して資金も移動手段もなかった。そこで蝦夷地で手広く事業を営んでいる近江の豪商から五万円を調達し、船は長州藩所有の老朽船を手に入れた。しかし、船頭は酒田より北には行ったことがない人物で、ただひたすらに北に向かって進んだ。そして、運よく着いたところが江差の近くだったという。なんとも大胆というか無鉄砲な計画だ。

箱館到着後、五稜郭で函館奉行・杉浦兵庫頭と業務引き継ぎを無事終えたが、その一〇日後には箱館裁判所が箱館府に改称された。したがって清水谷は初代「箱館府知事」に就任することになった。

一方、岡本は念願通り樺太を任され、農工民二〇〇人を率いて現地に向かった。岡本の目論見、すなわち公家の清水谷を前面に立てて（利用して）樺太開拓の夢を実現しようとした作戦が見事に実ったのだ。

その当時、東北諸藩は新政府に対抗する奥羽越列藩同盟を結成し、新政府は討伐に向けて進軍を開始していた。箱館を警備していた伊達藩、会津藩を始め東北諸藩は次々と陣屋を焼き蝦夷地を引き払っていった。残るのは弱小の松前藩のみである。さらに、悪いことは重なるもので、清水谷の片腕として箱館府を事実上差配していた井上が、購入したばかりの箱館丸に乗って根室に行き、その帰路に船が難破。井上が行方不明になってしまった。

江戸湾から脱走した榎本武揚率いる幕府海軍は一八六八（明治元）年一〇月二〇日、内浦湾・鷲の木（現在の森町）に上陸し、函館に迫った。清水谷は蝦夷地を管轄する箱館府知事として陣頭指揮を執らなければならない。だが箱館戦争が勃発すると箱館府の急造部隊は、質量ともに圧倒する榎本軍に対抗できるわけもなく、清水谷は早々に側近を連れて青森に逃げ落ちた。清水谷は蝦夷地撤退を恥じ入り本営のある青森ではなく浪岡（現・青森県南津軽郡浪岡町）で謹慎したが、新政府は彼を罰することなく一一月に青森口総督を命じた。しかし、公家の清水谷に軍事指揮ができるわけでもなく、参謀の黒田清隆が事実上の総大将としてこれにあたった。翌一八六九（明治二）年五月、榎本率いる旧幕府軍は、黒田率いる新政府軍に降伏した。

これで清水谷は晴れて青森口総督から箱館府知事に復帰した。しかし、その期間はわずかなものであった。新政府の要であった岩倉具視は、箱館府が期待された実績をあげていないと判断し、新たに蝦夷地管轄機関として鍋島直正を長官とする「開拓使」を開設。清水谷は開拓次官に格下げされた。箱館戦争の責任者でありながら青森に逃げた清水谷に対する岩倉の不信があったためとも言われている。

開拓使長官が二カ月ほどで鍋島から東久世通禧（ひがしくぜ・みちとみ）に代わると、清水谷は次官の職を辞した。多分、同じ公家出身で手練手管を弄する東久世にはついていけないと悟ったのではないだろうか。この時、清水谷は、まだ二五歳の若さだった。

清水谷は二六歳で勉学を志し、東京・大阪で学んだ。さらに岩倉具視一行の洋行に加わり、ロシアで三年間留学したが、病のため一八七五（明治八）年に帰国。一八八二（明治一五）年一二月、大晦日の日に三九歳で短い人生を終えた。高倉新一郎は「公考の歩んだ道こそ真に茨の道だった」と評している。

第三二話　井上長秋

志半ばで北の海に没した箱館府判事

「わたしたちは、時計台の鐘がなる札幌の市民です」

札幌市内では、地下鉄駅などの各所でこの札幌市民憲章を見ることができる。一九六三（昭和三八）年一一月三日、札幌をより豊かで明るく住みよいまちにすることを念願し、市民の総意で制定されたとのことだ。

札幌時計台は一八七八（明治一一）年、札幌農学校の敷地内に建てられた。それから一四〇年近くたって、時計台は大都会となった札幌市の中心にあり、周りのビルの谷間で窮屈そうにしている。高知市の播磨屋橋に次いで「日本三大がっかり名所」の第二位に選ばれている（因みに三位は長崎のオランダ橋）。

札幌時計台の正式名称は「札幌農学校演武場」。入口正面と二階の講堂正面に「演武場」という額が掲げられている。この立派な書は当時右大臣だった岩倉具視の直筆だ。岩倉はこの書のために、筆・硯・紙をすべて本場の清国から取り寄せた。

明治の元勲・岩倉は、一般にはあまり北海道と縁がなかったと言われている。しかし、調べていくと北海道開拓に岩倉の意向が大きく反映された形跡が見られる。一八六八（明治元）年一〇月、岩倉は朝議にかける一八カ条の中で、蝦夷地に国名をつけること、および開拓の方策に関する考え方を記している。その骨格は「農業と漁業を奨励すべき」「天然資源を収穫するだけではなく器械化による物産の拡大を狙う」「内地からの移民は旧幕府の東北諸藩藩士・流罪に当たる者を入れ、おいおい良民も移るように説得」「骨を蝦夷地に埋める覚悟の人物を二、三人派遣し、彼らに全権を与える」「常備兵を置く」「これらの施策により海外に皇威を示す」というものである。

さらに、四カ月後の一八六九（明治二）年二月二八日、岩倉は第二意見書を出す。その概要は、外交面ではロシアの進出を食い止め海外に力を誇ること、および開拓の順序として布令、専任者の選別と派遣、有志者の扶助と土民の教諭、府か県を置き知事を任命することなどであった。

岩倉の蝦夷地開発に関する考え方の背景には、二つの建言（意見書）があったといわれている。一つは、前話で取り上げた清水谷公孝が高野保健とともに提出した建議である。この建議は岡本監輔と山東一郎の画策で実現したもので「維新の騒乱に乗じてロシアや東北諸藩の藩士が蝦夷地に進出する恐れがあり、今こそ北方を強化すべきである」との趣旨である。

その内容は岩倉が以前から抱いていた対外問題構想と一致しており、さらに開拓路線の基本方針が含まれている。これが一八六八（明治元）年三月一二日に出されると岩倉から明治天皇に上奏。翌月には箱館裁判所の設置が決まった。

この時、岩倉は側近の井上長秋（いのうえ・よしたけ）に意見を求めた。これが第二の建言で、井上は「箱館裁判所の設置には反対しないが、奥蝦夷地は箱館から遠く離れており、いずれ別の組織が必要になる。蝦夷地を開拓するには内地の民を移さなければならない。それにより内地が荒廃しないように配慮すべきで、蝦夷地では蒸気機関を製造・活用して生産性を高めることこそ必要である」と具申している。井上の指摘通り、箱館裁判所がその後、時を経ずして箱館府となり、さらに箱館戦争終了とともに開拓使に組織を変えている。また、その後の北海道開拓が機械式農業を基盤に推進されていったのも井上の先見の明であるといえよう。

前書きが長くなったが、今話の主人公、井上長秋について話を進めていきたい。

『北の先覚』の著者、高倉新一郎は「井上は、三六祭神（依田勉三が加わる前）の中で一番知られていないと思う」といみじくも書いている。彼は箱館裁判所の判事として清水谷を支えたが、三八歳の若さで不慮の死を遂げた人物だからだ。

井上は一八三一（天保二）年、鹿児島藩島津家の先祖を祀る諏訪神社神職の子として生まれた。その体格や顔つきは人並み外れて大きかったという。物事に対する心構えはしっかりしており、思慮深く、学識豊かな人物だった。成人すると尊王攘夷の志を抱き、維新に活躍した志士たちと行動をともにした。一八六二（文久二）年、井上は主君の島津久光が上洛する際に帯同し、国事掛に任ぜられる。京都では蟄居中の岩倉を訪ね、薩摩の中心人物、大久保利通との連携を説得し成功させた。まさに維新の基礎工事を成し遂げた人物だ。

鳥羽伏見の戦いに端を発する王政復古で、当初圧倒的な勢力であった幕府軍を薩長軍が打ち負かしたのも、幕府側を賊軍とし薩長軍に錦の御旗を掲げさせたのも岩倉によるもの。「岩倉はいかにも貧乏そうな小男だが、公家に似合わないふてぶてしい面構え、刺すような眼光で、国家改革案を語り出すと止まらない。理路整然、しかも実行計画のための具体策は精密そのものである」（永井路子著『岩倉具視』）。井上は、この岩倉と薩摩藩との連絡役を任された人物なのだ。

王政復古の大号令で一八六八（明治元）年一月、井上は新政府の内国事務局権判事の役職を担った。当時、薩摩藩から新政府に登用されたのは、小松帯刀（こまつ・たてわき）、西郷隆盛、大久保利通ら九人で、その中に井上も加わっていた。いかに藩主や岩倉ら新政府首脳陣から厚い信頼を受けていたかが容易に想像できる。

同年二月、清水谷が岡本監輔らの説を用いて蝦夷地鎮撫を建議すると、井上は岡本に会ってその説を聞き、北方の経営に加わる決心をした。同年三月には「蝦夷地開拓建言書」を奏上。その中で「器械を製造して労力に余剰を生み出さなければならない」と指摘している。また、その具体策として風車の活用を建議した（北海道の誇る再生可能エネルギー資産、水力・風力の活用をこの時代から提言していたのだ）。

井上は自らも清水谷とともに蝦夷地に行くことを岩倉に要請し、一八六八（明治元）年四月一二日、箱館裁判所が設置されると同所勤務で参与内国事務判事に任命された。この年、井上三八歳。二五歳の若き総裁・清水谷を補佐する役として、その責任は重かった。

井上がまず必要性を強く感じたのが蝦夷各地を渡航・物資輸送するための船である。続豊治（第二五話）の建造した函館丸を入手すべく、資金手当てに奔走した。血のにじむような努力で英公使から二万ドルを借り受け、その半分で石炭を掘り、経費の捻出に当てるような努力も重ねた。

井上は欧米の農業技術を採用しようとし、プロイセン（ドイツ）人のライノルト・ガルトネルを箱館府雇いとした。同年七月頃には七重（現渡島管内七飯町）で一万坪の土地を用意し、洋式農業が開始された。その後の北海道農業に与えた影響は大きかったといえるだろう。しかしながら、井上が不慮の死を遂げた後は「ガルトネル事件」として開拓使に重荷を背負わせることにもなる。少々脱線するが、ガルトネル事件について解説する。

井上の死後、榎本武揚率いる反政府軍が箱館を占拠。箱館府知事の清水谷公考一行は青森に逃亡した。ガルトネルは蝦夷共和国の代表である榎本と交渉し、七重で三〇〇万坪を引き続き開墾する旨の許可を受けた。時代の変遷は猛烈なスピードで押し寄せ、一年もたたないうちに新政府軍が榎本軍を排撃し蝦夷地管轄の采配は再び箱館府に戻った。清水谷は、ガルトネルと七重三〇〇万坪の開墾契約に同意し署名捺印。公家出身の若き知事を篭絡するのはガルトネルにとって容易いことだったのだろう。この約定には契約期限が示されておらず、また境界も曖昧で周辺住民とのいさかいが絶えない状況となった。また、新政府は蝦夷地が植民地化される恐れを抱き、この契約を破棄するよう開拓使に命じた。結局、開拓使長官の東久世が六万二五〇〇ドルという多額の賠償金を支払うことで和解した。

さて、井上は一八六八（明治元）年八月八日、幾多の努力の末に買い入れた箱館丸に乗って根室に行き、その帰路、釧路を出港したが、それ以降行方不明になった。箱館裁判所内国事務判事に任じられてから四カ月足らず。井上は思いを遂げることなくこの世を去らねばならなかった。存命していたならば、北海道開拓の歴史も変わっていたかもしれない。

岩倉は井上が箱館裁判所に任官した直後、その労をねぎらい「裁判所（その時は箱館府か）も速やかに設置され、業務が順調に開始されたこと全くご努力によるところ、遥かに感銘の至り承（うけたまわ）り候」と手紙を送っている。しかし、井上がこれを読むことはなかった。

第三三話　大鳥圭介

幕府陸軍奉行から箱館戦争に参戦

中国経済と原油価格の急激な落ち込み、中東をめぐる地政学リスクの高まり、米国の金融緩和終焉による世界規模のマネーの逆流現象……。日本経済をめぐる外部環境は大きく揺れ動いている。何の手も下すことなく、崩れるように自滅していった徳川幕府の末期のような様相である。トップだった将軍・徳川慶喜は生きながらえて、勲一等をもらい貴族院議員にもなったが、徳川家および幕府に従った奥羽越諸藩の数十万にもおよぶ家臣は碌を失ったばかりでなく、多くが捕らえられ賊として扱われた。このような悪夢を決して再現させてはならない。

徳川慶喜が上野寛永寺で謹慎し幕府が瓦解した時、独り気を吐く男がいた。わずか五尺九寸（一四九センチ）の小柄な身体ながら気骨にあふれ、江戸開城の日に旧幕府軍四五〇人を率いて脱走。その後、榎本武揚や土方歳三らとともに新政府軍と戦いを繰り広げ、絶体絶命の窮地を何度も切り抜けたのが大鳥圭介（おおとり・けいすけ）である。

この名を聞くと、昭和の夫婦漫才師で京唄子とコンビを組んだ鳳啓介（おおとり・けいすけ）を思い起こされる方もおられると思う。鳳啓介は漫才師になる前、先の大戦に出征し「本土決戦、一億総玉砕」が叫ばれていた時分、大鳥の「無駄には死なない」人生に感銘を受け、芸名を鳳啓介にしたと語っている。五稜郭の戦いで敗北が決定的になった時、徹底抗戦を主張する同僚に「死のうと思えばいつでも死ねる。今は降伏と洒落込もうではないか」と開き直り、榎本に降伏の決断をさせた男でもある。二〇一五（平成二七）年、作家・伊藤潤が大鳥の生涯を題材とした長編歴史小説を出版した。タイトルは『死んでたまるか』。明治の元勲・山縣有朋の孫（養子の子供）である山形有信の『大鳥圭介伝』では「東京より仙台に至るまで大小数十戦、仙台から五稜郭に至り数戦を試みたが、一度として自らの兵を指揮した場合に戦いに勝ったことはなし。終始負け通しだったが不思議に負けるとニコニコして帰ってこられる」と書かれている。実際は兵力・火力で圧倒的に優勢な新政府軍に対し食料も弾薬もなく、友軍であった東北諸藩の軍勢にも裏切られたという背景もあったであろう。西郷隆盛や薩摩兵はフランス式兵法の第一人者である大鳥の用兵を恐れていたと伝えられている。

大鳥は箱館戦争の後、東京の監獄に二年余り収監されたが、榎本らとともに黒田清隆の懇請を受けて開拓使五等に任ぜられ、後に工部大学校校長、元老院議員、学習院院長、初代華族女学校校長などを歴任した。男爵の身分も得て明治政府の要職に就いた男である。

大鳥は一八三三（天保四）年に播磨国赤穂郡赤松村（現在の兵庫県赤穂郡上郡町）の医者の家に生まれた。赤穂郡上郡（かみごおり）町役場前には、大鳥が男爵になった時の銅像が建てられている。上郡町では激動の時代を生き抜いた郷土の偉人を多くの子供に語り継がせるべく「けいすけじゃ」というアニメを制作し、ホームページにも掲載している。このアニメは二〇話からなっており、一時間近いボリュームだ。このアニメ「けいすけじゃ」に従って、大鳥の生涯を見ていきたい。

大鳥の父親は片田舎の医者をやっていた。そんなこともあってか、大鳥は幼少の頃から学問に興味を持っていた。祖父「純平じいさん」の影響を受けたとも言われる。祖父は儒学をたしなみ、大鳥に論語を教えていた。祖父が亡くなったあとも大鳥の学問に対する思いは強く、一三歳になって岡山藩藩校の「閑谷（しずたに）学校」に入学。武士の子が多い中でいじめも受けるが、持ち前の度胸で五年間を過ごした。

一七歳の時に父の知人である赤穂の蘭学者・中島意庵の門に入った大鳥は、父の後を継ぐべく医者修業をする中で蘭学と出会い、その人生に大きな影響を受けることになる。初めて蘭学の原書に触れ、ぜひとも読破し学びたいとの思いがこみ上げた。その後、中島意庵の紹介で緒方洪庵の適塾（適適塾）に一九歳で入門。適塾は福沢諭吉や高松凌雲など幕末から明治にかけて有能な人材を多数輩出したところである。

適塾に入って間もなく届いた故郷からの手紙で、大鳥は可愛がっていた妹の「もりえ」が天然痘で亡くなったことを知る。悲嘆にくれている最中、緒方が怖がって逃げ回っている子供たちに種痘を説明し施している姿に触れた。当時、種痘は恐れられ、罹った者は周囲から避けられていた。緒方は妹を失った大鳥に「蘭学を学べば天然痘をなくすだけではなく、新しい時代に必要な多くの技術を得ることができる。学問は人のためであり、己のためのみにするものではない」と教えた。

適塾で学んでいた時、ペリー艦隊が浦賀に来航した。国中が騒然となり、一八五四（安政元）年の再度来航時には日米和親条約が結ばれた。このような中でも大鳥は蘭学に熱中し、語学力の素養と相まってその実力は誰もが認めるほどに高まっていた。西洋事情を知ろうとする各藩の求めに応じ、蘭語の書物を翻訳して生活費の足しにもしていた。

一方、大鳥は当座の資金四両を父から送ってもらい、一年で帰郷して医者になると約束したが、大阪の適塾に入ってからすでに三年が過ぎていた。帰郷し片田舎の医者になるか、江戸で蘭学をさらに高めるか、大鳥の心は揺れた。学問に対する思いは強く「帰郷する前に江戸に行くから土産代として再度四両送ってほしい」と父親に手紙を書いた。父親はついに帰ってくるかと喜び送金するが、大鳥は江戸で勝鱗太郎（勝海舟）に会い、その紹介で学者の大木忠益に学ぶことになる。

だが、大鳥は父親から送ってもらった金などとっくに使い果たし、入門料を払えない。大木は「私に代わって塾生を教えてくれたら入門料はいらない」と、大鳥に大木塾の塾頭を依頼した。大鳥はこの頃まだ二二歳。先輩塾生たちは面白くない。その実力を試そうと次々に蘭語の難題を持ちかけるが、大鳥はそれらをすべて解いてみせた。大鳥の蘭語翻訳力は評判となり、諸藩からの依頼が殺到。懐は豊かになった。

一八五七（安政四）年、二五歳になった大鳥は、兵学、儒学の権威である江川塾に教授として迎えられた。江川塾は幕府の後ろ盾を持ち、諸藩の有能な塾生を抱えていた。兵学教授のかたわら中浜（ジョン）万次郎に学ぶ機会を得て、蘭語に加え英語も自由に扱えるようになった。さらに一八六〇（安政七）年、蘭学書を手書きで写本するのでは大量に作成することができないことから、洋書で学んだ印刷機を基に日本で初めての合金製活版（大鳥活字）を作成した。ここに至り、大鳥は父の強い希望であった医師になる道をあきらめ、西洋式兵学を研究することになった。

大鳥は江川塾の教授を務めながら尼崎藩に取り立てられ、武士の身分を得た。これを機に六年ぶりに故郷へ帰り錦を飾った。祝いの宴席は盛り上がったが、父親だけは心中複雑な思いがこみ上げていたという。この年、相思相愛であった出雲藩士の娘・みちと結婚。江川塾には薩摩藩の黒田了介（後の開拓使次官、総理大臣）、大山巌（後の陸軍大将）も塾生として入門し、大鳥の教えを受けた。この関係が、箱館戦争の終焉のドラマに結びついていく。

一八六〇（安政七）年、桜田門外で井伊直弼が殺害された。さらにヘンリー・ヒューストン米国大使の暗殺、一八六二（文久二）年、島津久光の行列を馬で横切ったイギリス人に対する無礼打ち事件（生麦事件）、一八六二（文久二）年、英国公使館の襲撃事件、一八六七（慶応三）年、英国水兵殺傷事件と、世の中が騒然となる中、攘夷の勢いは否応なしに高まってきていた。一八六八（慶応四）年、大島は洋式兵学の力量を高く評価され、三三歳で幕臣に取り立てられた。その二年後には幕府歩兵奉行の地位にまで登り詰める。赤穂の片田舎の町医者の子が、陸軍の最高責任者の一人となって洋式兵学で幕府軍の立て直しに取り組むことになったのだ。

　大島はフランスから軍事顧問団を迎えて本格的な近代式陸軍を編成しようと画策した。しかも、当時の歩兵は町人や農民が多く、覇気がまったく足りない。そこで大島は大名行列の籠の担ぎ手、火消し、博徒を集め、彼らを教練することとした。応募条件は身長五尺二寸（一五八センチ）以上で、一四九センチの圭介からは見上げるような大男が一〇〇〇人以上も集まった。これを大島自らが調練し、一糸乱れぬ強固な伝習隊ができ上がった。彼らが戊辰戦争、箱館戦争で大島の指揮の下、勇敢に戦った者たちだ。

　一八六九（慶応四）年一月、鳥羽伏見の戦いが始まり、一万六〇〇〇人の幕府軍は四〇〇〇人の薩長軍に対し、圧倒的な火力差から惨敗した。将軍・徳川慶喜は大阪城からさらに幕府艦隊の主力艦「開陽」を経て江戸へ逃走。大島は江戸城で慶喜に会い徹底抗戦を訴えたが、慶喜にはもはや戦う気力は失われていた。

　江戸城開城の日、圭介は自ら訓練した伝習隊四五〇人を率いて江戸を脱走。途中で松平太郎（蝦夷共和国の副総裁）や土方歳三と合流し、二〇〇〇人に膨らんだ兵力で本所、市川を経て小山、今市、藤原、会津で薩長を主力とした新政府軍と激戦を繰り広げた。

「宇都宮城の撤退までの間に三〇〇近い精鋭を失い、もはや平地での大会戦を行う余力は残っていなかった。大鳥軍は日光を目指し、逃避行が始まった。日光の男体山を見、大鳥の胸に新たな闘志が沸き上がってきた――『負けてたまるか』と」（伊藤潤著『負けてたまるか』）

しかし、日光に陣を張ることはできず、大鳥らは会津に向かった。「六方越え」と呼ばれる険しい山道を六二キロも進まなければならない。食料が途絶え、将兵一人に味噌ひと舐め、沢庵を一切れ、梅干一個しかあたらない。それでも大鳥はなぜか苦境に遭えば遭うほど、新たな気力が沸いてくるのだった。会津に向かう途中、切り立った六方峠で大鳥は次の句を詠んでいる。

「深山日暮れて宿るに家なし　石を枕に三軍白砂に駕す（野宿する）　暁鳥一斉天正に晴れる（朝方、鳥の声で目を覚ますと天はまさに晴れ渡り）　千渓雪は白し野洲花（白いつつじの花が渓谷に咲き乱れていた）」

大鳥は敗戦に続く敗戦で仙台に逃れ、そこで榎本武揚率いる幕府艦隊と合流し蝦夷地に向かった。榎本と大鳥の思いは勝海舟を通して新政府に送った「蝦夷地植民許可の嘆願書」に記されている。「蝦夷地に幕臣を送り開拓に従事させると同時に、屯田兵としてロシアの南下に備えさせる」ことだ。この方向はその後の北海道開拓の基本として明治政府も採用した方針である。

大鳥は蝦夷共和国で陸軍奉行として榎本を支え、土方歳三らとともに新政府軍と激戦を展開した。敗戦後、教え子だった黒田清隆の必死の助命活動で死を免れ、明治政府で主要な任務を果たしたことはすでに述べた。

一九〇八（明治四一）年、榎本が病に倒れると、大鳥は見舞いに駆けつけ、その後も連日電話で容態を聞いていたという。大鳥も一九一一（明治四四）年、七九歳の天寿を全うした。

「最後の瞬間、大鳥の脳裏に去来したのは広大な蝦夷の大地と、ともに戦った男たちの面影だったに違いない」（伊藤潤著『死んでたまるか』終章）。

第三四話　松前徳廣・下国安芸・田崎東

榎本軍に徹底抵抗

「勝てば官軍」

歴史は多くの場合、勝った側に栄誉を与え、内実については多くを語っていないようだ。箱館戦争の場合も勝ったのは薩摩・長州を中心とした新政府。榎本武揚を総督とする幕府脱走兵は五稜郭で無血開城し

「蝦夷共和国」の夢ははかなくも散ってしまった。

箱館戦争で勤皇思想を掲げて新政府側についた松前藩は、その功を認められ藩政を回復した。藩主・松前徳廣（まつまえ・のりひろ）、家老・下国安芸（しもくに・あき）、田崎東（たざき・あずま）の三人は祭神として開拓神社に祀られている。

松前藩始祖・武田（蠣崎）信廣はコシャマイン親子をおびき出し殺害した人物。松前藩太祖の慶廣（やすひろ）も豊臣秀吉および徳川家康に取り入り「場所請負人制度」を通じて蝦夷地での交易権とアイヌの労働力を搾り取った人物（祭神に対して、その栄誉を傷つける失礼な表現であったことをお許しいただきたい）。

今回の松前徳廣とその家臣についても、調べていくと多くの疑念が生じてくる。高倉新一郎の『北の先覚』（北日本社刊）、および『北海道の研究　第四巻』（清文堂出版刊）に掲載されている海保峰雄（北海道開拓記念館元学芸員）の文献を中心に調べてみた。

一八六八（明治元）年一〇月二〇日、榎本に率いられた幕府脱走軍は鷲の木（森町）に到着、箱館に殺到する勢いであった。東北各藩から蝦夷地に派遣された武士たちはすでに地元へ引きあげており、蝦夷地管轄を任されていた箱館府知事の清水谷公考（しみずたに・きんなる）は身の危険を感じ、近親とともにいち早く青森へと脱出した。蝦夷地に上陸後、榎本軍は直ちに松前藩へ使者を出し「松前とても更に宿怨

（うらみ）もなければ兵力を争うしだいも無く、（略）力を合わせて蝦夷地開拓を願う」との書状を届けた。だが松前藩は使者を惨殺し、和平に応じることを拒否した。榎本軍はこれに怒り、一〇月二八日に土方歳三を大将として総勢七〇〇余人の軍を松前に向かわせた。土方軍が福山城（今の松前城）に入ると、藩主・松前徳廣以下が城を放棄した後だった。場内をくまなく見て回ると、天守閣に近い祭壇の前に姫一〇人ほどが寄り添うようにして泣いていた。もし城に火がつけられていたら命を落とす身の上。城主から見捨てられた女性たちだ。土方軍はこれら女性を手厚く保護し、彼女らの希望通り、主のいる青森に送った。藩主一行が逃れて落城する際、数人の藩士が騎馬に乗って松明（たいまつ）を持ち、町中に火を放ち城下の四分の三は焼け落ちた。さらに、混乱に紛れて市民の金を奪う者もいたと記録されている。

一一月一日、榎本軍は艦船から松前城を砲撃。松前徳廣の主力部隊は一一月三日に建築されたばかりの館城（厚沢部）に移ったが、味方の軍は榎本軍の一〇分の一。一行は乙部、さらに熊石へと落ち延びた。この間、「殿様は青ざめて弱りきっており、駕籠に乗って謡（うたい）をうなっていたそうだ」との噂が町民の間に流れている。この時、松前藩全軍の指揮を執っていたのが、急進派の田崎東である。松前軍と旧幕府軍の差は、武器・錬度の差はもちろんのこと、制海権もない。さらにこの時期、本州からの援軍も期待できない。このような条件下で、松前藩の抵抗は戦略的判断に欠けたものといわざるを得ない。

清水谷とともに青森に一旦逃亡した松前藩士は熊石へ戻り、藩主の青森への逃亡を具申したが、田崎は断固これを拒否しその藩士を切り捨てた。だが戦況は厳しさを増し、家老の下国と田崎はやむなく藩主を守って津軽に逃げる決断を下す。

一一月一九日、藩主家族ならびに正議隊（後述）を中心とした七一人は、二〇〇石のオンボロ舟「長英丸」に乗り込み、夜陰に乗じて真冬の荒波がたけ狂う海峡を三日二晩渡航して津軽にたどり着いた。「長英丸」は到着後に大破して海の藻屑と化した。この間に二歳の姫・鋭子が船中で亡くなり、もともと病弱で体調がすぐれなかった松前徳廣も到着後間もなく血を吐いてこの世を去った。

翌一八六九（明治二）年四月六日、雪解けを待っていた新政府軍は一五〇〇人の兵力で青森を出港し、松前に向かった。この時、松前藩は榎本軍攻撃の先鋒を担った。旧幕府軍は一五〇人を派遣し応戦したが、逃亡の汚名を晴らそうとする松前軍によって撃退された。四月一七日、新政府軍は艦砲射撃を加えて松前城を総攻撃。四〇人以上の死者を出した旧幕府軍は、城を放棄して撤退した。この時、新政府軍の副隊長として指揮に当たった田崎は腕に銃弾を受けた。護送されたが負傷が癒えず五月二六日に亡くなった。享年二七歳という若さであった。

四月一二日には陸軍参謀の黒田清隆率いる二八〇〇人の新政府軍が江差に上陸。勝敗は新政府軍に大きく傾いていった。五月一一日、土方歳三は一本木関門付近で奮死。同一八日には五稜郭も開城。一〇〇〇人の旧幕府軍が投降して箱館戦争は終結した。

さて、勝利者となった松前軍は、榎本軍に協力した旧藩士を見せしめのために大量処分している。処分されたのは榎本軍の下で何らかの役を得ていた武士、それに間諜や目明かしをした百姓で、その数は数十人。すべて市中引き回しの上、吊るし首の刑に処されている。

「藩主とともに『長英丸』に乗り津軽に逃がれたのは、藩主一族と正議隊を中心にわずか七一人。五〇〇人を超える松前残留兵は逃げる術もなく、降伏し勝利者榎本軍に協力せざるを得なかったのだ。それを見せしめのために大量処分したのは、取り残された藩士や領民に敵意を持たれているという脅迫観念から来るヒステリー的対応であったとしか考えられない」（海保峰夫：北海道の研究第四巻『箱館戦争と開拓農民』）。

さて、松前を中心に箱館戦争の記述に多くを費やしたが、ここで開拓神社に祀られている松前徳廣、下国安芸、田崎東について説明を加えたい。

松前徳廣は松前藩第一六代藩主・昌廣（まさひろ）の長男として一八四四（弘化元）年に生まれた。昌廣は江戸藩邸に明倫館を設けるなど、学問を好む優れた藩主であった。残念ながら徳廣が生まれた頃から鬱病になり、徳廣が七歳の時に退隠。徳廣がまだ若かったこともあり、叔父の崇廣（たかひろ）が藩主になり、徳廣はその嫡子となった。崇廣は文武両道に長け、藩政の改革に努力し、また幕府からも実力が認められて老中になった人物だ。長州征伐を拒否したことからも勤皇派であったことがうかがわれる。

この頃、松前藩では守旧派と改革派（勤皇）の対立が生じ始めていた。その渦中、崇廣は病気で没することになる。

松前藩家老・蠣崎勘解由（かきざき・かげゆ）は、徳廣が病弱なのを理由として崇廣の子・敦千代を藩主に擁立しようと動いた。時あたかも王政復古の号令が発せられ、箱館府知事として清水谷公孝が箱館に着任。一方、会津・庄内では幕府軍と新政府軍の戦いが始まり、奥羽越列藩同盟も結ばれた。榎本軍が蝦夷地に向かうのではないかとの噂も流れ出した。蠣崎はいったん奥羽越列藩同盟に加わる判断をしたが、新政府軍にも使者を送り恭順する姿勢を示すなど、どっちつかずの態度に終始した。

これに藩内の勤皇派が憤慨し、若手を中心に「正議隊」が結成された。正議隊は清水谷を知事とする箱館府と組んで、蠣崎一派の一掃を図ろうと画策。彼らを弾劾して切腹に追い込み、粛正も行った。さらに、まだ若い徳廣を担いで旧幕府軍との戦いに挑み、前述のように敗北して津軽に逃亡。徳廣は津軽到着後、間もなく亡くなった。

では、この間に徳廣は藩主としてどのような判断をしたのだろうか。蝦夷地開拓にどのような貢献があったのだろうか。領民とどのようなかかわりを持ち、藩政を司ったのか。私には、何も読み取ることができなかった。若くして藩主に担ぎ上げられ、榎本軍との戦いで祭り上げられ、短い一生を終えた悲劇の人物として開拓神社に祀られているのだろう。

下国安芸は一八五六（安政三）年に松前城を築城した人物。松前城はわが国最後の日本式城として知られている。彼は代々藩政の枢軸に参与しており、家老として藩主の徳廣に仕えていた。蠣崎が徳廣の病弱を理由にその退隠を勧めた際、一時は徳廣もそれに従ったが、蠣崎に対抗する勤皇派の重鎮だった下国は江戸屋敷へ赴き、退隠を思いとどめさせた。勤皇派若手藩士による「正議隊」運動を助けたのも下国である。松前城落城後、下国は徳廣を守って館城、江差、熊石から青森に逃れた。徳廣が津軽で亡くなった後は、わずか四歳の嫡子・勝千代に家督を継がせて松前の戦で榎本軍を破り、松前藩の家名断絶をまぬがれた。下国はその功で永世一五〇石を得るが、一八七〇（明治三）年に病でその職を辞し、一八八一（明治一四）年に亡くなる。温厚で人望があり、よき家老として松前藩を支えた人物であるのはわかるが、蝦夷地のため何をしたのかは不確かである。

田崎東は代々江戸留守居役の家柄に生まれた。剣術は免許皆伝の腕前で武士としての気概にあふれる人物だったという。徳廣を敬い、勤皇思想に燃え、蠣崎一派を憎んでいた。正議隊が非常手段で蠣崎一派の屋敷を襲撃し、関係者の多くを処罰、謹慎させた際には、田崎が裏で暗躍していた。その後、勤皇思想の急進派である正議隊の中心人物として榎本軍と対峙した。

青森に逃亡した翌年、新政府軍の先鋒部隊副隊長として松前で榎本軍と再戦するが、先に触れたように銃弾を受け二七歳の若さでこの世を去る。当時の国賊である旧幕府軍に対し真っ先に太刀を振るって突撃し、壮絶な最期を遂げた田崎は勇者として讃えられるかもしれない。しかし、他の道を選ばなかった彼の唯我独尊の生き方は果たして正しかったのだろうか。

第三五話　高松凌雲

箱館病院院長から同愛社設立へ

北海道開拓先覚者たちの足跡を訪ねて各地を訪れたが、二〇一五（平成二七）年夏には東京都文京区駒込にある高林寺に行き、緒方洪庵（おがた・こうあん）のお墓にお参りをしてきた。緒方は医師であり蘭学者でもあった。さらに「適塾」を開き、福澤諭吉、大鳥圭介、大村益次郎、武田斐三郎、佐野常民、高松凌雲など、幕末から明治にかけて活躍した人材を輩出した。その中には、箱館戦争で敵味方にわかれて戦った者もいる。今話は、箱館病院の頭取として敵・味方の区別なく負傷兵の治療にあたり、箱館戦争終了後、赤十字の思想に基づいた「同愛社」を立ち上げ、貧富の差なく治療の手を差しのべた医師・高松凌雲（たかまつ・りょううん）を取り上げる。

「家臣救済のため蝦夷に赴いて開拓に従事し、同時に南進を企てるロシアに対する防備につく」

榎本武揚は勝海舟を通じて官軍側に「徳川家家臣大挙告文」を送り、二三六一人の旧幕府藩士を率いて、一八六八（明治元）年に宮古湾から蝦夷地鷲ノ木（今の森町）に向かった。

この中に、徳川慶喜を出した一橋家の奥詰医師を勤め、慶喜の弟・徳川昭武（当時一四歳）に従ってパリで開催された万国博覧会に同行、その後、現地で西洋医学を極めた高松凌雲がいた。

五稜郭で、高松は榎本から箱館病院の頭取を依頼され、全権を一任されることを条件に受け入れた。そのような中、同年一一月六日に農民が六人の負傷者を運んできた。敵である箱館府（清水谷軍）の守備兵だ。病院は騒然とし「戦死したものの仇だ」と叫ぶ者がいた。しかし、高松は直ちに負傷者を病院に収容し治療を施し、「たとえ敵であろうと負傷者は負傷者だ」とみなを諫めるとともに、次のように負傷者や部下に申し渡した。

「神の館では、富ある者にも貧しいものにも同じ治療を施し、しかも貧しい者は無料であった。戦争にあっても、敵方の傷病者を味方の傷病者同様、ねんごろに施療する。それが『神の館』のみならず、西洋諸国の病院の常となっている」

さて「神の館」とはどのような施設なのだろうか。高松はパリに行った時、「ＨＯＴＥＬ ＤＩＥＷ」という施設に大きな関心を抱いた。ＤＩＥＷはフランス語で神を意味し「病院は新しい生命が生まれ、また消えていく神の宿る場所」なのだと教わった。この時、高松は医学が神聖なものであり、貧富の違い、敵・

味方を超えて治療が受けられなければならないと学んだのだ（吉村昭著『夜明けの雷鳴』より）。高松は、傷病の癒えた箱館府の六人を清水谷の逃亡先・青森に送っている。

一八六九（明治二）年の正月を迎えたが、穏やかな日々は長く続かなかった。薩長軍を主力とする官軍は、甲鉄を旗艦とする総勢八隻で、三月一〇日に品川を出港して蝦夷地に向かった。榎本軍討伐の大戦力が動き出したのだ。

高松は戦争が眼前に迫っているのを感じた。負傷兵が次々と運び込まれ、箱館病院では収容しきれず、高台の高龍寺を分院とすることにした。しかし、これが後の不幸につながる。激しい戦闘の中、榎本は高松に負傷者を連れて室蘭に避難するよう命令したが、高松は「この病院は私にとって本城です。たとえ官軍の兵が襲ってきても一歩も動きません」と拒絶した。

高松は不安におののいていた傷病者たちに「ヨーロッパ諸国では、戦闘力のない傷病者は、敵味方の別なく互いに治療を施すのが定めだ」と言い聞かせた。その上で「生き残る道はただ一つ。無抵抗を貫くことだ」と全員の武器を預かり、それらをすべて戸棚とタンスに収めた。

ついに官軍が病院にも押し寄せてきた。緊迫した空気が高松や傷病兵たちを取り巻いた。その時、薩摩藩の山下喜次郎という藩士が高松らの窮地を救った。

「天下様はみだりに殺戮することを禁じている。まして傷病者とあればなおさらである」

山下の言葉に高松は深く感謝し「自分や医師たちは存分に処罰してもらいたい」と申し出るが、山下は「貴殿たちを殺害して何の意味もない。今後は一層、傷病者の治療に努めてもらいたい」と話し、部下に高松たち全員の安全を期すよう命じた。

山下たちの軍が病院を離れる際、高松は「当病院が薩摩隊のお改めを受けたことを示すため、門前に大きな〝薩州隊改め箱館病院〟の木札を掲げさせていただきたい」と申し出、山下はそれを受け入れた。これで、箱館病院への官軍の侵攻は防ぐことができた。

その頃、箱館に侵入した官軍と榎本軍の間では激しい戦闘が繰り返されていた。高松が最も懸念したのは高龍寺に置いた分院のことである。懸念通り、分院には松前藩の兵士が押し入ってきた。分院を任された病院掛補佐の木下は「ここは箱館病院の分院であり、ロシア領事の保護の下にある」と説くが、松前兵士は「殺せ、殺せ」と叫び、木下を切り殺し、十数名の傷病者は惨殺された。さらに松前兵士は分院に火を放った。

「『武家と言いながら、人間のすることではありません。鬼です』。報告に来た病院掛補佐の小野は、そう言いながら鳴咽していた」（吉村昭著『夜明けの雷鳴』）

夜が明けるころ、薩州隊と名乗る武士二人が箱館病院に来た。彼らは、薩州隊軍監・村橋直衛（久成）と藩士・池田治郎兵衛と名乗った（村橋久成は後にサッポロビールを創設する人物）。村橋らの目的は、病院に収容されている会津藩遊撃隊長・諏訪常吉の名で、五稜郭と弁天砲台に和平の勧告を届けたいというものだった。しかし、諏訪は重傷で息も絶え絶えで、斡旋役は受けられない状況。村橋は高松と病院掛の小野に、榎本への斡旋を依頼した。高松は、降伏したならば榎本軍は過酷な刑に処されかねないと申し出を断るが、村橋の熱い説得で小野・高松連名で榎本宛てに手紙を書いた。その概要は「五稜郭・弁天砲台での榎本軍の奮戦は、士道において感服の至りと村橋は感服しており、朝廷は寛大な気持ちで平和を強く望んでいる」との内容だった。

これに対し榎本の返信は「五稜郭並びに弁天砲台その他同盟一同枕をともにし、潔く討ち死にする」というもので、高松の負傷者に対する温かい取り扱いに感謝するとともに、オランダ留学中に入手した二冊の海律書を官軍艦隊提督宛てに添えていた。官軍総督の黒田清隆はこれに感激し、酒五樽を贈るとともに、必要ならば武器弾薬も提供するとまで榎本に伝えたといわれる。この時のことが、後に黒田が頭を丸めてまで榎本の助命に奔走し、助命後は開拓使や政府の主要な地位に榎本を採用したことにつながっている。

新政府軍は陸海呼応して総攻撃に移り、土方歳三や中島三郎助親子も壮絶な死を遂げた。一八六九（明治二）年五月一八日、五稜郭の榎本以下全員が降伏。その後、榎本を始め幹部七人は箱館から青森を経て東京に移送された。

新政府軍の死者は収容されるが、榎本軍のおびただしい遺体は収容されることなく放置されたままだ。

新政府軍はそれら死体を打ち捨てにし、埋葬、墓碑の建立を固く禁じた。残って傷病兵の治療に当たっていた高松の病院に、松前藩預かりとなった四三人の傷病者が運び込まれた。彼らの身体は頭から足先まで膨れ上がり、腹部は太鼓のようになっている。松前に護送された彼らは地下の水牢に閉じ込められたのだ。多くの兵は死亡し、その死骸は野に捨てられ、高松の病院に運ばれたのは生き残った者たちだけだ。彼ら傷病者は弱々しく「このまま死んだら魂は鬼となって松前の者どもを一人残らず殺す」とうめいていた（吉村昭著『夜明けの雷鳴』より）。

函館山のふもとに谷地頭（やちがしら）温泉があり、その先の小高い場所に碧血碑（へっけつひ）が建てられている。この碑は柳川熊吉という侠客が建てたものだ（碧血とは「義に殉じた武士の血は三年たつと碧色になる」という中国の故事）。

柳川は悲惨な遺体が白骨化して放置されているのを不憫に思い、部下に死体を集めさせ、実行寺に埋葬して墓標を建てた。新政府軍の兵士がこれを知り墓標を倒し、柳川を捕らえたが、これを救ったのが薩摩藩の軍監・田島敬蔵である。柳川は一八七一（明治四）年、函館山の麓に遺骨を移し、さらに一八七六（明治八）年に碑を建立した。これが碧血碑である。

箱館戦争では、高松の病院に突入する官軍兵士を抑え医師や傷病者を救った山下喜次郎、榎本軍の和睦に奔走した村橋久成と池田治郎兵衛、熊吉を救った田島敬蔵、そして、榎本助命に奔走した黒田清隆ら、薩摩藩士の人間味あふれる（武人としてのたしなみをもった）人物が最悪の状況を救っている。

高松は一八三六（天保七）年、筑後国恩原郡古飯（ふるえ）村（現在の福岡県小郡市）で貧乏な庄屋の家に生まれた。幼名は権平といい、後に荘三郎と名乗った。二〇歳で久留米藩家臣・原弥兵衛の養子となり、武術・漢書にいそしんだ。

次兄の勝次は極貧の中、漢学、算術、蘭学を学んだ。旗本の川勝広業（かわかつ・ひろわざ）に認められ、長女の婿として医師を目指し江戸にいた。高松は衣類を質に出して得た五両を持って勝次を訪ねる。勝次は婿の身でもあり高松を受け入れることに躊躇したが、義理の母の助力で川勝家での居住が許された。

一八六〇（安政七）年、桜田門外で井伊直弼が暗殺される。その翌年、高松は天下の大蘭方医・緒方洪庵の適々斎塾（適塾）に入門。多士済々の塾生の中、高松も頭角を現し医学に優れた才覚を発揮した。オランダ語を自由に読み書きしたほか、ロシア語、英語も学んだ。

一八六五（慶応元）年に徳川家茂が死去し、一橋慶喜が徳川家を継承。第一五代将軍に就任した。学才が認められて一橋家の表医師になっていた高松は、慶喜の就任に伴って幕府の奥医師になった。薩摩の貧乏な庄屋の生まれだった高松が、将軍の診療も担う幕府の医師になったのだ。

翌一八六六（慶応二）年四月、パリで開催される万国博覧会に日本から将軍の親族の参加が求められ、高松は将軍の弟で一四歳だった徳川昭武に従い、医師として同行。パリ万博が終わると留学生としてパリに残るよう言い渡された。留学先は「オテル・デュウ（ＨＯＴＥＬ ＤＩＥＷ：神の館）」という病院兼医学校だった。この留学が、高松の医師としての生き方へ決定的な影響を与えた。オテル・デュウは設備が整った病院で、貧しい人たちに無料で診療を施している民間病院。その資金は貴族、富豪、政治家などからの寄付で賄われていた。高松は医学が博愛を基盤としなければならないことを強く感じた。

　しかし、幕末の激流は彼をフランスに止めることを許さなかった。鳥羽伏見の戦いで幕府軍が大敗したことで、急きょ帰国の途に着く。江戸に戻った高松は、世情の急激な変化に胸を痛めることになった。幕府に恩義を受けた者たちの大半は薩摩・長州両藩に媚びを売り、官軍の兵たちは略奪・強姦の不祥事をしばしば起こし、婦女子は避難しているありさまだった。

　高松は横暴きわまりない彼らに激しい怒りを覚え、榎本武揚の下で官軍と戦うことを決意。品川沖に停泊している開陽に乗り込み、仙台を目指した。榎本軍は仙台で新撰組などを加え三〇〇〇人を超える勢力となり、箱館で薩長を中心とした官軍と壮絶な戦いを繰り広げることになる。
凌雲が頭取を務めた箱館病院では、箱館戦争で一三三八人を治療し、そのうち亡くなった者は一三三人と記録されている。

　箱館戦争が終結した一八六九（明治二）年一〇月、高松は徳島藩預かりとなり、謹慎蟄居の身となった。食事は一日におにぎりと梅干二個、タクワン二切。せんべい布団でネズミが群がる部屋に置かれ、まるで罪人扱いだった。その後、蟄居は解かれ、水戸家の御用医となる。水戸藩では高松が徳川慶喜の奥医師であったこと、フランスで修業したこと、箱館戦争で多くの傷病者の治療にあたったことが評判になり、診療を受ける藩士らが後を絶たなかった。

高松は水戸藩に籍を置きながら、一人の医師として生きていこうという思いを固めた。政府の組織下で働くつもりはなく、兵部省や開拓使への勤務の申し出を断った。一民間人として医療に専念する道を選んだのだ。

翌一八七〇（明治三）年四月には、フランスに同行した徳川昭武とともに来道。函館や苫前を訪れている。この時、高松の脳裏には箱館戦争後、埋葬されることなく野にさらされた、おびただしい数の榎本軍兵士の光景が脳裏によみがえった。

高松の心に常に重くのしかかっていたのは榎本武揚の処遇であった。高松が届けた書状で榎本は降伏を決断。しかし、敗戦後東京で投獄され、悲惨な状況に置かれていた。長州藩出身の木戸孝允らは、死刑にすべきと強硬に主張していた。しかし「榎本ら有意な人材を失うのは国家の損失である」と、自らの頭を丸めて懇願した黒田清隆らの助命運動が功を奏し、一八七二（明治五）年三月に榎本らは特命で出獄。さらに、開拓使四等として出仕することとなった。そこに至ってようやく、高松の心にかかっていた暗雲が晴れた。

その後も高松は市井の医師として患者を治療し、高い評判を得た。一八七八（明治一一）年には東京・浅草と下谷両区の医師会会長に就任。ただ高松は開業医になって以来、治療を受ける患者が恵まれた収入を得ているものに限られていることに苛立ちを感じていた。薬一服も口にできず死を迎える者が多い現状は変わらず、親を医師に診せるため、娘が自らの身体を遊女屋に売る例も数知れない。高松には常にオテル・デユウのことが頭にあった。会長就任後、医師会でその思いを説明したところ、所属医師たちもこれに賛同。彼の思いは「同愛社」として結実し、一〇カ条からなる規約が掲げられた。これが日本で最初の赤十字精神による医療活動機関となった。

一八八二（明治一五）年三月、同愛社設立総会が開催され、榎本武揚ら七〇人が参加した。その中には榎本軍副総裁の松平太郎の顔もあった。治療を行う救療社員と、金銭的援助をおこなう慈恵社員に分け、渋沢栄一、松平、榎本などが喜んで幹事の役を引き受けた。慈恵社員には徳川昭武、大隈重信、勝海舟、伊達宗成、陸奥宗光、安田善次郎、宮中女官ら各界の有力者が率先して参加し、高松らの活動を資金面から支援した。一八八三（明治一六）年には明治天皇から金一〇〇〇円（現在の価値で二〇〇〇万円）が下賜され、これを「同愛社」活動の基金とした。

一八七九（明治一二）年の同愛社創立から、一九〇六（明治三九）年九月までの施療患者数は三万七五七三人で、延べ数は六五万九一六三人と記録されている（『大日本施療院小史』）。

同愛社をさらに発展させるため、高松は社長を辞し、子爵となっていた榎本に後任を委ねた。榎本は薩摩・長州出身者が占める政府で逓信、農商務、文部、外務の各大臣を歴任し、さらに天皇の諮問機関である枢密院の顧問官に任ぜられていた。榎本は一九〇八（明治四一）年、七三歳で死去するまで同愛社の社長を務め、その後は高松が社長に復帰。榎本と高松の男と男の同士愛を感じる話だ。

一九一二（明治四五）年四月二七日、高松の喜寿を祝う会が催され、男爵の渋沢栄一が祝辞を述べた。その年の七月、明治天皇が崩御。元号が大正と変わり、その後一九一六（大正五）年一〇月一二日、高松は家族に見守られながら八一歳でこの世を去った。長男は東京帝国大学医学部を卒業して医師となり、父と同じ道を歩んだ。

第三六話　小林重吉

三石昆布製造の後、函館商船学校設立

幕府脱走軍は箱館の五稜郭を本拠として「蝦夷共和国」を設立。蝦夷地の開拓と自治を目指すが、翌年官軍の総攻撃を受け、五稜郭を無血開城するに至る。この時、官軍の勝利に貢献した一人の商人がいた。

一八六八（慶応四）年八月一九日、榎本武揚率いる幕府艦隊は品川を出港して蝦夷地に向かった。開陽を旗艦とし、回天、蟠龍、千代田形、美香保丸、威臨丸、長鯨丸、高雄の総数八隻の勢力である。当時、日本にある海軍力のほとんどといえる陣容で、榎本軍は官軍に対して圧倒的な制海権を確立していたかに見えた。

しかし、榎本軍の制海権の優位はその後次々と失われていく。威臨丸は出発後間もなく艦隊からはぐれ、清水で修理中に官軍に捕縛された。開陽は松前城（福山城）攻撃時に江差沖で大破し、浅瀬に乗り上げた。さらに、戦況を有利にすべく宮古沖で官軍に対し奇襲攻撃を仕掛けたが、悪天候もあって高雄を失う。その後の戦いで回天・蟠龍とも汽缶（ボイラー）を砲撃されて航行の自由を奪われ、千代田形も失った。

劣勢の中、榎本軍は箱館湾内に杭を打ち込み、それに幾重にも網をかけて官軍艦隊の湾侵入を阻む作戦を展開した。この時、ひそかに船を出して官軍に敵状を報告し、海中の杭を抜き、網を切り、官軍の突入を助けたのが小林重吉である。

小林は一八二五（文政八）年に箱館で生まれる。祖父の代から日高三石の場所請負人として昆布の生産を主業としていた。祖先は福山（松前）で栖原屋を称していて栖原家と深い関係にあったが、九歳の時に父の後を継ぎ小林を号とした。小林は清水谷公考が官軍の命を受けて箱館裁判所総督（後に箱館府知事）になると、町年寄りに任じられ帯刀を許される。仁義に篤い小林はこの処遇に恩義を感じ、薩摩・長州を中心とした新政府に身を捧げる覚悟を固めた。

榎本軍が蝦夷地に進出した際も、旧幕府軍に迎合する姿勢は決して示さなかった。戊辰戦争で戦火が奥羽に広がると、津軽からの米の移入が途絶え、旧幕府軍は食料調達にやっきとなった。住民に米の供出を迫ったが、この時小林は「食う米がないばかりに南部に避難した人さえいる。お前さま方に渡す米はないあったところで一粒だって渡せるものか」と、旧幕府軍の武士たちに啖呵を切ったという。

官軍は一八六九（明治二）年四月、箱館突入を決行したが水先の不案内と港内に張りめぐらせた網に阻まれて後退せざるを得なかった。小林は佐野孫右衛門とともに部下の船頭たちに命じ、夜陰に紛れてひそかに海中に打ち込んだ杭を引き抜き、網を切って官軍艦隊の進路を確保した。また、自ら箱館山から旧幕府軍を奇襲攻撃する道筋を案内し、官軍を勝利に導いた。

箱館戦争が終わり開拓使が設置されると、小林は一連の功が認められて大年寄りに任命。厚岸場所も任された。この年に漁場請負人は漁場持制度に改められたが、小林は引き続き三石郡の漁場経営を許された。箱館戦争時の官軍への協力によるものだろう。小林は日高・三石の場所を請け負っていたと前述したが、彼が開発し有名になったのが三石昆布だ。小林は粗製乱造の昆布が世に流通することを危惧していた。

一八七八（明治一〇）年、三石郡に昆布の製造所を建設し、大量生産と品質の均一化を図った。三石昆布は品質の高さが評判になり、日本全国だけでなく中国へも輸出された。販売を三井物産に委託して三石昆布の名声を高めるとともに、水産加工産業の振興にも尽力。この頃には、魚粕、昆布、鮭、鱒を扱い、その売り上げは年間三万円（現在価値に換算すると六億円）に達する勢いであった。

　江戸後期において、多くの場所請負人はアイヌの人たちを牛馬同然に酷使していたが、小林は違った。「アイヌも同じ人間であり場所経営の重要な労働力である」として、賃金も和人とアイヌの分け隔てなく同等に支払ったという。今でいう「同一労働同一賃金」だ。アイヌの人たちに対して慈しみの態度で接し、労働意欲を高めたこともあり、日高沿岸の昆布生産は増加。三石昆布はいよいよ有名になっていった。また農林開発にも積極的に取り組み、箱館府から町年寄りを命じられると、亀田町に二〇ヘクタルの水田を開き、赤川村にはアスナロや杉を植林。今も立派な林として残っている。

　三石昆布とともに後世に小林の名を知らしめた業績として、海運業の振興と船員養成学校の設立がある。開拓使制度が敷かれた翌年の一八七一（明治四）年、小林は西洋型帆船「洪福丸（後に万通丸）」を買い入れ、これを物産運送に活用した。続豊治が一八五七（安政四）年に箱館奉行の命を受け、日本最初の二本マストの西洋型帆船「箱館丸」を完成させたが、明治の初めまで民間で使用されることはなかった。道内で民間人が西洋型帆船を所有したのは小林が最初である。その後も、日高丸、三石丸を建造して海運業に乗り出した。

　海運業を振興させる上で、船員の養成が必要であることを小林は痛感した。開拓使は西洋型船の造船を奨励したが、船員の養成には手をつけていなかったのだ。このような中、小林は一八七八（明治一〇）年、青森から長男の友人で航海学に優れた教師を招き、日高・三石の自宅で養成を始めた。翌年には養成所を箱館に移した。生徒に年齢制限はなく、学費も免除。午後六時から同九時までの間、信号旗用法、羅針盤による方位測定、算術など航海に必要とされる当時の最新技術を学ばせた。生徒の多くが現役の船員や船頭で、夜間学校としたのは、日中働く彼らのためだった。

海運業の発展に伴い、船員は自社だけでなく官民を問わずその必要性が増した。養成所は毎年拡張を続け、一八八三（明治一五）年に函館県立商船学校、一八八九（明治二二）年には逓信省管理、そして一九〇二（明治三四）年には函館商船学校となった。一九三五（昭和一〇）年に閉校となるまで、実に六五〇人の卒業生を送り出した。同校の設備は北海道庁函館水産学校に継承され、現在の北海道函館水産高校として続いている。

日本初の商船学校である東京の三菱商船学校に遅れることわずか数年、函館商船学校は民間として初めて設立され、その後は公立商船学校のシンボル的存在であった。

北海道開拓に大きな足跡を遺した小林は寡言篤行の人で、努めて自分の名が世に出るのを避けたという。一九〇四（明治三六）年四月三〇日、七八歳で死去した。

第三七話　関寛斎

七二歳で極寒の地斗満（陸別）開拓に取り組んだ医師

新月の二日後、線を引いたような細い月が満天の星空の輝きを邪魔することなく、むしろ一層際立たせていた。北斗七星はくっきりと浮かび上がり、その先の北極星は鮮やかな光で北を指している。天の川も天空一面に広がり、プレアデス星団（すばる）も肉眼で見ることができる。「日本一寒い」陸別訪問の目的は斗満原野（とまむげんや、今の陸別町）を開拓した医師、関寛斎（せき・かんさい、後に寛：ゆたかと改名）の苦労と偉業を偲ぶためだ。

陸別町の公園には「翁は官を辞して徳島で開業し、名医として敬愛された。北海道開拓の志をたて、七三歳のとき斗満（とまむ）の大地に鍬（くわ）を下す。さらに人跡未踏のキトウシ山麓の開拓を目指すこと一〇年、開拓の先駆となり入植者の指導、援助に当たる。翁はまた、開拓者援護にも尽力し、我が国の医療発展に多大な貢献を果たし、医術を駆使して、開拓者の治療と保健活動に献身した。一九一二（明治四五）年一〇月一五日、子息に開拓の理想を託してこの世を去る。時に八三歳……（抜粋）」と刻まれた碑と銅像が建っている。私が陸別を訪れたのは関の命日の翌日。何かの縁があるような思いで、まずその逝去について話を進めていく。

関寛斎と妻あいは、子だくさんで八男四女を授かるが、四男の文助は一歳、次女コトは二歳、五男末八を五歳で亡くした。さらに四女テルも一三歳、長女スミは三六歳で先立っている。なお関が敬愛し、小説家でキリスト教の慈悲の心で進歩的農場経営をしたレフ・トルストイは一九一〇（明治四三）年、関が八〇歳の時にこの世を去った。明治維新から四五年間、激動の時代も明治天皇の崩御で終わりを告げた。大葬が一九一二（大正元）年九月に執り行われ、乃木将軍も殉死。その翌月一〇月一五日に関が自死している。関は斗満の丘から満天の星を見て、その中にこれらの人々の星を見出したのではないだろうか。死期を悟った関は、深淵なる宇宙に吸い込まれる思いを胸に抱いたのではないだろうか。

関寛斎は一八三〇（文政一三）年、上総の国・山辺郡（今の千葉県東金市）の貧乏な農家の長男として生まれた。三歳で母親と死別し、関家に嫁いでいた母の姉に引き取られた。一三歳の時に関俊輔と養子縁組。俊輔は儒学者で、村の私塾「製錦堂」を開いていた。関が長年連れ添った妻のあいも入門していたという。俊輔の素朴で土性骨の座った生き方は、少年時代の関にとって人格形成の第一期に大きな影響を与えたのだろう。

一八四八（嘉永元）年、一八歳になった関は蘭学を志して佐倉順天堂に入門した。佐倉順天堂の創設者は蘭学者の佐藤泰然（さとう・たいねん）。医者としての心構えと高い実技力を備え、当時としては最高の外科手術も施していた。貧乏な塾生であった関は弟子入りし、拭き掃除まで熱心にやった。時間を見つけては勉強に取り組み、佐藤の助手を務めるまでに成長する。この頃、関は名前を「豊太郎」から「寛斎」に改名。学問・医術で急速に頭角を現し、佐藤から高く評価されるようになった。

一八五二（嘉永五）年、二二歳になった関は、佐倉順天堂で学びながら、郷里の東金で小さな医院を仮開業した。この年、養父・俊輔の姪・君塚あいと結婚。お互いに励ましあい、その後の苦楽の五二年間をともに過ごすことになる最愛の伴侶となった。

一八五六（安政三）年、関は銚子で医院を開業。ここで生涯の恩人と崇拝する浜口梧陵（はまぐち・ごりょう）と出会う。浜口はヤマサ醤油の七代目。人材育成や社会慈善事業に深い関心を持ち、資金を援助していた人物だ。浜口は寛斎に、長崎に着任したオランダ海軍の軍医ポンペ・ファン・メーデルフォトに学ぶことを勧め、金銭的にも援助した。メーデルフォトは長崎海軍伝習所の教官であり、我が国で初めて西洋医学の学校兼病院「長崎養生所」の開設にも尽力した医師でもある。

三一歳で長崎養生所に入った関は、メーデルフォトから最新の西洋式医療を学ぶとともに、貧しい人々には無料で、そして敵味方なく医療行為を施すことを学んだ。医療所在学中は妻あいの手織りの綿服で押し通し「乞食寛斎」と呼ばれたともいう。長崎遊学はわずか一年間であったが、銚子に戻ると関の名声は近隣に響き渡り、患者は引きも切らなかった。

一八六二（文久二）年、阿波藩（徳島県）の蜂須賀家の典医となり、藩主・蜂須賀斎裕（はちすか・なりひろ）のそばに付き添った。病床の斎裕からは深い信頼を得るが、懸命な治療の甲斐なく蜂須賀は六年後に死去した。時あたかも「鳥羽伏見の戦い」で戊辰戦争の火ぶたが切られた時だ。

一八六八（慶応四）年六月、関は奥羽越列藩同盟討伐隊の病院頭取に命じられた。三〇〇人近い患者がおり、医薬品や食料が不足する中、敵と味方、軍人と住民の分け隔てなく治療を尽くした。これは箱館戦争で敵の傷病兵も治療した旧幕府軍の軍医、高松凌雲とともに赤十字精神に則った医療行為として称賛されている。同年一〇月、奥羽追討の戦が終わり、江戸に凱旋した。関のもとには、野戦病院で藩士が受けた厚い手当てに感謝し、各藩から金品が届けられた。しかし、関は一切受け取らなかったという。

一八七〇（明治三）年、関は徳島で町医者になった。名を「寛斎」から「寛（ゆたか）」にあらためた。貧しい人には無料で診療を施し、節約・質素を重んじ、三二年間の穏やかな生活をあいとともに徳島で過ごした。無料で種痘も施し、助けられた人たちは関を神に近い人だとして「関大明神」のお札を神棚に飾ったといわれる。

一八九二（明治二五）年、四男の又一が札幌農学校に入学し、卒業論文に「十勝国牧場設計」を提出している。関はこの頃から北海道での開拓生活を思い浮かべていたのではないだろうか。

長男の生三を医者として独立させ、次男・周助を経済界に送り出し、関は北海道開拓の準備に取りかかった。阿波の自宅の納屋に妻のあいと二人で住み、鍋一つ椀二つの生活。鍬を持ち野菜を栽培するなど移住に向けた準備を始めた。「寛斎先生は頭がおかしくなったのでは」という噂も立ったそうだ。

いよいよ準備も整い、一九〇二（明治三五）年四月、二人は徳島を後にし、北海道に向かった。時に関七二歳。

「世の中を渡りくらべて今ぞ知る　阿波の鳴門は波風ぞなき」――徳島を出るときに詠んだ歌である。

まず、札幌の山鼻に居を構え、八月、体調の思わしくない妻あいと五男の五郎を残し、三男の余作とともに斗満（とまむ：陸別）に向かった。斗満原野には四男の又一や片山夫婦ら七人が関を待っていた。しかし、道東は依田勉三、二宮尊親ら一部民間の開拓団が入植した以外は、まったくの未開地だった。どこまでも広がる原生林を切り開きながら、真冬には氷点下三〇度にもなる厳寒の地で七二歳の老人が開拓に入ったのだ。関は冬でも斗満川で水浴を欠かさなかったという。

初年度には早霜の害で作物は収穫できず、二年目には害虫が発生し、また野ウサギやネズミが野菜や牧草を食い荒らした。三年目には原因不明の病気が蔓延して七〇数頭いた馬や牛の八割が死ぬという過酷な状況だった。さらに、その年には最愛の妻が亡くなり、関は精神的にも多大な打撃をこうむった。高田郁（たかだ・かおる）は著書『あい 永遠に在り』の中で、最愛の妻との別れを次のように表している。

「あいにはもはや遺言を書く力もなく、寛に語りかけた。葬式は決してこの地にて執行すべからず。牧場において先生（寛）が死するの時に、一同に牧場において埋める際に同時執行すべし。死体は焼きてよく骨を拾い、牧場に送り貯えて、先生が死するの時に同穴に埋め、草木を養い牛馬の腹を肥やせ」

　このような中、関は小作人たちに「わが牧場の現状を恐るる（不安に思う）者あらば、直ちにわが牧場を立ち去れ。予は決して此の牧場を退かざるなり。我一人にても止まりて牛馬の全斃（全ての牛馬が亡くなる）を待つ。しかし幸いにして一頭にても残るあらば、後栄（再建）の方法を設くべし。我ら夫婦の素願（常日ごろ抱いていた願い）を貫くの道なりと信じて動かざるなり」と、命がけで訴えた。それを聞いた小作人たちの中で立ち去る者は誰一人いなかったという。

　関と妻のあいは今、青龍山と呼ばれる五〇メートルほどの小高い丘にある墓で眠っている。墓碑には「我身をば　焼くな埋むなそのままに　斗満の原の草木肥せよ」と刻まれている。

　関が入植した時、わずか七人だった斗満原野は陸別となり、今は三六〇〇人が酪農・林業に従事している。町民はみな、陸別開拓の祖・関寛を尊敬しており、毎年の命日には大勢でお参りしていると聞く。現地では、関神社の前に来ると馬も牛も頭を下げるといわれている。関は北海道開拓の理想を追った真に気骨のある人物である。

箱館戦争を経て七重官園・屯田兵屋・開拓使麦酒醸造所建設

第三八話　村橋久成

一八九二（明治二五）年九月二五日、神戸市葺合村（ふきあい村、現在の神戸市中央区）の路上で、警官が一人の行き倒れの男を保護した。所持品はなく、下着だけの裸同然の姿である。男は当初偽名を使ったが、その後「自分は鹿児島塩谷村の村橋久成（むらはし・ひさなり）である」と名乗った。

男は病院に運び込まれたが、三日後に帰らぬ人となった。身元不明のままだったので、縁故者を探すため、神戸市は一〇月に入って「神戸又新（ゆうしん）日報」に行旅人（いきだおれ）死亡記事を掲載した。

この記事を見て、東京の新聞「日本」は「英士の末路」と題した記事を掲載した。以下に、その内容を今風（私風）に綴る。

「この行旅人は数々の功績を遺し、本来ならば高官になるべき人物だ。聞くも哀れな物語である。村橋氏は鹿児島藩の士族で、加地木島津の分家という由緒ある家柄の出身。家格は『寄合並』、将来は家老職に就く地位で、本人も上級藩士だった。明治維新以前、薩摩藩主は大きな時代の変革が押し寄せるのを予期し、藩内で最も俊才の誉れある若者十数人を選抜し、英国・ロンドンに留学させた。村橋もその一員に選ばれている。帰藩後は文武に励んでいたが、間もなく戊辰戦争が始まった。村橋は参謀長・黒田清隆に率いられ奥羽箱館戦線に出陣。勇名を轟かせた。黒田からは厚遇を受け、北海道開拓使次官および長官になると、奏任官（明治憲法下の高等官）の立場となり……」

新聞で村橋の死を知った黒田は、神戸から遺体を東京に運び、自ら葬儀をおこなったとされている。

北海道知事公館の庭に、村橋の胸像が置かれている。二〇〇三（平成一五）年七月、高橋はるみ知事の道政方針演説で村橋の功績が取り上げられ、それがきっかけとなって二〇〇五（平成一七）年に建立されたもので、その台座には「残響」と記されている。「残響」とは、北海道新聞文学賞、北海道文化奨励賞を受賞した作家・田中和夫が村橋を主人公に描いた小説のタイトルである。

村橋は三度北海道を訪れている。最初は五稜郭に立て籠もった旧幕府軍を攻撃するため、二度目は七重開墾場に新しい農業の先兵たらんとした。そして三度目は、札幌に麦酒や葡萄酒醸造場を建設するためだった。

箱館戦争で村橋は軍監として黒田清隆を支える立場にあった。戦況が完全に薩長軍の手に落ちると、五稜郭や弁天砲台に残る旧幕府軍に対し、いつ総攻撃をかけて殲滅するかの段階となった。この時、黒田は「榎本武揚やその部下で陸軍奉行の大鳥圭介らを失うのは新国家の一大損失である」と、いかに旧幕府軍を恭順させるかに心を砕いていた。黒田の意向を榎本に伝える役割を担ったのが村橋である。

一八六九（明治二）年五月一二日、村橋は箱館病院を訪ねた。病院長は高松凌雲。村橋は、戦いで負傷して箱館病院に収容されている会津遊撃隊長・諏訪常吉を見舞い、講和交渉を申し入れた。しかし、諏訪は筆を持つこともできないほどの重傷で、病院長の高松が、村橋の降伏勧告を伝える書を榎本に書き送った。同一四日、榎本から高松宛てに返書が届けられたが、その内容は新政府軍の好意に謝するものの「あくまでも戦うつもり」というものであった。この返書とともに、上下二巻の本が添えられていた。この本こそ榎本がオランダ留学中に手に入れて学んだ、国際航海法の権威ある文献「万国海津全書」である。

村橋の二度目の渡道は、函館七重開墾場と琴似屯田村の立ち上げが目的だった。村橋と七重開墾場とのかかわりについて話を進めていきたい。

小説『残響』の著者・田中和夫は、村橋が英国留学中、ベッドフォードで農機具を駆使した西洋式農業を見学し、鮮烈な刺激を受けたと書いている。

「広大な農場を二頭立ての馬がたてがみをゆすり、プラウを挽く姿を村橋は描いた。延々と続く長い畝に大麦や小麦の種が蒔かれる。馬鈴薯も洋菜、麻もある。それらの青葉で地表が覆い隠される」

村橋は西洋式大農場の夢を七重開墾場に託したのだろう。

村橋は開墾にあたるべく七重開墾場への転任希望を出した。翌年の暮れも迫った一二月、希望が認められ、辞令を開拓使から手渡された。村橋の陣頭指揮で七重開墾場は一八七四（明治六）年六月に測量を終了。箱館から亀田を経た地点の三〇〇万坪の未開地だ。村橋は七重開墾場の責任者として官員に次のような指示を出している。

「北海道開拓をなすためには、まず内地他府県からの殖民を図らねばならない。それとともに、彼等の慣習と食生活を改善し、小麦、大麦、蕎麦、ライ麦などを粉状にして粉食を奨励しなければならない。家畜についても同様である。外国種を導入して改良を図らねばならない」――村橋の意気込みが感じられる。留学先の英国で学び、衝撃を受けた機械式大農業経営が村橋の頭の中を巡っていたのであろう。

温帯の東京官園で二年間試植した作物は、北海道に移植できることが明らかになり、七飯開墾場ですべてを扱うことになった。村橋は、測量の終わった七重開墾場で本格的な西洋式農業を始めようと胸を高鳴らせていたが、新政府および開拓使は、才覚のある村橋をそのままにはしておかなかった。次の指令が村橋を待っていた。

明治政府の最大懸案事項は、当時戊辰戦争で生計を失った士族や農民、さらに廃藩置県で禄高を失った侍家族を屯田兵として北海道に移住させることだった。黒田は村橋に命じ、札幌近郊に屯田兵村を建設させる。当時、開拓使大判官の松本十郎はチキサム（月寒）での兵村建設に固執していたが、村橋はこれに反し、適地として琴似を選択。予定地の原生林に多くの人夫を送り、測量、立ち木の伐採、道路の築造、兵屋建設を推し進めた。松本らの抵抗で村橋は兵村建設を最後まで見守ることはできなかったが、一八七四（明治七）年、琴似屯田兵村は完成し、その後の兵屋のモデルとなった。一九〇四（明治三七）年までに北海道には三七兵村、七三三七名の屯田兵とその家族が入植している。村橋が取り組んだ琴似兵村がその先駆けであった。

村橋の三度目の渡道は一八七六（明治九）年四月。麦酒醸造所、葡萄酒醸造所、製糸所の三工場を札幌に建設するのがその目的だった。村橋はこの時、三四歳。

外国人開拓顧問のホーレス・ケプロンが麦作を奨励し、トーマス・アンチセルが北海道におけるホップ栽培を見出したことにより、北海道産原料による麦酒醸造所を建設することが、明治政府上局の議案として浮上してきた。村橋が最初に手がけたのが醸造技術責任者の任命だ。当時、ドイツのベルリンにあった「ティフォーリー麦酒工場」で醸造技術を修得した中川清兵衛がその目に止まった。村橋は中川を自宅に招き、承諾を取りつけて採用した。村橋と中川が巡り会ったことは、今考えれば絶妙のタイミングであった。その後の麦酒醸造を成功させた要因とも言えるだろう。

一八七六（明治九）年、中川は早速〝東京〟における麦酒醸造所の絵図面を作成。見積もりもでき上がり、ドイツやアメリカへ工場の設備資材や大麦、ホップなどを次々と発注していった。村橋は以前から、東京に醸造所をつくることは無駄だと考えていた。農業や産業の振興が目的なら「最初から北海道に建設すべきで、それが出費を抑えることになる」という考えだったからだ。外国へ注文した品が横浜港に到着したのは同年一二月二八日のこと。それを受け取りに行く中川を見送った後、村橋は非常手段として、黒田清隆を含む上局者に稟議書を出した。

それには「麦酒工場は試験のため東京に建設することになっているが、北海道には木材等も充分にあり、気候も相当であり、最初から実地（北海道）に建設することで二重の支出を省くことが可能である。ついては北海道にて最初から建設することをご検討戴きたい。建設場所については水利運便、気候等の適地を選択する必要があり、緊要にてご決済戴きたい」と書かれていた。

上局の決定を覆すことは自身の地位を危うくするもの。まさしく命がけの稟議書であった。簡潔で明瞭なロジックで記載された文面、絶妙のタイミング、そして村橋の巧みな根回し……。何よりも村橋の強い思いが働いたのだろう。村橋の意見が通り、札幌に麦酒醸造所が建設されることになった。

「かくて、一八七六（明治九）年六月二七日、現在のサッポロファクトリー近辺に総工費八三四八円一二銭三厘の予算で工事に着手、同年九月八日に竣工。同月二三日午後一時から開拓使札幌麦酒醸造所の開業式を挙行したのであるが、これが実にサッポロビールの起源である」（『サッポロビール沿革誌』一九三六年発行より）。

麦酒はドイツ流の製造法によって醸造されていた。開拓使はこれを「札幌冷製麦酒（目耳曼：グルマン麦酒)」として翌一八七七(明治一〇)年六月頃から一般販売を始めた。冷製麦酒のラベルには、開拓使のシンボルである「五稜星(北極星)」が採用された。初年度は一〇〇石(二万五〇〇〇本)の出荷であったが、評判が高くなるにつれ、生産高は急激に伸びていった。その後、第一回内国博覧会に出品されるまでになった。

村橋は、目的が達成されたと考えるようになってから、長い間に渡って張り詰めていた緊張感が急激に衰えていくのを感じていたという。一八八一(明治一四)年、開拓使の廃止まで残り一年となったころ、開拓使官有物・施設は民間へと払い下げられた。その後、村橋は突然、雲水となり行方不明になった。一一年後の一八九二(明治二五)年、神戸郊外の路傍で行き倒れの姿で発見されるまで杳として知られなかった。

開拓使が建設した官営工場は、味噌醤油醸造、製塩、木工、鉄工、挽材、麺粉、煉瓦石、石炭、製網、葡萄酒、肝油、缶詰など三〇余にのぼる。その中で、昔も今も変わらぬ姿を保ち、歴史を継承し続けているのは麦酒醸造所だけである。

第三九話　鍋島直正

初代開拓使長官を務めた肥前藩主

北海道と遠く離れた佐賀県で北方領土返還運動が盛んに行われているのをご存じだろうか。佐賀県では四五団体の協力を得て「北方領土返還要求運動佐賀県民会議」が一九八〇（昭和五五）年に設立されている。また、佐賀県立図書館の「鍋島文庫」には北方領土や蝦夷地の古地図、さらには文献が多数所蔵されており、この中には北海道にもない貴重な資料が多く含まれている。

北海道と佐賀県にはどのような関係があるのだろうか。そこには稀に見る賢君と呼ばれた鍋島直正の存在が大きくかかわっている。今話では鍋島直正と北海道に関連する佐賀人脈について取り上げたい。

一七三二（享保一七）年、享保の大飢饉が中・四国、九州地方で発生した。冷夏と害虫により餓死者九七万人、米収は例年の三分の一という大災害をもたらした。その中でも佐賀県（肥前国佐賀藩）の被害は最も深刻で、餓死者が当時の人口の七割にあたる八万人を数えたといわれている。また一八二八（文政一一）年、飢饉からの復興途上にシーボルト台風が有明海を襲い、佐賀藩だけで死者八五五〇人、負傷者八七〇〇人を出し、膨大な田畑が失われた。さらに、負担の重い長崎港警備を幕府から長年命じられており、藩の財政は極めて厳しい状況であった。このように藩財政が破綻状態であったにもかかわらず、鍋島直正の父で藩主の斎直（なりなお）は重臣たちの甘言から藩財政の困窮を理解できず、贅沢を極めた生活を送っていた。

直正が誕生したのは一八一五（文化一二）年、シーボルト台風が佐賀藩を襲った一三年前である。台風の傷跡がまだ癒えない一八三〇（文政一三）年、一六歳の若さで第一〇代肥前国佐賀藩主を襲名することとなった。新藩主として直正が江戸から領地の佐賀に赴くとき、その行列は停止せざるを得なかったという。佐賀藩に貸し付けのある商人たちが藩邸に押し寄せ、借金返済の実力行使に出たのだ。直正襲名時の藩財政はにっちもさっちもいかない状況に陥っていたのである。

直正は藩財政の危機を改めて認識するとともに、この屈辱を何とか晴らそうと佐賀に到着するやいなや、父親から寵愛を受けた重臣たちを解任し、抜本的な財政改革に乗り出すことになる。

アベノミクスは既得権勢力の抵抗が少ない第一の矢「異次元の金融緩和」、第二の矢「大胆な財政出動」を打ち出したが、第三の矢「成長戦略」は中途半端であり、一〇〇〇兆円を超す国と地方の債務残高を改善すべき第四の矢「財政戦略」については、その方向性さえも未だ打ち出していない。直正は一八〇年前に「藩財政改革」を断行したのである。

まず打ち出した第一の矢が役人の大幅削減で、なんと就任前の五分の一にするという大胆な手を打った。その上で質素倹約を徹底させ、歳出の大幅カットを実施した。ひるがえって今の日本に置きかえてみると議員定数の削減、官僚の削減の声が一時叫ばれていたがどこへいったのだろうか。

第二の矢は債務（借金）削減で、一つは利息を全額免除し、元金は最長一〇〇年年賦で返済する「利留年賦」、もう一つは元金のごく一部を返済し残額は佐賀藩に献金させて返済する「打切」。民事再生法も顔負けの手法である。現代の経済社会では極めて困難なやり方と思われるが、よく考えると南欧諸国は現に社会保障費や財政支出の大幅削減、消費税（向こうでは付加価値税）増税、公務員の削減と給与カットで財政の破綻を食い止めようと必死になっている。もちろん、国民は失業率の拡大など塗炭の苦しみを味わっている。ＧＤＰの二倍を超す政府債務を抱える日本で同じような事態に陥らないとは言えないだろう。

第三の矢は産業育成である。佐賀藩の名産である磁器、お茶、石炭産業の保護・育成と、それらの交易によって藩歳入の増加を図った。また、広大な有明海の干拓で農地を拡大し、一八四〇年代には六七万石と公称石高のほぼ二倍に米収を増やした。さらに農民が心配せず農作業に専念出来るよう小作料の支払い免除を打ち出すなど農村振興に力を入れた。〝休耕地〟〝耕作放棄地〟〝農地の不動産用地化〟などが新聞紙面を賑わす現在とは大違いだ。

さらに、第四の矢で最も力を注いだのが教育の振興である。藩財政困窮の中、教育予算を三倍に増額し、藩校「弘道館」の充実に力を入れた。藩士の子弟はすべて弘道館に入れ、朝六時から夜一〇時まで文武両面の教育を推し進めた。藩校の試験に合格しない者は家禄の一〇分の八が没収され役職にも就けないという厳しいものだった。

一方、優秀な人材は身分にかかわらず抜擢された。佐賀の賢人といわれる大隈重信（明治政府の重臣、早稲田大学創始者）、江藤新平（東京遷都を建白、明治政府司法大臣）、副島種臣（明治天皇の学問相手、外務・内務大臣）、島義勇（開拓使主席判官）、佐野常民（元老院議長、商務大臣、蒸気機関車やアームストロング砲を試作）、大木喬任（東京府知事、文部大臣）など優秀な人材が弘道館から輩出されている。これら人材は北海道開拓の一翼を担った人材でもある。時の右大臣・岩倉具視も弘道館が高名であることを聞き、自分の息子に弘道館で学ばせている。

ところで、二〇一三（平成二五）年のNHK大河ドラマ「八重の桜」で鶴ヶ城開城の場面が登場した。会津藩と新政府軍との戦力の違いは圧倒的な火力の差でもあった。新政府軍のアームストロング砲はその破壊力と飛距離で会津勢を圧倒していたが、実はこのアームストロング砲は財政再建で生み出された資金で佐賀藩が購入し、独自技術で製造したものである。八重が使ったスペンサー銃も、一部の佐賀藩兵士が使用していた。

直正は長崎警備に際し、諸外国の軍事力が日本と比べ格段に違うことを痛感。軍備の強化に努めた。ペリー来航の前年、佐賀藩は長崎に日本史上最大の洋式要塞を完成させている。この要塞には鍋島藩が開発した反射炉で鋳造した一四門の大砲を設置し、にらみをきかせた。

同じ時期、直正は日本初の蒸気機関の製作を命じ、また蒸気機関を採用した軍艦二隻も建造している。その二隻を率いて上洛した際、直正は関白・近衛忠煕に対し「殿下、もし我が肥前佐賀藩と薩摩・長州・土佐の三藩とを戦場で勝負せしめると、我が藩は足軽縦隊四〇人で在京三藩の兵力をことごとく打ち破って見せます」と言ったそうである。自藩の火力に絶対的な自信を持っていたのだろう。

幕府、薩長ともに佐賀藩を味方に付けようと、さまざまな画策が講じられたが、直正は頑として受け入れず中立を装っていた。しかし、最終的に桂小五郎と会い、また藩士の大隈と副島の議会制度採用、ならびに大政奉還の説を受け入れ、新政府側に回った。薩長土肥連合の誕生であり、その後の新政府では佐賀人脈が主要な役割を担うことになった。

一八六九年（明治二年）五月一八日、五稜郭の開城により徳川三〇〇年の最後となる戦いは終わった。開城の一週間後にはすでに「蝦夷地開拓の件」が上奏され、六月四日には直正にその実施計画を作成する命が下された。翌月には早くも開拓使が設置され、直正は初代長官に任じられた。一八六九（明治二）年一〇月には家臣・島義勇を蝦夷地に向かわせ、その間に作成された詳細な調査報告『入北記』がその後の蝦夷地開拓の基盤になっている。

直正はかねてよりロシアの南下政策に手を打つ必要があると主張していた。彼の目は南の端にいながら常に北の端にも向いていたのである。

直正は蝦夷地への移住にも積極的で、他藩が財政難もあって尻込みする中、佐賀藩から六三〇人を浜中村（現在の釧路管内浜中町）に集団移住させた。まさに北方領土がすぐ近くにある地域である。

第四〇話　島義勇

苦難の北海道本府建設を進めた開拓使判官

北海道神宮にはパワースポットがあるといわれている。本殿に向かって左側、烏帽子（えぼし）をかぶったさっそうたる武士の銅像が建っている。ここが神宮一のパワースポットだそうだ（噂として流れているだけかもしれない）。銅像で顕彰されているのは、「札幌の今日あるは島の経営によるものと評価して誰も疑わない」といわれている開拓使判官の島義勇（しま・よしたけ）。

島は一八二二（文政六）年、佐賀藩の葉隠れ武士・島市郎左衛門の一子として生まれた。藩校「弘道館」を卒業し、一八四四（弘化元）年、二三歳で家督を継いだ。一八四六（弘化三）年には佐賀藩の物頭に取り上げられ、翌年には弘道館の目付になった。藩主・鍋島直正にその才覚が認められ、直正の外小姓として仕えた。肥前鍋島藩はオランダとの交易拠点・出島のある長崎警備を担当していた。西洋文化・技術に触れる機会が多く、対外情勢を素早く把握できる立場にあった。島もそのような環境の中で賢君といわれた鍋島直正に仕えていたのだ。

一八五三（嘉永六）年、米国のペリーが浦賀に、ロシアのプチャーチンが長崎に来航し、泰平の眠りが突然覚まされることになった。翌一八五四（安政元）年、鍋島は黒船来襲で揺れ動く状況を知るため、島を江戸に派遣。さらに一八五六（安政三）年には蝦夷地調査を命じた。島は箱館奉行・堀織部正の蝦夷地巡回視察に同行することが許され、一八五七（安政四）年五月一一に箱館を出発。九月二七日までの四カ月半に渡り、蝦夷地・北蝦夷地（樺太）を調査・探検した。江戸に戻ったのは一二月に入っていた。その困難を極めた紀行は「入北記」として詳細に記載され藩公に献上された。後に島が札幌に本府を設けるべく奮闘したのも、この時の経験があってのことであろう。「入北記」には、石狩地方の発寒や星置で入植が始まっていること、石狩役所調査役の荒井金助が見事にこの地方の開拓を指揮していること、堀を始めとした箱館三奉行が「石狩が蝦夷地第一の土地である」と評価していることが記載されている。

蝦夷地調査からの帰郷後、島は長崎港防備の勤番所隊長、佐賀藩海軍勤務、軍艦観光丸の艦長などを務めた。戊辰戦争が始まり、一八六八（慶応四）年、島は軍艦奉行として長崎へ、さらに東征海軍先鋒参謀補として横浜に軍を進めた。この時、横浜で幕府海軍奉行の勝海舟と会談し「幕府も大政奉還となり、幕府海軍を新政府に譲り、貴殿も勤皇に加わるべし」と説くが、勝はこれを拒否した。結局、幕府海軍は榎本武揚の指揮の下、蝦夷地に向かったのだ。

一八六九（明治二）年七月一三日、藩公・鍋島閑叟（直正）は蝦夷開拓督務に命ぜられ、同月二二日、島は開拓使判官を拝命した。鍋島は八月十六日大納言になり、病弱な体調もあり東久世通禧（ひがしくぜ・みちとみ）が第二代長官として開拓使を率いることになった。

島が開拓使判官を拝命してから北海道本府を札幌に建設するまでを島義勇漢詩集『北海道紀行』に沿って説明したい。同書は岩見沢西高校などで教鞭を取られた上田三三生（うえだ・ささお）が、島の漢詩に訓訳および訳注を加え、一九七四（昭和四九）年に刊行したものだ。島が開拓使判官に任命されてから札幌本府建設に奮闘し、道半ばで罷免されるまでの半年間に詠んだ四〇首の漢詩集である。

一八六九（明治二）年八月一五日、島は従四位の北海道開拓判官として、石狩国に北海道本府を建設する大命に任ぜられた。九月三日には、皇居で明治天皇に拝謁し、励ましのお言葉と杯を授かった。島はこの時の感激を次のように詠んでいる。

遡方万里荒菜を闢く（北方万里の遠い北海道の原野を開く）

位を賜ひまた殊に御杯を賜う（天皇様から位を頂戴し、さらに杯を賜った）
開墾の規模是れ臣が任なり（大規模な北海道開拓が私に与えられた任務だ）
営々何ぞならはん勒銘（ろくめい）の才（粉骨砕身で取り組む覚悟であり、あえて銘を刻み、後世に名を遺すようなことは願っていない）

北海道開拓へ向かう島の心意気があふれているのが感じられる。佐賀（肥前）藩主の鍋島直正は初代開拓使長官だったが、この時はその任を辞していた。だが、北海道開拓への思いはなおも強く、石狩本府開設に赴く直系の部下である島にその実現を託した。島に対する鍋島の期待とねぎらいの気持ちはいかばかりであったろうか。藩主自ら家臣の自宅を訪れ、門前に駕籠を置き、酒宴を催し、また励ましの言葉と、名工がつくった品々を与えた。島は藩主の好意に感激し、その名誉を「一夜徳星我が家に臨む」（ある夜誠に目出たい印の星が我が家を照らし給うた）と表現している。

賢公此の日幸いに光臨し（ありがたくも鍋島公がこの日おいでくださり）
笑みて巨杯また徳音を賜う（笑みを浮かべ、御酒を大きな杯で賜り、いろいろとお言葉をいただいた）
独り微衷の高意に副うを喜ぶ（自分の意見が鍋島公の気持ちに沿うことを知り、ひそかに喜んだ次第で

ある）

欣然駕を留めて宵深にいたる（公もご機嫌よく夜が更ふける迄駕籠を門前に置きお留まりになった）

同年九月二〇日、島は東久世とともにイギリス船「テームズ号」に乗り込み品川を出港、箱館に向かった。一行は九月二五日、箱館到着。本府建設の任を受けた島は、天皇から拝受した大国魂神、大那牟遅神、小彦名神の三柱を自らの背中に負い、一〇月一日、箱館を出発し陸路・石狩に向かった。途中、困難を極めたのが黒松内（長万部町と倶知安町の間）だった。ここで島は次のように詠んだ。

径は水田の若く転覆し易し（道はぬかるみで、まるで水田のよう）
淤泥凸凹馬腹に及ぶ（汚泥にでこぼこがあり馬の腹におよぶくらいだ）
風雪禁じ難く憩うに家なし（風雪は激しく耐えがたく、休むにも家はない）
壮士は呼（おら）び女子は泣く（大の男も音を上げ、婦女子は泣きだす）
故園の子弟定めて平安ならん（故郷の若い者たちは平穏無事に暮らしているだろうか）
誰か識らん老躯ここに寒に苦しむを（老躯の私がここで寒さに苦しんでいるとは誰も知るまい）

黒松内を抜け、磯屋港（寿都の近くで現在の磯谷港）に到達し、雷電山（蘭越町と岩内町の間）を越えようとするが、あまりにも山は険しく海路を選んだ。

雷山険絶馬前み難し（雷電山の険しさはこの上なく、馬では進めない）
海程を取らんと欲すれば波天を拍（う）つ（海路を取ろうとするも、天をうつような波浪である）
勅を奉じて将に厳内港に過（よ）ぎんとす（我らは天皇の勅を奉じて岩内港に向かおうとしている）
神如（も）し識るあらば吾が船を護れ（神よ我らの任務を知っているならば、どうか我らの船を護っていただきたい）

島一行の祈りが海神に通じたのだろうか、海は静まり、無事岩内港に到着することができた。早い冬将軍の到来の中、函館を出発して八〇里（一六〇キロ）の千辛万苦の進行でようやく銭函に到着した。その間、島は部下を激励しながら厳しい道程を指揮した。時に一八六九（明治二）年一一月一六日である。島が自ら背負ってきた三柱は、円山の現北海道神宮の地に仮鎮座された。

島は札幌原野の仮小屋に寝泊まりし、札幌府本庁舎および多くの官舎、並びにそれらを通じる道路の設計に連日連夜、悪戦苦闘した。

島は石狩郡に本府を置くべく、円山オコタンペ（コタンベツ）丘に登り構想をめぐらせた。その構想は驚くべき規模の壮大な都市建設であった。四方三〇〇間の本庁舎、その前に長官邸、判官邸、学校、病院、諸官邸、倉庫などを配置し、四二間の大通りを隔てて官地と民地に分け、五〇間ごとに一二間道路が縦横に走り、東は豊平川、西は円山の麓におよび、その円山に開拓守護神を崇め、その前方に馬場町を設けるというもので、平安京を模したといわれている。

河水遠く流れて山隅にそばだつ（川がとうとうと流れ、山並が近くにそびえ）
平原千里地は膏沃（見渡す限りの平野は肥沃であり）
四通八達よろしく府を開くべし（交通は四方八方に通じ、都として最適）
他日五州第一の都（いつの日か、日本随一の都になるだろう）

円山の丘から広がる原野を見下ろした時の漢詩である。島の胸の高まりは、いかほどだったろう。崇拝する藩主の鍋島直正から君命を受けて、数年間続いた戊辰戦争で困窮化した士族や農民を救出し、さらにはロシアの南下政策の防御基地として北方の地にその中核となる府を建設する。島は札幌本府建設を、身を投げ打ってでも達成すべき使命であると、この丘であらためて心に誓ったであろう。

時は一二月中旬、吹雪の荒れ狂う中、島は天皇の命でもあり一日も早く本府を竣工しようと、早速、札幌都市建設に取りかかった。大晦日も休まず極寒の氷雪の中で工事を進めた。

この間、島は場所請負人制度を廃止して、各地で請負人が貯えていた米を調達し、その場しのぎを繰返すしかなかった。一八七〇（明治三）年二月の時点で、本府建設にかかわる職人や人足は五五四人。その後も工事の進捗にしたがって増加していった。しかし、その年は「天保の飢饉」以来の大凶作で、東北から送られる兵糧は少なく、貯米は底をついた。輸送船「昇平丸」が難破するという災難にも見舞われた。大規模な工事の上、高騰する食料の確保で予算は底をついた。

さらに事態を悪化させたのが兵部省との軋轢である。長州藩出身の木戸孝允は、戊辰戦争で壊滅的打撃を与えた会津藩藩士の生き残りを北海道に移住させる策を推進していた。米不足の上、本府建設と兵部省の会津藩移住政策が重なり、石狩地域の人口は急増。米は争奪戦となって、当然のように価格は上昇した。そのような状況の中でも島は厳寒期の建設作業を強行した。

本府建設に際しては、大型投資以外は島の決済でできるように取り決められていたので、開拓使長官・東久世通禧（ひがしくぜ・みちとみ）の許可を得ることなく、食料品の調達に資金を投入し続けたのだ。これが後に東久世の逆鱗に触れることになる。

雪中の営築心を費やすこと多し（厳寒の中の建設作業は容易ではなく、資金を始めとして実に心を痛めることが多い辛い事業である）

細人の小波を揚ぐるを怪しまず（くだらぬ者どもが非難中傷しているが、私にとっては覚悟の上で気にはしない）

燕雀（えんじゃく）いづくんぞ鴻鵠（こうこく）の志を知らんや（小さな鳥どもに、大きく羽ばたく鳥の志がわかるはずはないという）

暴虎と馮河（ひょうが）と呼ぶにまかせん（私を、虎を素手で打ち、大河を歩いて渡るような無謀な人間と呼ぶなら、それで結構だ）

島は、本府建設の完成を前にした二月九日、突然、開拓使判官の任を解かれ、帰京の命を受ける。島は久しぶりに東京に戻る喜び以上に、北海道開拓の思いが絶たれ、石狩本府建設がいまだ途上であることを嘆く気持ちのほうが強かった。

島は東久世をはじめ開拓使の主要メンバーが駐在する函館に寄って最後の挨拶と事務引き継ぎを行った。この時、長官らの言動に対し、今まで抑えてきた島の怒りが込み上げてきたのだ。次の句は島の迫力が満ち満ちている漢詩である。

朝好暮しう真を見る堪（べ）し（朝には良き友でも暮れには仇敵、ここに人間の心理を見なければならない）

嗤（わら）う昔日憐みを乞ひし辰（とき）（以前、彼が私に憐れみを乞い願った時があったが、今は笑うしかない）

勢権反復忘恩の者（権勢は履がりやすいもので、無力になった私に対し、昔の恩義を忘れ非難する者たちだ）

前略焉（いずく）んぞ忠厚の人と為らんや（彼らが今後、どうして真実の忠厚の人となり得ようか）

島の最期は不幸であった。郷里・佐賀士族の政治団体憂国党党首にかつぎ上げられ、内務卿・大久保利通の逆鱗に触れた。そして佐賀の乱で江藤新平とともに斬首された。時に、島五三歳であった。

東久世は、島が自分の許可を得ずして独断で本府建設を断行し、その結果、大幅な予算超過となったことに立腹し、判官の任を解き東京に戻したのである。しかし、東久世は後日札幌を視察し、島が進めた建設の規模の大きさと、未完成とはいえそのしっかりとした施工に驚愕し、後任の岩村通俊に工事の続行を命じている。東久世が今すこし前に札幌に行き、視察していたらこのようなことはなかったのではないだろうか。しょせん公家の限界であったか。

明治憲法発布の際、島は大赦により賊名は除かれた。そして、大正に入り佐賀の同志であった大隈重信により贈従四位に叙せられ、名誉は回復された。

第四一話　東久世通禧

第二代開拓使長官を務めた公家

「泰平の眠りを覚ます上喜撰たった四杯（しはい）で夜も眠れず」

高級でカフェインの強い茶である上喜撰と蒸気船を、また茶碗四杯と軍艦四隻をかけており、いかにも江戸っ子らしい言い回しである。

一八五三（嘉永六）年、浦賀沖に黒船が現れると日本中が大騒ぎになった。何せめずらしもの好きの江戸っ子、浦賀はあたかも観光地のように賑わったとのことである。ペリー来航のこの年から、新政府が誕生する一八六八（明治元）年までは幕末と呼ばれ、二六二年間続いた鎖国から開国に向かっての激動の時期である。

ペリーは即刻開国を要求したが、将軍の徳川家慶は病床に伏しており、一年後の一八五四（嘉永七）年三月三一日に日米和親条約が締結、下田と箱館が開港し鎖国状態は終焉を迎えた。日米和親条約でタウンゼント・ハリスが下田に赴任し、日米修好通商条約の締結を強く求めるが、頑迷な攘夷論者である孝明天皇は、条約締結徹底拒否の姿勢を崩さない。

時の大老・井伊直弼は天皇の勅許を得ようとしたが、開国・積極交易派の老中・松平忠固（まつだいら・ただかた）の主張で、勅許を待たずに一八五八（安政五）年に条約は締結された。その後、井伊大老はフランス、イギリスとも通商条約を締結して積極的に開国を目指すが、これがその後の大きな政争を巻き起こす要因となる。

井伊は反対派を大量に処罰し（安政の大獄）、即時攘夷を求める天皇を屈服させるが、一八六〇（安政七）年には桜田門外の変で水戸浪士に暗殺される。

幕府の専断に対抗しようとする勢力は尊皇攘夷論を思想基盤とし、天皇（孝明天皇）を支えようとした。その先頭を切る長州藩は一八六二（文久二）年「通商条約破棄・対外戦争覚悟」（破的攘夷論）を藩論に採用する。尊皇攘夷急進派は将軍・徳川家茂に攘夷実行を確約し、ここに公武合体派の退潮が明らかになった。これに対して薩摩藩は会津藩と結託し、尊皇攘夷派・長州藩を朝廷から一掃した（八月一八日の変）。この変で、孝明天皇を支えて攘夷を主張していた公家七人が長州藩に逃れることになる（七卿の都落ち）。

さて、このあたりから今話の主役・東久世通禧（ひがしくぜ・みちとみ）について話を進めていこう。

東久世は一八三三（天保四）年、下級公家の家に生まれた。一〇歳の頃に童形（どうぎょう）として二歳年上の皇太子、統仁（おさひと）親王の遊び友だち・手習いに選ばれ、常に親王の側で過ごした。統仁親王は後の孝明天皇で、明治天皇の父親にあたる。統仁親王が一八四六（弘化三）年に天皇になると、東久世は一八四九（嘉永二）年に孝明天皇の侍従となった。幼少時から仕えていたことからも、東久世が急進的な尊皇攘夷派であったことは容易に推察される。

東久世は八月一八日の変で「七卿の都落ち」の一人として、三条実美（さんじょう・さねとみ）らとともに宮廷を追われた。長州に逃れ、さらに太宰府に移った。その間、長崎にも立ち寄り、一〇日余りの短い期間ではあったが、外国商館の訪問や軍艦、洋船の見学、最新式の鉄砲の試発など、新しい海外事情を学ぶ機会を持つことができた。これが後に明治政府の要職に就けた理由でもあった。

一八六七年（慶応三年）年一〇月に大政奉還。一二月には王政復古で東久世は復権を果たした。「鳥羽伏見の戦い」では新政府軍の参謀を務めるまでになった。

大政奉還後の新政府にとって、急を要する問題は旧幕府勢の平定とともに、米国を始めとした各国との外交問題であった。外交にあたって、最終決定者である天皇の意向を十分に理解し、判断を仰げる人物が求められていた。この点、天皇に仕えた公家で外国人を見たことがあるのは、長崎滞在の経験がある東久世だけ。そこで当時の外務大臣にあたる外交事務総督に就任することになった。

東久世の最初の仕事はいわゆる「神戸事件」の処理であった。一八六七（慶応三）年一月、外交事務総督に就任早々、岡山藩士とフランス水兵との発砲事件があり、東久世は解決に当たった。東久世の下した判断は外国人立会いのもと、岡山藩士を切腹させるというものである。ちなみに、この事件で外国人の死者は出ていない。

翌月には「境事件」が発生している。これはフランス軍艦の乗組員二人が土佐藩士と衝突。土佐藩士はフランス人の乗ったランチに銃撃を加え、一一人の士官と水兵が死亡したという事件だ。東久世はこの時も、発砲した土佐藩士二〇人に対し、外国人立会いのもと切腹を命じた。切腹して内臓を取り出す日本式作法は外国人にとって見るに耐えないもので、切腹は一一人で打ち切りになったという。いずれにしても、尊王攘夷の急先鋒で都落ちまでした公家が日本人を切腹に追いやったのである。一方、外国人は東久世を決断と交渉力に優れた外交官であると評価した。

一八六九（明治二）年、箱館戦争が終了すると間もなく北海道開拓使が編成された。初代長官には佐賀藩主・鍋島直正が就任。その後、鍋島は大納言になり、第二代開拓使長官として東久世が指名された。これには、「七卿の都落ち」で東久世とともに長州に追いやられた三条実美らの推薦もあったといわれる。蝦夷地出発を前に明治政府内では「開拓施策要綱」がまとめられた。そこではロシアへの対応、開拓使の機構、漁場請負人制度の改定など一二項目が決定された。

同年九月、東久世は第二代開拓使長官として、四人の判官および二〇〇人の移住団とともにテールス号で蝦夷地に向かった。東久世は判官・岩村通俊とともに函館出張所で開拓使全般の指揮を執り、一方、判官・島義勇は本府建設のため銭箱へ向かった。また、判官の松浦武四郎は場所請負制度が諸悪の根源であるとの認識から「制度を廃止して役所の自捌（じさばき）にすべきだ」と強く主張した。しかし、東久世は「各所の事情や便宜を考慮し、各判官の判断に委任したい」と曖昧に総括。これに反発した松浦は、開拓使判官に任命されてからわずか七カ月で職を辞した。

島は厳寒の中、札幌建設に奔走するが、折からの飢饉による食料不足に直面し、その調達に多額の資金を必要とした。結果、建設予算を大幅に超過してしまう。これを東久世は島の専断行為であると判断し、本府建設途中ながら彼を解任、建設も中止させた。開拓使は発足から一年余りで松浦、島という貴重な人材二人を失った。

一八七〇（明治三）年八月、東久世は北海道各地の開拓状況視察に出向き札幌に入った。ここで、先に解任した島の本府建設を目の当たりにして、その発想の豊かさと短期間での成果に驚嘆。これを促進するため岩村に命じて再度建設させた。島はその後、佐賀の乱でさらし首になるのだから皮肉なものだ。

当別を開拓した伊達邦直は戊辰戦争での朝敵という汚名がつきまとい、伊達藩には当初厳しい移住地しか与えられなかった。最初に指示された地は沿岸から遠く離れた奈井江であり、その後、石狩川河口の聚富（シップ）に決められた。しかし、この地は海岸の砂地で畑作に適しておらず、伊達藩は、ここでは移住団全員が生き延びることはできないと政府に再申請した。ようやく決められた土地が当別である。それを許可したのが東久世だ。これも東久世が北海道巡視に行った際に聚富も訪れ、そこが畑作に適してないとわかっていたためである。自分で確かめなければ納得しない性分なのであろうか。

東久世は北海道で二年間、開拓使長官を務めた後、一八七一（明治四）年に侍従長として明治天皇に仕える身となった。一八八二（明治一五）年には元老院副議長となり、一八八四年（明治一七）には岩倉具視や三条実美など少数しかいない伯爵の位に就く。下級の公家であった東久世がこの地位にまで登り詰めたのは、外交事務総督や開拓使長官をつつがなく務めたこと、さらに常に天皇に仕えたことも影響しているのではないだろうか。

本格的札幌開発を進めた初代北海道庁長官

第四二話　岩村通俊

ジャーナリストの船橋洋一が大宅壮一ノンフィクション賞を受賞した。受賞作『カウントダウン・メルトダウン』は、東京電力福島第一原子力発電所で二〇一一（平成二三）年三月一一日とそれに続く数日間に何が発生し、どのような人間ドラマがあったのかを多くの関連する人たちに取材した労作である。その船橋と、作家の半藤一利氏の対談記事が文藝春秋に載っていた。

対談の中で、福島第一原発所長の吉田昌郎を〝情のリーダー〟とし、第二原発所長・増田尚宏を〝非情のリーダー〟と表現している。そして、この二人の卓越したリーダーがいなければ、さらなる悲惨な結果を招く事になっただろうと称えている。吉田はメルトダウンが発生すると、協力企業の家族持ち従業員を一斉に帰宅させ、毎朝朝礼を開き部下を激励し続けた。最終的には吉田以下五〇人余りの現場の人たち（フクシマフィフティ）で難局にあたろうと、玉砕の覚悟をしたと言われる。

「被災者たちは飲まず食わずで、避難所で雑魚寝を強いられている。それを思う時、我々現場の待遇を良くすることはできない」

米国から急きょ派遣された支援部隊は「ヨシダの部下たちがヨシダに心服している」と、強い印象を持ったとのことである。

一方、第一原発と同じく全電源喪失に陥った第二原発所長の増田は、津波が来た瞬間に第二原発の門を全て閉鎖し、従業員の誰も外に出て行かないように手を打った。すぐにでも予想されるネコの手も借りなければならないような事態に備え、社員・協力会社作業員すべてを閉じ込めたのである。これにより第二原発のメルトダウンは未然に食い止められた。前掲の米国支援部隊は「マスダの強さはチーム力であり、危機管理に優れている」と評価している。

ふと、島義勇は吉田昌郎的「情のリーダー」だったのではないだろうか、という思いが浮かんできた。佐賀藩藩主・鍋島閑叟（正直）が天皇陛下より蝦夷開拓の督務を命ぜられたが、鍋島は病弱のため島が主席判官としてその任にあたることになった。主君に代わって大役を仰せつかり、そのうえ天皇から三神を蝦夷地に祀る特命を受けた。島の責任感はいやがうえにも高まったであろう。

さて、島の後継として大事業を継いだのは後に初代北海道庁長官となった岩村通俊である。岩村は一八四〇（天保一一）年、土佐藩士の長男として生を受けた。次男は林雄三で後の郵政大臣、三男が岩村高俊である。外国人として初めて文化勲章を受けた著述家ドナルド・キーンは高俊のことを「無能で横柄な人物」と評している。島義勇の稿で述べたように、開拓使判官を解任された島を、のちに佐賀の乱に走らせた人物だ。後に各県の知事となり男爵の位を授かっている。

岩村通俊は土佐勤皇党の盟主・武市半平太とも固く結び合っていたという。また〝人斬り以蔵〟と呼ばれ恐れられていた岡田以蔵とも交流があったとのことである。

一八六九（明治二）年、開拓使が設置されると岩村は島らとともに開拓使判官を命じられた。島が札幌建設に当たる間、岩村は箱館で東久世通禧を補佐し開拓使の業務に任じていた。その手腕は当時より高く評価されていた。

島が札幌建設の任を解かれると、岩村が副長官として事業を引き継ぐことになった。岩村は島の建設作業を一時全面中止し、まず破綻に瀕した財政の立て直しとともに、詳細な計画を立案。具体的な準備作業に取りかかった。「情のリーダー」たる島の施策を冷徹に分析し、具体策の積み上げによる再建を図ったのだ。この意味で岩村は増田のような「非情のリーダー」とも言えるのではないだろうか。

一八七二（明治五）年一月、岩村は自ら陣頭に立ち、札幌府建設を推し進めた。大友堀（今の創成川）の南一条を起点とし、島の大構想を次々に実現させた。六月には札幌を正式に北海道の首都とすることが公認された。首都札幌の特徴としては、整然とした市街区画、都心部に配置された広大な公園、札幌神社の遷宮、学校の建設、運河の建造などがあり、今のススキノに官許遊郭薄野の設置も行われている。島の構想が岩村により見事に実現したのだ。

一八七一（明治四）年頃の札幌中心部は草ぶきの家ばかりで火事が多発する状況であった。開拓使は自宅建築資金一〇〇円（今の五〇万円程）を貸与し、耐火建造物を推奨したが、新しい家は一向に建たなかった。これに怒った岩村は一八七二（明治五）年、作業員を指揮し民家に火を付ける行動に出た。これが「御用火事」である。馬に乗った岩村の監督で火を放つと、東風によって西側十数町を焼いた。その後、札幌の火事は大幅に減少した。さらに、現在の北海道大学クラーク会館の南側に日本で最初という公園を造成。偕楽園と名付けた。現在も偕楽園の一部が札幌市有形文化財「清華園」として残っている。

岩村は北海道に四年余り勤務したが、開拓次官の黒田清隆と意見が合わなくなり、免官となった。故郷に戻った岩村は佐賀県令に就いたが、その役を弟の高俊に譲った。ここに、不幸が始まったのである。

高俊は当時絶対的権力者だった内務卿・大久保利通の意を受けた人物。島が反乱を計画していた憂国党の面々を説得すべく佐賀に向かう船上で、くしくも高俊と同乗することとなったのだ。そこで佐賀藩士を口汚く罵倒する高俊に島は憤激。江藤新平らとともに「佐賀の乱」を起こすことになった。この乱を鎮めるべく、大久保に指名されたのが高俊である。島と岩村兄はともに判官として北海道開拓に志を同じくした者同士である。何という天の巡り合わせだろうか。「佐賀の乱」は江藤・島側の敗北となり、島は斬首のうえ梟首（きゅうしゅ・晒し首）の刑に処せられた。

一八八六（明治一九）年北海道庁が設置され、岩村は初代長官に就任した。一八八八（明治二一）年に退官するまでのわずか三年間で、岩村は驚くべき実績をあげている。

まずは、岩村の長年の主張であった北方開発「北の京」を設けるべく、上川の開拓に奔走した。「北の京」は夏季に天皇ご一家に過ごしていただこうという計画で、新道の建設、鉄道の測量、電話線の設置、農事・測候所の開設など着々と開発を進めていった。旭川常盤公園には岩村の歌碑が建っており、「世の中に涼しきものは上川の雪の上に照る夏の世の月」と詠まれた句が刻まれている。

初代北海道庁長官としての岩村の施策は「貧民を植えずして富民を植えん」。貧困者、放浪者、無頼の徒を官費で移住させ、北海道を貧民の晒し場とするのではなく、起業の志を持ち資金を有している者たちを移住させるべきというものである。産業育成政策であり、官営から民営への産業移行政策である。これにより移民政策を抜本改定。渡航費や農具、種子、米味噌、住宅の供与などの個別優遇政策を廃し、移民の直接保護から開墾企業者としての資本家を招致する方針に切り替えた。今でいう農業経営への株式会社参入政策だ。資本家が北海道に進出する際の判断材料として土地の測量や地質調査などを透明性をもって提供する努力も欠かさなかった。

さらに将来有望な企業には金利の優遇処置をとり、民間資本の誘致に努めた。官から民への大胆な移管がこの時期に行われたのだ。これら対策の結果、さまざまな事業が興り、北海道の開拓は急速に進むことになった。道庁の赤れんが庁舎も新築し、札幌農学校も工学、兵学を加え拡充していった。

屋根に光る赤い星「五稜星」を冠した北海道庁は岩村の長官就任後となる一八八八（明治二一）年に落成。アメリカ風ネオ・バロック様式の近代的建造物で、レンガなど使用された建材の大部分は道内で産出されたものである。一九〇九（明治四二）年に焼失したが、レンガの壁はしっかり残り、一九一一（明治四四）年に復元された時も創設時の姿が残っている。

北海道神宮の手前、札幌・北一条通に面した円山公園。木々に囲まれた場所に岩村の銅像が建っている。一九六七（昭和四二）年の北海道開拓一〇〇年記念に合わせて建立されたと記録されている。北一条通には背を向けており、注意深く見ないと見落としてしまう場所だ。初代北海道庁長官で実質的に北海道近代化の基礎を築いた人物の銅像としては、いささか寂しい場所との感を抱かざるを得ない。「非情のリーダー」としての印象を持たれ続けてきたのだろうか。

第四三話　松浦武四郎

アイヌ民族をこよなく愛した北海道の名付け親

北海道命名一五〇年を機に、二〇一七（平成二九）年より七月一七日が「北海道道民の日」と設定された。古代、北関東から東北以北に住み、朝廷の支配に抵抗し服従しなかった人々、および彼らが住む地は蝦夷と呼ばれていた。明治政府は一八六九（明治二）年、この地を北海道と命名。六つの道名案（「北加伊道」「日高見道」「海北道」「東北道」「千島道」）を提案したのが松浦武四郎。その中から「北加伊道」が選ばれ、その後「北海道」となった。ちなみに松浦の号は「北海道人」である。

アイヌ語で「加伊（カイ）」はこの土地で生まれた者の意味で、「夷人（アイヌ民族）自らの国を加伊（北のアイヌ民族が暮らす大地）という」ことから、松浦はアイヌ民族の郷愁が漂っている「北加伊道」を推薦したのだろう。

私は高校まで留萌に住んでいた。今は廃線となった鈍行の蒸気機関車で三〇分ほど行ったところに小平（おびら）駅がある。昔ニシン漁が盛んだった土地で「小平町ニシン文化歴史公園」が当時の活況の様子を残している。その公園に、松浦の功績をたたえる銅像が一九九五（平成七）年八月に建立された。手帳（野帳）を手に遠くを眺めている凜々しい姿を見ることができる。

また、釧路市幣舞（ぬさまい）公園には、ここでも探検記をメモし、アイヌ古老を従えた松浦の銅像が建っている。当地では「阿寒国立公園の父」としても親しまれているようだ。調べてみると、なんと道内四〇カ所に松浦の銅像・レリーフが置かれており、道外ではサハリンや出身地の三重県松坂にもある。これほどの数の銅像が各地に置かれているというのは驚きであり、百数十年も前、松浦がいかに多くの場所を訪れ現地の人々と交流を深めていたのか、その人物像に興味をもった。

松浦武四郎とはどのような人物だったのだろうか。これがまことに難しい。北海道および道内一一カ国八六郡の名付け親であり、一日六〇キロから七〇キロのペースで道内の荒野を歩き回った探検家。膨大な書籍を残した著述家でもあり、訪れた土地を詳細に調査し、地図や資料にまとめた地理学者。アイヌ語を研究した言語学者であると同時に、松前藩や商人に虐げられていたアイヌの人々に対し深い理解と愛情を持ったヒューマニスト。浮世絵や詩歌をたしなむ文化人。そこにはさまざまな松浦が存在する

松浦は一八一八（文化一五）年、現在の三重県松坂市に生まれた。一六歳の時、父親からもらった一両を持って突然、諸国の旅に出た。江戸、京都、大阪、四国八十八ケ所など、憑かれたように歩き続け、途中で大病を患い仏門にも入った。一〇年たって故郷に戻ったが、その時にはすでに両親は亡くなっていた。

長崎に滞在していた時にロシアの南進を知り、蝦夷地侵攻の懸念を抱いたが、蝦夷地を管轄していた松前藩は秘密主義を貫いており、奥地のことはほとんど知る者がなかった。これに探検家としての松浦の血が騒いだのだろう。

両親を弔った後、松浦は蝦夷地への旅に出かける。北方探検の途にのぼる決心を固めたのだ。出発に際し「みちのくの蝦夷の千島を開けとて神も我を造り出しけん」との句を詠んでいる。北地の開拓を天から与えられた使命と心に誓ったのだろう。

一八四五(弘化二)年、松浦は二八歳で蝦夷地に渡航した。これが彼の第一回目の蝦夷地調査である。当時、和人地は渡島半島の三分の二ほどで、広大な蝦夷地はアイヌ・モシリ（アイヌ民族の大地）であった。しかし、蝦夷地沿岸の漁場には場所請負人が多数押しかけ、アイヌの人々を鮭・鱒漁に使役していた。松浦は、東蝦夷地を調査し知床岬まで踏破したが、行く先々で、場所請負の番人たちがアイヌの人々を棍棒で打ち付けるのを目にした。「松浦を見る彼らの目には、深い悲しみがにじみ出ていた」（佐江衆一著『北海道人』より）。

アイヌの人たちを初めて見た松浦は「なんと純朴な人たちだろう」と、愛しささえ感じたという。アイヌの男性たちは、真っ黒な髪で長い髭を伸ばしたくましい体つきなのに、物静かでおとなしい。

第一回目の蝦夷地訪問で松浦が感じたのは「アイヌの人たちをこのように酷使していては、南下を目論んでいるロシアに従属させられるかもしれない。松前藩には蝦夷地を任せられない」（佐江衆一著『北海道人』より）ということだった。その年の一二月に箱館を出発して江戸へ戻ると『初航蝦夷日誌』の執筆に取りかかった。

翌一八四六（弘化三）年、松浦は二回目の蝦夷地渡航に赴く。向かった先は西蝦夷地（イシカリ）、北蝦夷地（樺太）。この調査の間、松浦は、アイヌの人々とのかかわりを通じて、アイヌ語を自由にあやつれるようになっていた。アイヌの人々と語り合う中で松浦を驚愕させたのが、松前藩が膨大な運上金を場所請負人たちから巻き上げている事実だった。この運上金はアイヌの人たちをただ同然で酷使して得たものだったのだ。

松前藩の監視の目を逃れるため、ある時は漁夫に、ある時は臨時足軽や商人の手代になり、一八四五（弘化二）年から一八四九（嘉永二）年にかけて松浦は三度、蝦夷地を探検している。身長一五〇チセンの小柄な身体だが、並はずれた健脚の持ち主であり、江差から樺太、オホーツク沿岸から知床岬、択捉、国後にと、松浦の足跡は蝦夷地全域におよび、押しも押されもせぬ北海道通の第一人者になった。

一八四九（嘉永二）年、三三歳になった松浦は三度目の蝦夷地調査に向かった。この調査で松浦はトマリ（クナシリ島最南端の村）を訪れた。ここに住むアイヌの人たちはすべて、道東のシャリから移された者たちだ。アイヌの人たちの話によると、以前、ここクナシリに住んでいたアイヌは、そのほとんどが飛騨屋の番人に強殺されたり「クナシリ・メナシの戦い」で殺害されたのだという。彼らが話す「クナシリ・メナシの戦い」の概略は次の通りである。

蜂起は一七八九（天明八）年に起こった。当時、飛騨屋の番人たちのアイヌ女性に対する姦淫や陵辱は目に余るものがあった。妻も娘も見境なく勝手次第に慰みものにした。アイヌの男たちが抗議すると打ちたたかれ、髭を剃り落とした。また、肥料にする魚粕をゆでる大釜に、大人ばかりか子供まで放り込み煮殺しにすると脅かした。このような乱暴・狼藉が続く中、クナシリの乙名（酋長）マケメリの妻が、番人からもらった飯を食べて亡くなってしまった。マケメリの息子はこれに激怒し、仲間とともに蜂起。飛騨屋の支配人・番人ら二三人を殺害した。次いでメナシ（現在の羅臼）のアイヌも呼応し、番人や舟子五〇人を殺害。蜂起したアイヌの総勢はおよそ二〇〇人といわれる。

この事態に驚いた松前藩は鎮圧にあたるべく、二六〇人の藩兵をこの地に派遣した。この事態に動いたのがアッケシの大酋長イコトイとクナシリの乙名ツキノエ。二人はアイヌ側に勝目がないと判断し、山に隠れていたアイヌの若者たちを諭す行動に出た。アイヌの若者たちは乙名たちの説得に応じ、やむなく降伏。松前藩は首謀者二九人を牢に入れ、武器をことごとく没収した。まず、蜂起の主犯とされた八人の首が斬られ、その首は藩士により足蹴にされた。これを見た牢にいるアイヌたちは怒り狂い、牢を壊し材木を武器に陣屋に乱入した。しかし、戦力の差は歴然としており、再び捕らえられ、耳を削がれ目玉をくりぬかれ、息のある者たちは手足を順に切り取られた。

部族の若者たちを松前藩に差し出し、このような残酷極まる死に追いやったイコトイらは松前藩の居城・福山城に呼ばれた。そこで松前公からねぎらわれたという。その時の彼らの出で立ちは蝦夷錦を着用し、返却された自慢の大槍を持った姿である。この時の乙名たちを描いたのが蠣崎波響の「夷酋列像」である。

クナシリ・メナシの戦いを、すべてを飛騨屋のせいにし、松前藩は「夷酋列像」を各地の大名に寄贈することでその罪を免れたのである。松浦はアイヌの人たちから詳しく聞き、クナシリ島に昔からいたアイヌの人たちが、シャリから連れてこられた実態を知ることができたのだ。

蜂起の後、飛騨屋は没落し、一〇年後の一七九九（寛政一一）年に東蝦夷地は幕府直轄となった。しかし、その後を継いだ場所請負人の粕谷喜兵衛は、引き続きアイヌの人たちを酷使した。婦女子の強姦は日常茶飯事で、病人を遺棄までするという飛騨屋と変わらぬ暴挙を続けていた。松浦は『近世蝦夷人物誌』で次のにように、アイヌ民族の人口減少を嘆いている。

「文政のお引渡し（一八二一年＝文政四年）に幕府が直轄していた蝦夷地一円の支配を松前藩に戻した時点では、シャリ会所には戸数三六六、人口一三二六人がこの地に住んでいた。しかし、今（松浦が訪れた一八四九年＝嘉永二年）は、戸数一七三、人口三五〇人と四分の一に減っている」

松浦は常に一冊の手帳を懐に入れ、目に触れるもの耳にするものすべてを図や文にして書き留めた。この間に著述した書物は『初航蝦夷日誌』一二巻、『再航蝦夷日誌』八巻、『三航蝦夷日誌』八巻など膨大な量になる。まさに著述家としての松浦である。

地理学者としても優れていた。松浦が単身蝦夷地をくまなく調査し出版した『蝦夷大概図』は詳細に山脈、水脈、道路、村落が書き込まれており、我が国最初の北海道全図といわれている。

これら書物や蝦夷地図は秘密裏に蝦夷地を我が物にしようとしていた松前藩を激怒させ、刺客を放って松浦を亡きものにしようとした。しかし、これら書物や地図は水戸藩主・徳川斉昭にも献上され、松浦の才覚は斉昭ばかりでなく鍋島直正や大久保利通にも大いに認められることとなった。松浦は北海道開拓開祖たちの後ろ盾を得て、箱館府権判事として採用され、松前藩からの追及を逃れることができた。

一八五六（安政三）年、松浦は三九歳で四回目の蝦夷地探検に臨んだ。松浦を信頼するようになったアイヌの人々から各地で悲惨な話を多く耳にするようになった。松浦はひどい虐待を受けながらもなお純真さを失わないアイヌの人々に感服し、アイヌ擁護・救済と、松前役人・請負商人弾劾の書『近世蝦夷人物誌』三編を著している（幕府は出版を認めなかった）。

その著で「斜里・網走あたりでは、女性は一六、七歳になり夫を持つべき年になると国後島に追いやられ諸国から来る漁師や船員に身を自由に扱われ、男性は結婚する年になると昼夜の別なくこき使われ、多くは生涯妻を迎えることはなかった。その上男性は極度の過労、女性は性病におかされ、若くして死を迎えることになる。夫婦の場合、無理やり別れさせられ、夫は五年、一〇年の長きにわたって遠い漁場に送られたままとなり、妻は関所または番所で番人や和人の慰みものとされ、拒めば一層辛い目にあうので、ただ泣き泣き日を送る」（一部筆者の意訳）と書いている。

松浦が生きていたならば「北海道開拓の礎はアイヌの人々の努力と犠牲により築き上げられたものであり、我々はその事実を重く受け止めるとともに、常に感謝と尊敬の気持ちで接しなければならない」と言うであろう。

松浦は江戸に戻った一八五〇（嘉永三）年に『蝦夷大概之図』を完成させた。これは三〇《センチ》四方の小図ながら、樺太・国後・択捉を含む北緯四二度から五一度までの蝦夷地全図で、北海道の全体図が発行されたのはこれが初めてだ（佐江衆一著『北海道人』より）。松浦はこの図の左上余白に、数百字におよぶ檄文を書いている。松前藩の横暴ぶりを厳しく暴くとともに、蝦夷地改革について提言しており、松前藩から蝦夷地をことごとく取り上げ、幕府なり志ある藩なりが仁政を敷かなければならない、また場所請負制度は廃止しなければならないと訴えている。

蝦夷大概之図は、木版図で多く印刷・発行され、当然、松前藩の目にも触れることは予想された。命を賭した松浦の覚悟がにじみ出ている。蝦夷大概之図はこの年の四月に江戸市中に出回った。これを見つけた松前藩士は、すぐさま藩主・松前崇広（まつまえ・たかひろ）を始め重役たちに送り届けた。「不埒（ふらち）な、捨て置けぬ」と松前藩は松浦を抹殺すべく刺客を送った。

松浦がアイヌの人々から直接聞いた話をありのまま記した『近世蝦夷人物誌』は、歴史的なルポルタージュと評価されている。人物誌には九九話が収められており、百数十人におよぶアイヌの人々の勇敢な姿、親孝行な話、無理難題を押し付ける役人や場所請負人たちなどを、松浦自らが描写した多くの画とともに詳細に記述している。二〇〇二（平成一四）年に平凡社から出版された『アイヌ人物誌』は更科源蔵・吉田豊による現代語訳がなされている。

第二話「酋長リクンニスキ」では、幕府の「撫育（ぶいく）同化政策」に苦しむアイヌの人たちを取り上げている。幕府はロシアの南下政策に対して蝦夷地は日本の領土だと主張するため、文化の異なるアイヌ民族の伝統である長髪、髭や入れ墨を強制的に禁止しようとした。

「この地の女たちは年寄りが多く、男たちは妻を娶れないものが五人もおり、八〇歳以上の年寄りは養老の介護も受けていない。この地に、以前は一二八人も住んでいたが今は三九人に減っている。どの請負人も私らを酷使するばかりで、凍え死ぬ者、病気で死ぬ者が多く、このままではこのコタンは滅びてしまいます。私らはご公儀の進める改俗を受け入れ、髪を切り、髭も剃りました。しかし、役人や支配人にアイヌの窮状を再三訴えても、聞き入れようとせず、荒縄で縛り上げ、運上所の梁に吊るして痛めつけるありさまです。どのような重罪に処されようとも、アイヌの子孫を絶やさずに暮らしていける願いさえかなえば、私一人の命などどうなってもよいのです」

天上・地上の神を敬い、家族を大事にする心優しいアイヌの人々。そのアイヌ民族が絶滅の危機に瀕していることを多くの人々に伝えたいとの松浦の強い思いが近世蝦夷人物誌には随所に表れている。

一八五八（安政五）年、松浦が四一歳の時『近世蝦夷人物誌』の上梓（じょうし：発行）願いを出すが、箱館奉行所から異議が出て却下される。上梓に反対したのは奉行所支配組頭の河津三郎太郎といわれている。生前ついに出版が許されなかった近世蝦夷人物誌が初めて活字になるのは、松浦の没後二四年を経た一九一二（明治四五）年である。

一八五八（安政四）年、六回目の蝦夷地調査では『東西蝦夷山川地理取調図』を作製している。蝦夷地の地図は伊能忠敬や間宮林蔵などの測量で海岸線はほぼ正確になったが、松浦の努力で内陸部の状況も詳細に図示されている。二八枚からなる当時最大の蝦夷地図で、九八〇〇のアイヌ語地名が紹介されている。

一八六九（明治二）年、明治政府は北海道開拓使を設置し、佐賀藩主だった鍋島直正を初代長官に、島義勇を主席判官に、岩村道俊を判官に任命するが、同時に松浦も蝦夷地探検の第一人者と認められ、判官として採用された。松浦五二歳の時である。同年、松浦の提案を基にして蝦夷地を「北海道」と改称し、さらに道内を一一カ国八六郡とした。そのすべては松浦の原案通りアイヌ語を基にして命名されている。

開拓使判官として松浦は、北海道開拓の元凶である松前藩を他に移封すること、場所請負人制度を廃止することなどを後任の開拓使長官・東久世通禧に進言したが聞き入れられなかった。松浦は開拓使判官在任わずか七カ月で役職と官位を返上した。鍋島直正公が引き続き開拓使長官だったなら、歴史は違ったものになっていたかもしれない。

長年の探検生活で自分の家がなかった松浦は、退官後ようやく小さな家を持った。家の隣には全国の寺社の廃材を集めた一畳敷きの書斎を置き、北海道関係の書物執筆に専念した。七一歳で亡くなったが、その前年には富士山に登ったとのことである。紀行文だけではなく、詩歌、絵画、骨董品収集、考古学、天文、地理、植物、民俗学にも通じた文化人であり学者でもあった。

第四四話　松本十郎

アッシ判官として親しまれた開拓使大判官

一八七二（明治四）年七月に開拓使が設置され、肥前藩主・鍋島直正を長官として新政府による北海道開拓の第一歩が踏み出された。しかし、江戸幕府から新政府へという激動の時代の中で、北海道開拓の使命に燃えた開拓使の面々にも予期せぬドラマが待ち受けていた。そこには、さまざまな人間模様が浮かび上がってくる。

初代長官・鍋島直正は病弱で、蝦夷地に赴任することなくひと月余りで大納言に転任。長官の座を東久世通禧に譲った。東久世は公家出身でかつ官僚色が強いため、武人や探検家といった一匹狼の判官たちと意見が合わず、二人の開拓使が役職を辞することになった。最初に辞したのが「北海道」の名付け親・松浦武四郎。次に職を免ぜられたのが主席判官の島義勇である。札幌本府建設にあたり予算を大幅に超過し、これが東久世の逆鱗に触れた。

さらに、東久世の後任となった開拓使次官・黒田清隆により、二人の判官が身を引くことになった。一人は島の後を継いで本府建設にあたった判官・岩村通俊（後に大判官）。岩村は黒田を批判し、一八七六（明治九）年に解任された。

もう一人、黒田と意見が合わず職を辞したのが、岩村の後任として大判官になった松本十郎である。根室・釧路の開拓に多大な貢献をし、その後、黒田の推挙で開拓使大判官として北海道開拓の責任者にもなった人物である。しかしながら、松本は北海道開拓神社に祀られている三七柱に加わることはなかった。何があったのだろうか。今話はその松本十郎を取り上げたい。

一八七八（明治一一）年五月二二日、「樺太・千島交換条約」が締結された。日本側の交渉責任者は、黒田の盟友駐ロシア公使・榎本武揚である。この契約により、樺太アイヌの人々は日本・ロシアのどちらに住むか自由に選択できることになった。選択の期限は三年以内。結局、樺太北部のアイヌは残留し、南部のアイヌ一〇八戸、八四一人が宗谷に移住した。

アイヌの人たちは故郷の樺太が遠望でき、鮭や鰊の漁獲も見込まれる宗谷への移住を希望し、大判官の松本も彼らの意見を強く支援した。だが、開拓使の一部に移住民を農作業、もしくは空知の炭鉱で働かせるべきとの意見があり、黒田はこの意見を取り入れた。黒田は松本に相談することなく、彼らを江別市対雁（ツイシカリ）に強制移住させ土地を与える決断をした。

一八七五（明治八）年秋、樺太南部のアイヌの人たちを乗せた船が宗谷に着き、その地でいったん在留した。何も知らされていない彼らは新天地に到着しひと息ついたが、翌年から不幸が始まった。年が明けると、黒田に指示された判官が巡査二〇人に銃を持たせ宗谷沖に現れた。船に据えられた大砲から空砲を発射してアイヌの人たちを威嚇した上、宗谷の一時居住地に上陸。脅迫して船に乗せ、小樽を経由して石狩に向かった。

小樽では、アイヌの人たちが最初の約束と違うということで酋長を攻め立て、酋長はついに気が狂い、血を吐いて死んだ。移住民八四一人は石狩川河口上流の対雁に強制移住させられたのだ。狩猟民族であるアイヌの人たちは環境の激変についていけず、一八八〇（明治一三）年にはコレラが、一八八六（明治一九）年には天然痘が流行し三〇〇人もの命が失われた。

当初から北見（宗谷）への移住を主張していた松本は、自分に相談もせず強制移住を断行した黒田に対する憤りを抑えることができず、開拓使大判官を辞する覚悟を固めた。松本は長文の手紙を黒田に残している。概要は以下の通りで、その覚悟がうかがわれる。

「今回の樺太土人（アイヌの人々）の移住に関しては閣下の意見とは違います。たとえ閣下の逆鱗に触れてお怒りを受けることになろうとも、私は断固として閣下のご命令を受けることはできません。樺太アイヌは北見（宗谷）に移りたいと願っております。ところがどうしてなのか、石狩川の上流に移し空知の夕張鉱の仕事に従事させようとしています。石炭鉱は終身刑者を働かせるところではないですか。これを聞いた時、私は非常な驚きでした。閣下は樺太土人を蛮民だと言ったそうですが、閣下が移民を蛮民と呼んだということは、私が最も納得できないところです」

松本はひと月ほど道内を回り覚悟を固めるとともに、親しかった人たちに別れを告げ、故郷の鶴岡（山形県庄内）に向け函館を出発した。松本三八歳の時である。

戸田総十郎（松本の旧名）は一八三九（天保一〇）年に庄内藩士の長男として生まれた。一五歳頃から庄内藩の藩校「到道館」で学び、抜群の成績で頭角を現す。一八六三（文久三）年、父にしたがい百数十人の庄内藩士とともに留萌地方の苫前、その後、浜益で蝦夷地の開拓と警備の任にあたった。ここで、アイヌの人々とその生活を理解することになる。

一八六八（慶応四）年から始まった戊辰戦争で庄内藩は幕府軍側についた。戸田は二番隊長として活躍し、最後まで新政府軍と戦った。しかし、圧倒的な新政府軍の兵力に抗しきれず敗北した。

戊辰戦争の後、新政府に抵抗した会津藩は石高を三〇万石から三万石に減らされ、今の青森県むつ市の斗南（となみ）に移封された。一方、会津藩降伏の後も最後まで新政府軍と戦った庄内藩は、西郷隆盛や黒田の配慮で石高も一三万八〇〇〇石から一二万石に減らされただけで、厳しい処罰は免れることができた。

その直後、戸田は藩の処罰軽減を公家たちに訴えるため京都に行くことを命じられたが、この時に朝敵藩士の身分を隠すため、名を松本十郎に改めた。

黒田は松本が賊軍の武将であったにもかかわらずその才覚を認め、北海道開拓使判官に推薦した。箱館戦争で幕府残党の榎本の命を自分の政治生命をかけて救ったように、松本を有能な人材と認めたのだろう。

一八六九（明治二）年九月二一日、「大国魂命（おおくにのたまのかみ）」「大那牟遅命（おおなむちのかみ）」「少彦名命」（すくなひこなのかみ）という「開拓三神」と東久世以下の開拓使を乗せたテールス号は品川を出航し、函館に到着。その後、松本は一三〇人の配下を連れて根室に向かった。松本はマゲを落としてザンギリ頭となり、アイヌの織物「アッシ」を着用。当時ほとんど手つかずの状態だった根室の開拓に邁進した。

税制を改め、出納を厳格にし、学校、病院、牢獄を次々建設。アイヌの人たちとも分けへだてなく接し「アッシ判官」と呼ばれ親しまれた。「請負人制度」も廃止して「漁場持」とし、数々の有力商人を管轄下に置いた。

一八七三（明治六）年、岩村が黒田から罷免されると、松本は大判官に抜擢され北海道開拓の全権を任された。当時、北海道開拓使は大幅な赤字に苦しんでいたが、松本は事業全体を見直し、開拓使の役人を七〇〇人から三〇〇人に削減、綱紀の引き締め、徹底的にムダの排除を行い、わずか二年で累積赤字を解消している（なぜ、近年の北海道で、できないのだろうか？）。自らも質素倹約に努め、出張経費も受け取らず、書生も一人だけという清廉な生活だった。朝六時には登庁し、誰にでも「さん」づけで語りかけた。アッシを羽織っての管内巡回を毎日欠かさず行っていた。

松本の故郷・庄内は維新後、養蚕による産業振興に取り組み、三〇〇〇人の旧藩士を動員して二〇〇ヘクタルの桑畑を開墾した。松本は北海道でも養蚕事業を立ち上げるべく、旧庄内藩に依頼して桑畑開墾経験のある庄内藩士を二〇〇人以上も札幌に招いた。彼らは期待に応え、わずか一〇〇日あまりで函館と札幌にそれぞれ二一万坪と一〇万坪の桑畑を整備した。札幌中心地の北西に開墾した桑畑は、「桑園」として今もその名が残っている。かつて桑園の管理事務所が置かれていた現在の北海道知事公館には「桑園碑」が建っている。

松本は今のさっぽろテレビ塔近くの南大通りの官舎に住んでいた。その庭に花畑をつくり、季節ごとの花々を愛でていた。人々はこれを「松本判官のお花畑」と称し、一緒に楽しんでいたそうである。この花畑が大通公園発祥の地で、札幌市民のくつろぎの場になっている。

郷里の庄内に戻った時、松本は三八歳の若さで、まだまだ働き盛りの年齢であった。しかし、幾多の官位の誘いも断り、四〇余年もの間、一人の農民として晴耕雨読の日々を送り、一九一六（大正五）年一一月にその生涯を閉じた。享年七七歳だった。

第四五話　岡本監輔

樺太に全身全霊を打ち込んだ開拓使判官

東京で桜が開花しても、まだまだ春の訪れが遠い樺太。今話では、この地に男子一生の夢を抱き、世界で初めて樺太一周をやり遂げた開拓使判官・岡本監輔（おかもと・けんすけ）を取り上げる。

岡本は奇しくも松本十郎と同じ年一八三九（天保一〇）年生まれ。出身地は阿波国（徳島県）である。父親は博識で、農業を営むかたわら医者でもあった。

他の先覚者たちがそうであったように、岡本も幼少時から学問を好んだ。成長するにしたがって儒学や漢学を学んだ。頑固で一途な性格だったといわれているが、気宇壮大で生涯を開拓者精神で貫いた異色の人物である。

青年時代、ある儒学者のところに居候していた岡本は、たまたま訪ねてきた漁師から「遠く北にサガレンという大きな島がある」と聞き、異常なほどの関心を持った。これが岡本の運命を決めた出来事といえよう。その後、大阪や京都で「サガレン」を調べ回ったが、ヒントさえも得ることができなかった。江戸に出た際、下谷の書店で偶然にも間宮林蔵の『北蝦夷図説』を手にし、ようやく自分の目指している島が樺太（北蝦夷）であることがわかった。

さらに、蝦夷地開拓者の先達である松浦武四郎とも会うことができ、話を聞くうちにいよいよ冒険心が募っていった。むさぼるように松浦の著書『蝦夷日誌』や『蝦夷紀行』を読み、蝦夷と樺太に関する知識を高めていった。

そんな樺太開拓の思いが、ついに達せられる時が来た。岡本の並外れた能力は、目的遂行のためにありとあらゆる人脈を利用し、説得する力である。岡本は寄寓していた幕府の下級役人に樺太開拓への強い思いをぶつけた。その意気込みに圧倒された役人は箱館奉行所の組頭・平山謙二郎に添え書きを送り、岡本は平山の食客として箱館に行くことができた。平山も岡本の樺太に対する強い思いに喜び、樺太詰所役人に紹介状を書いた。

一八六三（文久三）年、岡本は念願の樺太に向けて単身出発する。樺太の南端、白主に着くと早速、地元民の言葉を学び、ロシア兵が広大な兵舎を設けている様子や、石炭採掘をおこなっているロシア人の動きを見るなどの調査をして一〇月に箱館に戻った。この樺太渡航で、ロシアの勢力拡大に対する岡本の憂国の思いは募るばかりだった。一方、樺太の土地は肥沃で漁業も豊か。移住するのに適した地であることも理解した。岡本は箱館で奉行所要職の面々に樺太の事情を説いて回った。その熱心さと説得力が功を奏し、岡本の樺太在住願は許可された。

一八六五（元治二）年四月一日、岡本は樺太一周を極めんとして現地人を雇ってクシュンコタン（樺太の南岸）を出発した。前人未到の調査で辛苦を極めたが、六月末に最北端ガオト岬に至り、この地に天照大神を祀った。七月には間宮林蔵の探検した最北の町ナニオーに着いた。その後、西海岸を南下し、ここに日本人による最初の樺太一周が達成された。こうした調査を通じ、岡本は樺太や千島の開拓に大きな理想を抱く一方、ロシア勢力の南下に対して深刻な危機感を持った。

一八六六（慶応二）年、岡本はサハリン開拓がいかに喫緊かつ重要であるかを幕府最後の箱館奉行・杉浦誠に説くが、時は幕末の混迷の最中。杉浦は動くことができず、岡本は江戸に赴き樺太の窮状を訴えようとした。世の中は勤皇か佐幕か、攘夷か開国かと国が揺れ動いていた時、まったく別の思いを持った男であった。

興味深いのは、岡本は一八六七（慶応三）年に坂本龍馬と会い、熱く樺太開拓を訴えたことである。坂本も「ひと区切りついたら、わしもひと肌脱がせてもらおう」と応じたとのことであるが、その年、坂本は暗殺された。同年、徳川慶喜は大政を奉還。岡本はこの大混乱の時期に蝦夷や樺太を開拓する目的で「北門社」という結社を立ち上げた。あくまでも目的を達成しようとする、岡本のすさまじいばかりの執念がうかがわれる。

次に岡本が打った手は、貧乏公家の侍従、清水谷公考（しみずたに・きんなる）に樺太開拓を吹き込むことであった。「北辺のロシアの進出が懸念される中、急ぐべきは蝦夷地全島の人民の安寧を図ることである」と熱弁をふるい、清水谷をその気にさせた。戊辰戦争が始まったばかりの日、清水谷は新政府に岡本が原案をしたためた建議書を提出した。これが新政府の北方開拓の方針とも一致し、新たな組織を箱館に設置することが認められた。一八六八（慶応四）年設置の箱館裁判所（道庁の役割）がそれだ。清水谷は総督、岡本は権判事・樺太担当に任命された。従来の箱館奉行所は廃止され、奉行だった杉浦は追い出された。念願かなった岡本は、食いつぶしの浪人数百人を引き連れて樺太に渡り、クシュンコタンに公儀所を設置。樺太開拓を開始する（なお箱館裁判所は後に「箱館府」となり、清水谷は知事になった）。

同年一〇月、榎本武揚が艦船を率いて蝦夷地に上陸。箱館戦争へつながっていく。予期せぬ戦いに新政府が設置した箱館府は劣勢になり、清水谷は青森方面に退却した。その後、新政府軍は箱館を制圧するが、逃走した清水谷の箱館府運営に疑念を抱かれ、清水谷は失職。翌年新たに「開拓使」が創設された。この時、北蝦夷は松浦によって「樺太」の名前が付けられた。樺太情勢に詳しい岡本は、開拓使判官に任命され担当となった。

さかのぼって一八五五（安政元）年、江戸幕府とロシア政府の間で「日露通好（和親）条約」が締結された時、樺太は「両国の共同居住地」と曖昧にされていた。岡本の主張は「この条約は旧政権である幕府が結んだものであり、この地は元来日本人の居住地である」という趣旨。開拓使判官として交渉するにあたって、ロシア側とはそもそも食い違いが生じていた。さらに幕末の混乱期に、ロシアは着々とその地歩を樺太に築いており、岡本の主張に聞く耳も持たなかった。一八七〇（明治三）年の正月には、部下六人がロシア兵に捕縛されるという事態も発生。岡本はロシアとの交渉で厳しい状況に立たされることになる。

一八七一（明治四）年五月、黒田清隆が開拓使次官としてこの地の問題解決に当たることになった。黒田は樺太を視察するが、日本とロシアの勢力差が著しく大きく、国力の差も如何ともしがたい。樺太を放棄して北海道に力を注ぐべきとの結論に至った。これに憤慨した岡本は判官を辞職した。

その後、岡本は自由民権運動への参加や清国視察、夏目漱石も生徒だった東京大学予備門の教授就任などを経て、一八九一（明治二四）年、五三歳で千島開拓を企てた。同志を集めて「千島義会」を結成し、択捉島を目指すが船が沈没。計画は頓挫してしまう。

岡本は思いを果たすことのないまま一九〇四（明治三七）年に東京で病死。六六歳だった。ちなみに当時は日露戦争の真っただ中。日本軍が樺太を占領して戦争は終結し、ポーツマス条約でその南半分を得るが、岡本はそれを知ることもなかった。

エピローグとして岡本と関係のあった二人の開拓者について触れたい。

その一：小野淳輔（坂本直）

岡本が坂本龍馬に会ったことは先に触れた。坂本は岡本の樺太開拓という野望に刺激を受けたが、その年に暗殺され、北方開拓の夢を果たすことができなかった。その坂本の遺志を継いだのが、甥の小野淳輔（後の坂本直）である。小野は海援隊隊士であったが、坂本が殺された直後に新政府に登用され、蝦夷地開拓のために設置された箱館裁判所判事に任命されている。箱館裁判所は先に触れた通り清水谷公考の建議により設置され、清水谷が総督、岡本が権判事・樺太担当として運営した組織。坂本の志を甥の小野が受け継いだとしたら、北海道と坂本の絆が感じられる。何か心温まる思いだ。

その二：前野五郎

前野五郎は岡本と同じ阿波国（徳島県）の出身である。京都で新撰組に入隊するが、近藤勇と意見が合わず、永倉新八たちと靖兵隊（せいへいたい）に参加し。幕府軍とともに東北各地を転戦した。その後、薩摩軍に投降するが、同郷だった岡本が「日本人同士が争っている場合か。ロシアの暴挙が見えぬのか」と主張して樺太に渡ったのを耳にし、自分も一八六八（明治元）年に樺太へ向かった。すでに述べたように、岡本は黒田の方針に憤慨して判官を辞職。前野も辞職願を出して札幌へ行く。その後、前野が札幌で始めたのが、何と遊郭。薄野（ススキノ）で金を稼ぎまくった。

一八九一（明治二四）年、前野を訪ねた岡本は「大事な樺太を放棄して千島を得たが、千島はいまだ手付かずのままだ。千島義会を結成して開拓する」との決意を述べた。前野は感激して遊郭を閉め、すべての金を千島義会に投じた。しかし、前野は択捉島の海岸を調査中に丸太橋から転落し、川で流されるうちに自分が所持していた猟銃が暴発して死んでしまった（殺害されたともいわれる）。

第四六話　伊達邦成・田村顕允

有珠門別開拓の亘理伊達主従

藩をあげて北海道に移住し、幾多の困難を乗り越え、今の伊達市を開拓した伊達亘理邑主（だてわたりゆうしゅ）・伊達邦成（だて・くにしげ）と、家老として移住に身をもって貢献した田村顕允（たむら・

あきまさ）について取り上げる。

伊達邦成は、伊達藩の岩出山当主の二男として生まれた。一九歳の時、伊達亘理の養子に迎えられ、一五代目亘理城主になる。ちなみに、当別村（現当別町）の開拓に奮闘した伊達邦直は邦成の実の兄である。田村顕允は亘理村（宮城県南部）に生まれ、家は代々亘理の家老を務めていた。邦成の北海道開拓に従って困難な事業に奔走し、多大な功績を残している。第一期道議会議員にもなった人だ。

伊達・当別両地域の開拓こそ北海道農業開拓の先駆であったといえるだろう。彼ら移住者たちの開拓がいかに困難なものであったか、それをどう克服していったのかを具体的に見ていきたい。

戊辰戦争の際、仙台藩（伊達藩）は奥羽越列藩の主唱者となって官軍に対抗した。亘理邑主・邦成は勤皇を唱えたが、周囲の勢いに抗することは難しく、宗藩（伊達本家）と行動をともにし、官軍と戦わざるを得なかったのだ。

戦況はおもわしくなく、邦成は宗藩を新政府に帰順するようながし、官軍の軍門に伏した。しかし、戊辰戦争後に明治新政府が下した沙汰は、宗藩を六〇万石から二八万石に、邦成の率いる亘理氏は一万二〇〇〇石からわずか六五石に藩収入を減らせという厳しいものであった。これでは部下はもちろん、邦成一家だけでも食べていけない。さらに、旧領地は南部藩に与えられ明け渡しを要求された。家臣は路頭に迷う窮状に追いやられてしまった。

この時、家老・常盤新九朗（後の田村顕允）は、新政府が推し進めていた蝦夷地開拓計画で亘理家を丸ごと自費移住し、開拓に従事することを邦成に建議。明治新政府は北辺（ロシアから）の脅威に多大な懸念を抱いており、また蝦夷地を日本の土地として多くの人が住めるように開拓しようとしていた。ここに家老の常盤は亘理藩の存続をかけたのだ。

常盤は「蝦夷地に行って警備と開拓を担うことで、戊辰戦争における朝敵の汚名も晴らすことができる」と邦成を説き、亘理家の蝦夷地移住が決意された。

明治政府に対する常盤の懸命な働きかけにより、一八六九（明治二）年八月二三日、亘理氏は北海道開拓の辞令を受け「胆振国有珠郡支配」を命じられた。同年九月、常盤新九朗改め田村顕允を開拓執事として北海道に先発させ、邦成自らも続いて支配地に視察に入った。有珠紋別の地はうっそうたる原始林や背の高さほどもある野草に覆われ、開拓の困難さをうかがわせた。しかし、土地が肥沃であることからこの地を移住の根拠地に決めた。

「春に見し都の花に勝りけり蝦夷か千島の雪のあけぼの」

邦成は一家没落の危機に追い込まれ暗い心でいたが、新移住地を決めたことで安堵とともに明かりの差す兆しを覚えたのだろう。

帰国後、邦成は家臣一同を集めた。そこで視察状況を克明に説明し一同の覚悟を確かめた。家臣全員、邦成自ら現地を検分した大移住計画に賛同し、ここに例のない大武士集団の北海道移住が開始された。

移住にあたり孤独に耐えかねて逃亡・脱落する者を出さないとの強い方針で、戸主の単独移住は許さないと決めた。所帯を持っている家族だけの集団移住であり、覚悟のほどがうかがわれる。

移住にあたって第一に必要なのはその費用だ。大幅に財政を縮小された藩にその余裕があるわけもない。邦成は先祖代々の茶器などの什器を売り払ってその費用にあてた。

一八七〇（明治三）年三月二九日、第一陣の移住民二二〇人と大工・土方三〇人を乗せ、船は出発。四月六日、室蘭港に到着した。この日から苦難の開拓の歴史が始まった。その後の様子については伊達開拓歴史画『樹海を拓く』に従って紹介したい。

この画集は『小野ふかし遺作集』と副題がついており、絵画によって先人の苦労を後世に伝えたものだ。小野ふかしは第三回移民団の長男として一八七六（明治九）年に生まれている。昭和の初めに家業を長男に譲ると、かねてより念願としていた伊達開拓の様子を画として残すべく制作に取り組み、その作品は伊達開拓の歴史書に多く掲載されている。

まずは汽船「長鯨丸」に乗船した男女二五〇人の第一回移住者が八日をかけて室蘭に到着した様子が描かれている。六〇センチの雪がいまだ残り、ムシロの上で婦女子は泣いたという。浜辺には桟橋もなく舟をつけられぬため、アイヌの人たちに背負われるなどして上陸した。最初に取り組んだのが住居の小屋づくりだ。木を切り倒しわら草を集め、男も女も一緒になって粗末な小屋を建てた。女性は作業に邪魔になる長袖を刀で切り裂き男たちの手伝いをしている。

第三次移住には七八六人が参加し、その中には邦成の家族も含まれていた。乗船する人数が多すぎ、什器や農具さらには食糧も載せることができず、別の帆船で送ることになった。しかし、この船が数十日も遅れて到着。この間、喰うに食なく器なく、寝るに布団なく、開拓する農具もない日が続いた。次第に苦しい状況に追い込まれ、ついには野山に自生する蕗（フキ）などを毎日食べて飢えをしのいだ。

「伊達市開拓記念館」に入ると、正面には高さ数十センチもあろうかと思われる享保雛や座り雛最古の寛永雛など四〇体が並べられ、訪れる人々の目をひときわ引きつけていた。辛苦を極めた開拓の歴史に似つかわしくない展示物と思われる反面、開拓者たちの心をいたわり、慰めてきたおひなさまなのだろう。

このおひなさまをはるばる北海道に持ち込んだのは「伊達家最後の姫」とも「開拓の母」とも呼ばれる貞操院保子。保子は一七歳で亘理伊達家の藩主・伊達邦実（だて・くにさね）に嫁いだ。いわゆる降嫁である。一女菊子を生むが、夫の邦実は若くして亡くなり貞操院となった。菊子が成長すると養子として岩出山伊達家の二男、邦成を迎える。したがって貞操院は、北海道開拓という苦難の中、藩をあげて取り組んだ伊達邦成の義母にあたる。

有珠支配を命じられた時、邦成は家臣ともども貞操院に国に留まるよう説得した。しかし、貞操院はこれを聞かず自ら進んでこの大業に参加し、邦成を助けることを望んだ。貞操院は一八七一（明治四）年四月、第三回移住者と来道、原野で粗末な仮屋に住み、移住者と苦汁をともにした。時に四五歳（六〇歳との説もある）。自らの装身具を売り払って開拓資金にあて、その熱意は開拓者の大きな支えとなった。

画集『樹海に拓く』には、茶碗と土瓶を手に提げた尼僧姿の貞操院が、大木を切り倒し畑を耕している家臣たちに「ご苦労さん」と話しかけている様子が描かれている。赤ちゃんを背負い、働きやすいように袖を短くした家臣の奥さんが、感謝の気持ちで深く頭を下げている。まさに「開拓の母」の姿がそこに描かれていた。

第三次移住団到着の三カ月後、参議・副島種臣と開拓使長官・東久世通禧が移住の進展を視察するため来道した。画には十数頭の馬にまたがった視察団と邦成一行が登場している。これらの馬は伊達を訪れた視察団が連れてきたのではなく、邦成が用意したものである。一八七〇（明治三）年、官営の有珠牧場が廃止され、三〇頭の馬が移住団に譲られたが、それらの馬を視察団のために提供したものだ。邦成が馬を引き連れ迎えに来たことに、両名は大いに喜んだとのことである。なお、馬の数は順次増え、後の西洋式プラウ（犂：すき）農業でも大いに開拓団の支えになった。

有珠伊達移民団は積極的に西洋式農具を採用している。北海道農業にプラウが実際に用いられたのは一八七四（明治七）年。開拓使は民間による西洋農具の採用を試みた。この方針に邦成は喜んで資金を出し、農具を求めた。プラウを引く馬はこの時期、相当数に達しており、また移住者はその使用にも慣れていたので、プラウ耕（北海道式農法）は伊達の地で定着していった。プラウ耕は、これまでの人力で耕す方式に比べ四倍の生産性を上げ人々を驚かせた。数年にしてプラウの数は一三〇台にも達し、全道の三分の一を占めるほどになった。邦成の先見性がここでも発揮されている。

有珠移民団の取り組みは外国人顧問団のホーレス・ケプロンやウィリアム・スミス・クラークにも届き、両者も視察に訪れている。ケプロンは一八七四(明治七)年六月、開拓地を馬車に乗って視察し、畑作、甜菜、畜産の有望性を説いた。また、交易に関する提言も行っている。

札幌農学校教頭クラークは日本を去る際、有珠に立ち寄り、欧米式有畜混合農業を勧めるとともに甜菜栽培をうながした。やがて一八八〇（明治一三）年に官立製糖所が建設。この時期には農地は拡大。プラウ農業で生産性も上がり、自給自足農業から商品作物栽培へと進んでいた。

一八八一（明治一四）年には開拓使長官・黒田清隆が伊達の開拓状況を視察するため現地を訪れている。この時期、邦成率いる開拓者は一八〇〇人を超えており、プラウによる大規模農業、西洋果樹栽培、甜菜栽培と製糖工場、養蚕による伊達繭生産、牧牛の拡大、菜種油の製油工場、藍の採取による製藍工場、さらに製鋼所も建設されていた。邦成と家老・田村顕允の施策が着々と実践され、成果が実ってきた時期だ。

移住後一〇年、辛苦を乗り越え最新農業をここまで発展させた移住武士団。黒田の視察を受け、その努力を大いに賞賛された。邦成の誇らしげな姿が垣間見られる。

一八九二（明治二五）年、邦成はその偉業が認められ男爵を授けられた。また、一九〇〇（明治三三）年には近隣五カ村を合わせ伊達村が誕生。その功は永遠に伝えられることとなった。

第四七話　伊達邦直・吾妻謙
当別開拓に取り組んだ岩出山伊達主従

一九四七（昭和二二）年）出版された『北の先覚』の著者・高倉新一郎は「伊達邦成の有珠伊達開拓と比べ、その辛苦においてこれに倍するものは伊達邦直の石狩当別の開墾である」と記している。

伊達邦直（だて・くになお）は、伊達岩出山邑主の長男として一八三五（天保五）年に生まれた。有珠を開拓した亘理（わたり）当主だった伊達邦成の実兄である。

吾妻謙（あがつま・けん）は一八四四（弘化元）年、伊達岩出山の家臣の子として生まれた。その後、二三歳の若さで岩出山家老の一員となった。

岩出山伊達は戊辰戦争で奥羽越列藩同盟に参加。官軍になびいた山形藩を攻略し、戦功を上げた。しかし、味方の多くの藩は官軍に下り、多勢に無勢で結局、伊達岩出山家は戦に敗れた。敗戦の償いは悲惨なもので、それまで一万四六四〇石だった禄高（ろくだか）は、わずか六〇石に減らされた。これでは七三〇戸の家臣および数千人の家族を養うことはおろか、邦直一家さえも支えられない。

一八六九（明治二）年八月、亘理邑主である弟の邦成は、北海道移住を認められ有珠郡の支配を命じられている。邦直も同様に蝦夷地移住の意を固め、家臣に計画を告げ全員の賛同を得た。新政府に申請したところ同年一〇月一〇日、石狩国空知郡を支配地とすることを命じられた。賜った土地は海から遠く、道すらなく物資の搬送に極めて不便な地だった。漁業からの収入も考え、海岸に近い場所を願い出たが拒絶された。再度、家老の吾妻謙が太政官（だじょうかん）に申し入れたところ、今度は不届き者として伊達本家から自宅謹慎を命じられる有り様だった。

やむなしとして邦直は翌年三月に現地調査に行き、土地の引き渡しを開拓使に願い出た。指定された土地はナイエ（今の奈井江町）の地だ。小舟で石狩川を渡り、樹木の陰で野宿するなど、一〇日をかけて現地に到着。しかし、ナイエの土地は石狩川を遡ること四〇里余（一六〇キロ以上）で、開拓使さえも開墾の遂行が難しい土地であることがわかった。これでは大規模移住は困難であると邦直は判断し、再度嘆願書を提出したが許されることはなかった。戊辰戦争での朝敵の汚名がどこまでもついてきたのだ。

すでに出発の準備が進められていたので進退極り、石狩川河口の聚富（しっぷ）の地を願い、ようやく認められた。

一八七一（明治四）年三月一八日、第一次移住者として四三戸一六〇人が郷里を出発。聚富に向かった。船旅は霧に包まれて座礁しかけたり、沖に出たら折から暴風雨に吹き流されたりという苦難に見舞われた。飲み水を手に入れるために上陸したムロラン（室蘭）では急な西風に見舞われ、船がそのまま出港。陸に残された者たちは徒歩で二〇里も離れたユウフツまで追いかけなくてはならなかった。その際、背負えるだけの荷物は運んだが、当面必要な物以外は船で回漕することになった。だが予備の食料を積み込み回漕する予定だった船は、いつになっても聚富に到着せず、移民団を苦しめた。一行がようやく目的地の聚富に着いたのは四月五日。郷里を離れてから一八日もかかっていた。

開拓地として指定された聚富の地は、海に近い砂地で、作物の生育にはまったく適しておらず、さらに樹木を切り開くと一層荒廃するような土地だった。移民の前途は暗く、一行は嘆き悲しみを堪えることもできなかった。

さらに、食料を積んだ船は到着することなく、手配した家臣はいたたまれず腹を切った。家臣の妻は取り乱し「私はもういやでございます。菩提を棄ててきました私どもに、よいことのあろう筈はありません。たった今、今の今、郷里に帰していただきます。見も知らぬこのような土地で、かわいそうなこの仏、行くところも行かれぬでございましょう。私のこの不幸が、ここに居るどなたかに巡ってこないといわれましょうか。今日、今、父、母の地に帰りとうございます。帰していただきたいのです」と葬式の場で泣き崩れた（本庄陸男著『石狩川』より）。

そんなある日、吾妻の胸に一つの考えが浮かんだ。それはトウベツへの移住であった。実は松浦武四郎作成の地図には、トウベツは遥か一〇〇里まで開け、地味よく樹木も鬱蒼と繁る土地だと書かれていた。それを確かめるべく、調査隊を出した。

一回目の調査では道に迷い目的を達することはできず、二回目の調査でようやくトウベツが開拓に好適地であることが判明する。吾妻は開拓使大主典の堀達之助にトウベツの開拓を願い出た。それはあっさりと受け入れられ、開拓使長官・東久世の許可を得た。ようやく移住民一行の目的地が決まった。しかし、相次ぐ災難に移住者の疲弊は甚だしく、意気消沈の状態だった。さらに、食料その他の物資を載せた船は数カ月を経ても何の連絡もなく、せっかくの新天地を前にして力尽きんとしていた。

このような時、開拓使石狩出張所倉庫の建築があり、ほかの業者にほぼ決まっていたその仕事を岩出山伊達藩が請け負うことに成功した。この決定には開拓使大主典・堀の配慮があったといわれている。

侍たちが、ある者は大工、木挽きになり、ある者は左官や屋根職人となり懸命に働いた。棟上式の場で仕事を奪われた大工や鳶職が、移住者の一人を袋叩きにした。しかし、その藩士は刀を抜かなかった。吾妻はそれを見て「勝ったのだ」と自分に言い聞かせた（本庄陸男著『石狩川』より）。生きるため、また時代の大きな流れの中で、武士は開拓民へと確実に変わっていった。

仮の居住地であった聚富から当別までは道がなく樹木が生い茂っていた。まず壮年男子全員で道づくりに奔走し、一一日かけて五里七町（二二キロ）を開通。邦直も現地に入った。時に八月一日。出発から四カ月近くが過ぎていた。

邦直は永住の地を得たことから吾妻を故郷に派遣し、当初計画通り残っていた八〇〇人の移住に動いた。故郷岩出山では第一次移住民の悲惨な経緯が知らされており、進んで移住に加わる者は一八〇人余り。当初の計画を大幅に下回ったことにより、移住費用として貸与を受けた一万円は取り消される羽目に陥った。

邦直はこれにめげず一家をあげて移住することを決めた。一八〇人余りの移住民は第四次有珠移住団とともに、一八七二年（明治五年）に故郷を出発した。しかし、有珠から石狩へ向かう海上で、強風のなか船は暗礁に乗り上げてしまった。浸水はおびただしく衣服、食料、什器はびしょ濡れ。婦女子はさめざめと泣きぬれた。

新移住民を加えトウベツの開拓が始められたが、一面に大木が生い茂り、その伐採や地中深くまで入り込んだ根を抜き取る作業は困難を極めた。とくに武士出身者にとってみればまったく慣れないものだった。結局は根と根の間に野菜や穀物を植えるしかない。昼夜を分かたず農作業にいそしむ日々が続いた。

幸いその年は豊作で、人々はようやくにして安住の地を得たのである。

宮城県大崎市岩出山在住の画家・小野寺栄は、その版画集『開拓者』の最後に「当別の開拓は前後三回にわたり、次第に成果があがってきた。武士として誇りを保ち大地と取り組んだ不屈の開拓精神と団結で築き上げた岩出山伊達家主従の足跡は偉大である。日本海の厳しい潮風に耐えて咲くハマナスの花に似ている」と記している。

邦直は吾妻の進言を受け、その年に五名の若者を選んで東京にある開拓使官営園で新農法を学ばせた。その成果が徐々に開花し、養蚕、製麻、果樹栽培が奨励されていった。一八七七（明治一〇）年には西洋農具（プラウ）が入り始め、一八七四（明治七）年に有珠開拓団から贈られた馬が大いに活躍した。各移住民の畑は次第に広がっていった。

邦直一行の成果は故郷にも知れ渡り、移住を希望する者が次第に多くなった。一八七九（明治一二）年五月には、吾妻が率いて五六戸、二五〇人が当別に入植した。札幌に近いこともあり、開拓模範村として有珠に並んで天下に言いはやされ、各地から移民が次々に入植。今の当別町が建設されていった。

高倉新一郎は邦直を「資性温厚、堅忍の意思強く、多くの困難に面しても決然身を挺して北地に移り、辛酸に耐え部下を慈しみ励まし遂に成功を見た」（高倉新一郎著『北の先覚』より）と評している。

晩年の邦直は気の毒な日々を送ることになる。二男の直温は札幌農学校を卒業して海外遊学の道を歩んでいたが、病没。さらに、長年に渡る苦労をともにしてきた夫人が、介抱の甲斐なくこの世を去った。邦直を助けて移住事業の完遂に協力してきた吾妻を始めとした多くの家臣も相次いで亡くなった。

一八九一（明治二四）年一月、邦直は孤独の中、風邪が原因で突然この世を去った。享年五八歳。長男の基理（もとただ）は真駒内種畜場や養豚組合を組織するなど父親を助け活躍していたが、邦直が亡くなって三カ月後に逝去した。翌年一〇月、明治政府は邦直の当別開拓への功績を大として、孫の正人に男爵を授け華族に列した。

伊達を開発した弟の邦成が当別を訪れた時、邦直は「荒磯に浮身ながらの群千鳥　波静かなる時をこそ待て」と一句したためた。邦直にとって、波が静かになったのは亡くなった時なのではないだろうか。今、石狩地方最大の米収穫量を誇る当別町。その果てしなく開けた水田を見る時、この先人の句が深く心にしみる。

第四八話　佐藤孝郷

白石区を築いた旧白石伊達の英才

亘理家、岩出山家と同じ境遇に置かれたのが伊達白石である。亘理家、岩出山家の士族移住に関しては多くの書物に著されており、亘理家の伊達邦茂、家老・田村顕允、および伊達岩出山邑主（ゆうしゅ）・伊達邦直とその家老・阿妻謙は開拓神社に祀られている。その一方、白石藩の士族移民については多くが知られておらず、また開拓神社にその名を見ることもない。

白石の士族移民について知りたいと思い、私は札幌市白石区役所を訪ねた。幸い、市民部地域振興課の職員が親切に資料を用意してくれた。資料は『白石発展百年史』。なお、本資料を編集したのは当社「財界さっぽろ」の創設者・薩一夫である。

白石は、伊達政宗の軍師・片倉小十郎が、主君・政宗から与えられた領地を発祥とする。

一八六八（明治元）年、陸奥伊達藩一三代目藩主・伊達慶邦（だて・よしくに）は、主藩に従って奥羽同盟に加わり官軍に抵抗したが、戊辰戦争が終わる一週間前に降伏（ちなみに、奥羽列藩同盟の決起集会は白石城で行われている)。その結果、白石家の禄高は一万八〇〇〇石から五五石に減俸となった。領地は南部藩の手に渡り、屋敷などすべての資産が没収された。二六八年続いた白石の士族一四〇六人とその家族を合わせて七四五九人が、一挙に生活の基盤を失ったのだ。

白石県は角田県となり、按察府（あんさつふ：地域を管轄する役所、昔はあぜちと呼ばれていた）が三陸・磐城を管轄することとなった。何とか士族身分を剥奪されず、衣食住を得る方法はないか。旧白石の重役二人が上京して情報を集めた。当時、政府はロシアの侵攻を防ぎ、飢饉に困窮する農民を救うため、開拓使を設けて蝦夷地開拓を行っていた。この話を聞いた二人は、蝦夷地移住が最良の策と判断して主君に建議した。

伊達白石当主・伊達邦憲は蝦夷地への移住をためらったが、菩提寺に集った家臣は全員が賛成。嘆願書を政府に上申した。この嘆願書は主君名ではなく重臣からのものであり、亘理家や岩出山家と当主の意気込みの違いが指摘されている。政府も蝦夷地開拓の方向性と合致していることから申し出を許可。幌別郡（今の登別市）への移住支配を命じた。邦憲は老齢であったため、その子・景範（かげのり）が部下数人を従えて、幌別で調査を行い、標柱を立てて白石に戻ってきた。

当初、士族および家族のほとんどが移住する計画であったが、実際には第一陣一九戸、第二陣四七戸の合計一七七人に限られることになった。蝦夷地移住にあたって政府は「家来、その他有志の者を募集して自費で移住し、必ず開拓の実績をあげよ」と指示。三〇〇〇両の資金貸与は断るという極めて冷たいものだった。結局、士族たちは自費移住に必要な金を得るため手持ちの財産を売却して用立てた。その後、角田県は移住団の窮状を見かねて、白石城を解体してその資産売却益を移住費用にあてることを認めた。これらを元手に幌別での開拓が進められた。

さて、旧白石に残った六〇〇人を率い、最月寒（もつきさっぷ：今の白石区中央で望月寒と〝望〟を使用している）を開拓したのが佐藤孝郷だ。佐藤は一八七〇（明治三）年に蝦夷へ渡り、彼の地が有望であることは確認していた。問題は移住費用。費用の補助を再三に渡り願い出た結果、明治政府は伊達白石の家来約六〇〇人に「北海道移住開拓使貫属」の役割を与えた。開拓使貫属とは、開拓使に所属して開拓に従事する身分。移住費用の心配もなくなった。その後の屯田兵ともほぼ同じ扱いである。旅費、荷物の運送費用、農具、現地での小屋掛け費用、三年間の補助金の支給などが保証される。幌別移住団とは雲泥の差だった。

なぜ、このような差が出たのだろうか。一つには有珠移住団、当別移住団、そして先発の幌別移住団の苦境が伝わり、政府としてもこのままでは北海道開拓が進展しないのではないかという懸念が上がってきた点。さらには、二一歳の若家老・佐藤孝郷の人物、北海道開拓への思い、彼の明晰な頭脳や的確な判断力が角田藩知事や開拓使を動かしたと見るべきなのではないだろうか。実際、佐藤はその後、岩村通俊、松本十郎、黒田清隆などの開拓使重鎮にその才能を認められ、主要な役職を与えられている。

佐藤らの北海道への移住準備が整い、あとは出発の命令を待つばかりだった一八七一（明治四）年九月、ようやく出発の通達が届いた。北海道には冬が訪れつつある季節だ。

六〇〇人の移住希望者は、第一陣の三九八人、第二陣の二〇六人に分かれて北海道に向った。第一陣に用意された船は咸臨丸。一八六〇（安政六）年、勝海舟が船長となって徳川幕府の遣米使節を乗せ、幕府の船として初めて太平洋を渡った船である。

咸臨丸は函館に到着してその後、小樽に向かったが、現在の木古内付近の浅瀬で座礁してしまう。幸い陸が近かったので、全員ずぶぬれになりながらも船から脱出。しかし、移住に必要な貨物一〇〇個は失われた。何とか生き延びた移住民は、道なき道を八里も歩いて函館まで戻らなければならなかった。

第一陣に遅れること九日。第二陣は庚午丸（こうごまる）で出港したが、大シケの中、津軽海峡で針路を誤り五日もかかって函館に着いた。老人・子供を交えた船中はひどいものであっただろう。第一陣は函館で第二陣と合流して庚午丸に乗船。寒風をついて小樽に向かった。当時の小樽はまだ開発が進んでおらず、六〇〇人全員を収容する建物もないので、そのうち三〇〇人が銭函に宿泊。その後、開拓使の指示にしたがい、移住民は二班に分かれて石狩を目指した。

当時の石狩は北海道西海岸では最も栄えた漁場だったので、全員を収容する番屋や納屋があった。開拓使は綿入れ、簡単な家具、農具、種子、夜具を支給してくれたが、炉に燃やす薪は生木。煙がもうもうと立ちこめ、眼病に罹る者や、のどを痛める者が続出した。浜の人たちは「仙台様は死なねばよいが……」と心配したという。

佐藤と会った開拓使大判官・岩村通俊は「六〇〇人の移住については角田県から報告されていないが、心配することはない。これからは雪の季節で開墾は難しい。雪が解けるまで石狩で暮らしなさい」と伝える。しかし、移住民たちは「苦労を重ねてようやく北海道に来たからは、すぐにでも開拓に取りかかりたい」という満々たる闘志にあふれていた。

「風に吹かれ、雨にたたかれ、寒さにも暑さにもくじけないのは、北海道へ移住しようと決めた時からの覚悟だ」

移住民の思いに岩村も打たれ、希望する土地を喜んで割り渡ししようと伝えた。彼らが開拓の地として選んだのは豊平川を渡った先の最月寒（モッキサップ）。雑木林が石狩川のあたりまで続いており、開墾するに格好の地と思えた。

一八七二（明治四）年一一月、陰暦換算なので北海道は真冬である。この時期に六〇〇人が住む四二戸の住居と道路を建設しようとするのだ。六七人の男女が名乗り出て、建設が始まった。石狩の納屋に押し込められている家族や仲間を一日も早く迎え入れようと、彼ら大地の侍は命がけの闘志を見せて働き続けた。

六七人が出発してからわずか二〇日間で、開拓の基地である住居と、月寒村から最月寒に至る三六〇〇メートルの道路が完成した。佐藤を中心とする武士の一糸乱れぬ団結と協力の結果であり、新天地に希望の灯がともった。この働きぶりは見る人々を驚かせ、札幌の開拓使にも伝わってきた。岩村は部下をしたがえ最月寒まで視察に来た。

「諸君の行為は一般移住民の模範とするに足る。諸君の郷里の地名をとって、今後この地を白石村というように」と彼らを激励した。同年一二月二一日、白石村が誕生したのだ。

石狩に残された同士や家族は寒風におびえ、不安と焦燥にさいなまれていたが、ついに朗報が届いた。同年一二月一四日に第一陣の一三五人、翌一五日には第二陣七〇人が出発。残る一〇八人は一月下旬に出ることが決まった。故郷の白石から函館、小樽、銭函、石狩を経て、彼らにとっての最後の旅程だ。大晦日までに移住希望者全員が白石村に引越し、新しい年を迎えることができた。翌年一月には戸数も七三戸と増えたが、開拓使から次のような文書が届いた。

「白石村には一〇〇戸とし、残りは発寒に繰り入れるべき事」

白石村の開拓も順調に始まったかに見えたが、佐藤は家老職といいながらまだ二二歳。佐藤より年長の者がたくさんおり「若造のくせに」と思う者たちもいた。一部の重臣たちとは渡航する前から意見の対立が続いていたのだ。開拓使はこのような状況を把握していたのだろう。結局、開拓使貫属移住一五七戸のうち白石村は一〇〇戸とし、残る五七戸は発寒に入植することになった。発寒の地は手稲村と名付けられる。従って白石と手稲は兄弟関係にあたる。

佐藤は子弟の教育にも熱心で、移住後さっそく取り組んだ。開拓使が設立した資生館（旧創成小学校）に、猫の手も借りたい多忙の中、二人の若者の入学願いを出し許可を得ている。また自宅の隣に「善俗堂（ぜんぞくどう）学問所」という寺子屋式の学校を開いているが、これが白石小学校の前身である。「善俗堂学問所」には五カ条の「定」を置き、厳しく教育した。その中の第二条には「長者（年長者）を敬い、幼者を憐れみ、放蕩軽慢（勝手気ままに慢心して振舞うこと）の義、これなきよう心がけ申すべきこと」とある。

佐藤は開拓使に呼ばれ、開拓使一五等出仕、白石村貫属取締兼戸長を命ぜられた。大出世だ。貫属制度がなくなると、開拓使本官に任じられ、佐藤は次第に役所の信認が厚くなっていった。

佐藤は一八七三（明治六）年に資生館の漢学助教・舎監に任命され、翌年札幌戸長兼白石・雁木村長、そして、札幌区初代区長に任命される。その卓越した手腕と実績が認められていったのだろう。岩村の後任となった松本十郎からの信任も厚く「札幌区長が徒歩ではまずかろう」と、鞍つきの馬を佐藤に与えている。

一八七七（明治一〇）年、西南の役が起こると、移住士族の中から屯田兵の予備兵を募った。「武士として奮戦し戊辰戦争の汚名を晴らしたい」と、多くの元士族が応募したが、開拓作業の遅滞を恐れ、佐藤は一〇人のみを引率して白石を出た。しかし、途中で戦いは終わっていた。選ばれなかった元士族の中に、佐藤に対する不信が芽生え出したことに彼は気づかなかった。その後も佐藤は、開拓使長官となった黒田清隆の信認も厚く、ロシアのコルサコフ視察に際しては庶務掛として随行している。佐藤は帰国後、極寒の地の丸太積み建築、ペチカ、馬そりなどを札幌にもたらしている。

一方、幌別に入植した白石士族移住団は、佐藤率いる開拓使貫属扱いとは異なり、厳しい条件下での移住で、開拓は必ずしも順調ではなかった。旧城主・片倉邦憲は老齢のため仙台におり、幌別郡移住団は邦憲の子・景範（かげのり）が開拓民の支柱となっていた。

佐藤は一八八〇（明治一三）年、函館大火の際、対策責任者の事務官として出張。二月に帰るが、驚いたことに景範が白石、豊平、月寒、平岸の四村の戸長に任命されていた。景範は幌別での生活が困窮して上白石に移住していた。白石村の移住者たちも旧城主に対する礼儀から景範を戸長にしようとしたのだ。佐藤はかつての藩主が戸長で、家来の自分が札幌市全部を管轄する札幌区長では気まずいと感じ、一八八一（明治一四）年、潔く区長を辞した。

景範は四村の戸長になるが、一八八四（明治一七）年に父・邦憲の病気見舞いのため仙台に帰ると、その後は二度と北海道に戻ることはなかった。景範が幌別から白石に移った（逃げた）後も、幌別移住団とともに苦労を重ねたのが景範の子・景光（かげみつ）。今の登別の基礎を築いた人物である。一八九八（明治三一）年七月、部下の奔走もあり景光は男爵の位を授かった。

佐藤は札幌区長を辞した後も、その行政手腕は引き続き高く認められ、札幌郵便取締にもなった。開拓使が廃止され札幌県が置かれると県庁の官吏になっている。

佐藤の性格は曲がったことの嫌いな武士気質そのものであり、彼の活躍の場が広がれば広がるほど、こころよく思わない者も当然出てくる。そのような空気が村内に充満してきた一八八四（明治一七）年、佐藤は札幌を離れ東京の大蔵省への転出を決意した。しかし、白石村への愛着から籍は白石に置いたままにしていた。大蔵省でかなりの地位に進み、国会議員に立候補するが当選することはなかった。

晩年、佐藤は東京・芝の白金町に住居を構え、今の東京慈恵会医科大学の講師を務めていたが、一九二二（大正一一）年一月一六日、白石村のことを口にしながら七三歳で生涯を閉じた。

年月を経て、佐藤孝郷の名も白石の人々から次第に忘れられていった。しかし、『白石発展百年史』巻末には次のように記されていた。

「佐藤孝郷は屯田兵制度以前に雄図を抱いて来道し、白石藩士を率いて白石の基礎を築いた恩人である」

白石区では旧白石の片倉鉄砲隊を「白石区ふるさとまつり」に招き、甲冑姿で実演してもらっている。

そして、札幌分隊を結成すべく準備が進められていると聞く。また、「白石区中学生の主張発表会」には宮城県白石市からも選ばれた生徒が招待され、白石区の代表とともに主張を発表している。

このような交流が全国各地で開催されたなら、北海道へ開拓者を送り出した地域と、先人のおかげで開拓された地域の人々の絆が一層深まるのではないだろうか。

第四九話　手稲発展の礎となった白石伊達家老添役

三木勉

「明治四年、旧仙台藩・片倉小十郎邦憲が北海道開拓を命じられ、その家中（家臣）一五〇戸六〇〇余人が郷里を後に開拓の途につきました。そのうち五〇戸二四一人が翌五年に入植したのが、この地（上手稲）の草分けであり、手稲発祥の地といわれています」

札幌市営地下鉄東西線「宮の沢」駅近くにある「手稲記念館」では、このように手稲の歴史を紹介している。冒頭の碑文は、敷地内にある開拓記念碑に記されているもの。記念碑は一九一〇（明治四四）年一一月に、上手稲神社で建立されたものだが、一九六七（昭和四二）年の手稲一〇〇年に合わせて建てられた同記念館に移設された。

前話で佐藤孝郷を取り上げた。その中で、発寒を開拓地とした二四一人がなぜ佐藤らと一緒に白石村開拓へ加わらなかったかについてさらに調べてみると、意外な事実が浮かび上がってきた。「咸臨丸（かんりんまる）」の座礁とかかわっていたのだ。

旧白石六〇〇人の移住希望者は、第一陣の三九八人、第二陣の二〇六人に分かれて北海道へ向かった。第一陣に用意された船はその咸臨丸。咸臨丸の引率者は開拓主事を命じられた二一歳の佐藤孝郷と、三四歳の家老添役・三木勉。佐藤よりひと回り上の三木は、白石出発時から若い佐藤の采配に少なからぬ不信と不安を感じていた。それが噴出したのが咸臨丸の座礁。乗員三九八人の運命が左右される大事故の時だと言われている。

咸臨丸は函館を出て小樽へ向かったが、その途中で暴風雨に見舞われ、木古内沖合で座礁してしまう（アメリカ人船長の操縦ミスで、海は荒れていなかったとの説もある）。船から移住民を避難させる順番について、佐藤は「乗船した順番」、三木は「老人・子供から」と主張。両者は刀を抜かんばかりの険悪な事態となった。結局、三木は急いで救助を求めるのが先と海中に飛び込み、陸地を目指して船を離れた。陸地は大騒ぎとなり、地元の名主が舟を出して船員を含む四〇一人全員を救出。移住民は集落の家々に運ばれて介抱された。この事故が、移住民を分裂させ、両者の間に埋めることのできない溝を生じさせるきっかけであった。

佐藤、三木の一行は陸路徒歩で函館にいったん戻り、第二陣の「庚午丸（こうごまる）」に全員乗船。小樽で下船した後、銭函を経由して石狩の地に至った。当時はニシン漁が盛んで多くの番屋や納屋があったが、春の漁期まで空き家になっていた。移住民たちはここでしばらくの間、雨・露、そして冬の寒さをしのぐことができたという。

三木は佐藤とともに開拓使本庁を訪れ、当時主任判官として開拓使を仕切っていた岩村通俊に会う。岩村の計らいで、移民扶助規則に従い全員「開拓使貫属」の扱いを許された。士族の資格のままで開拓に従事できるのだ。

北方の地で開拓に携わるとともに、侍として国土防衛の役に立つことは、賊軍の汚名をそそぐことにもなる。戊辰戦争に敗れてすべてを没収され、北の地に活路を求めてやってきた白石一行たち。彼らにとって、その喜びはひとしおだったことだろう。

ただ、開拓使大判官の岩村は佐藤と三木の間にわだかまりが生じているのを見通していたのだろう。佐藤には最月寒（白石）の地に一〇〇戸を、そして三木には発寒（上手稲）の地に五七戸を移住すべく指示した。

この結果、三木らは上手稲（現西区宮の沢）に移住することになった。時に一八七一（明治四）年三月一七日。この年をもって手稲町の開基と定められた。

佐藤は六七人の屈強な男女を募り、わずか二〇日間で最月寒(モッキサップ)に四七戸の小屋がけをして、その年のうちに移住した。一方、三木ら二四一人は石狩の納屋や空き家などで待機し、正月を石狩で過ごした後、一八七二(明治五)年二月半ばに四七戸が上手稲へ入植した。この年、三木は三五歳、働き盛りである。

三木は情熱をもって村の開墾にあたる一方、学識豊かで和漢に通じていることから、子弟の教育が重要であることを強く感じていた。「開拓の一歩は移住してきた人たちの子弟教育にある」——と。

上手稲に入植して間もない同年五月、雪解けを待って三木は上手稲三四番地のかやぶきの自宅を開放して塾を開設した。庭の桜の木の皮を剥ぎ取り、そこに「時習館」と書いた。その桜の木を塾の門柱とした。最初は七人の子弟が学び、三年後には三〇人まで増えた。当時の先駆的学校として評判になった。時習館の名は中国の古語「学んで時にこれを習う」からとっており、現在の手稲東小学校に引き継がれている。

ある日、たまたま開拓使判官の松本十郎が移住者の様子を視察に来て、時習館というめずらしい文字が目に止まった。そして、その授業を見学した。そこで子弟を教育する三木の熱心さに感服。松本は一本の掛け軸を時習館に贈呈した。その掛け軸は今も手稲記念館に所蔵されている。掛け軸は松本が白石善俗館に寄贈したものと同じ内容であるが、描かれている開拓者の向きは反対となっており、対をなすもの。そして、両掛け軸には次の句が書かれている。

古の兵は皆農なり　農富めば兵も亦強し
古の士は皆農なり　農朴の士も亦よし
兵農一たび以て分かる　甲冑余糧無し
士農一たび以て分かる　来耜（鍬・すき）文章無し
之を分てば則ち両傷　之を合すれば則ち一理
語を請う当路の人（重要な地位にある人）　治安は実に此に始まる

この書は「兵農一理の書」と呼ばれる。兵と農は一体のものであり、これが分かれたならば武具は備わっていても食料に事欠くことになる。その後の屯田兵に引き継がれる思想である。

当時の札幌には塾が三校あった。前回紹介した資生館と善俗堂、そして、この時習館である。時習館は札幌地方の私設の学校形態では善俗堂と並んで最古とされる。

時習館の碑が建てられていた場所は西区西町南一九丁目の「中の川公園」。浅春の候、私は車でその場所を訪れたが、住宅が立ち並ぶばかりでそれらしき碑は見当たらない。雪解けが始まっているのに水も流れていない小さな川があり、そばには中の川公園という看板があった。このあたりに長く住んでいると思われる人に聞いてみたが「知らない」という返事。なおあきらめず、まだ三〇センチほど積もっている雪を踏みしめて公園の中を進んでいくと、奥にその碑を見つけた。文字は消えかけていたが、何とか次のような碑文を読むことができた。

「明治五年五月、未開のこの地に塾を創る。〝学ンデ時ニコレヲ習ウ〟の古事を引用して「時習館」と命名した。この理想こそ、その師たりし三木勉氏の教育精神であって、氏の学徳の教育の中に力強く具現されたものである。ここに手稲教育の発端を追慕し、教育の先見を讃えて、この由来を永久に伝えんとするものである」

この碑は一九六七（昭和四二）年、手稲町と札幌市の合併を前に建立されたものだが、何と寂しいところに建てられたものか。果たしてここを訪れ、由来を学ぶ人はいるのだろうか。

一八七八（明治一一）年、開拓使は官費一〇〇円を支出、村民の寄付金七七円を合わせて校舎を建て「公立上手稲教習所」を開いた。この学校は後に上手稲小学校となり、現在は前出の手稲東小学校となっている。三木が時習館を開いてから一〇〇年後の一九七二（昭和四七）年、記念碑が同校前に建てられた。

三木は教育に専念するかたわら、帯刀のままで畑作業にも打ち込み、士農一致の精神を忘れることはなかった。そして、一八八六（明治一九）年から翌年まで、第三代豊平村戸長に就任している。ちなみに手稲村の初代戸長は名目上、旧当主・片倉景範となっており、二代目には三木の弟・菅野格が任命されている。三木はその後、開拓使の戸籍係、札幌神社（今の北海道神宮）の禰宜（ねぎ：神官）、豊平村戸長を歴任。千歳村戸長も五年間務めている。豊平戸長の時は、地名のない場所に学田山や青葉山など郷里の白石や仙台にちなんだ名前をつけた。千歳戸長の時にも小高い丘に仙台ゆかりの青葉山の名をつけ、そこに千歳神社を建立している。

郷里への思いが常に心の底にあったのだろうし、また仙台と自然が似ている手稲をこよなく愛していたのだろう。晩年は上京し、一八九五（明治二八）年一月に東京で死去。享年五七歳だった。宮城県白石市清林寺に墓所がある。

辞世の句は「遠くゆくいかだは波に沈むとも　名を日の本に影やとどめん」（大海に乗り出した筏は、例え波に沈むとも、苦労に耐えてきた理想は、わが日本にその陰を留める）だった。

第五〇話　美泉定山

定山渓温泉の開発した僧

二〇一八（平成三〇）年の「北海道命名一五〇年」を前に、「北海道の日」が二〇一七年に設定された。定山渓では二〇一六年「開湯一五〇年」を迎え、国道二三〇号沿いにある定山渓神社を舞台に、同年二月八日から一二日まで「開湯一五〇年記念雪灯路（ゆきとうろ）」が行われていた。神社の周りには雪でできた「灯篭（とうろう）」が数百も置かれ、夜になるとロウソクが灯されて幻想的な趣を醸していた。「あたたかな灯りが定山渓神社へと誘う（いざなう）道しるべ」――願いごとを書いたワックスホール（ロウソク）に灯をともし、雪灯（とうろう）まで運ぶと願いがかなうと言われているそうだ。

定山渓温泉を見出し、その開発に老年期を捧げたのが僧・美泉定山である。定山渓温泉の源泉が流れ落ちている場所には、座禅姿の美泉が冷水ならぬ温泉で滝に打たれている石像が置かれている。その横には「美泉定山は文化二年備前国（岡山県）で生誕、一七歳の頃より全国の霊地を行脚の後蝦夷に渡り、慶応二年アイヌ民族の案内でこの温泉にたどり着き、病に悩む人々を祈祷と湯治で救おうと努力しました。定山の心情は今なおこの温泉に脈打っています。ぜひ霊験あらたかな定山渓の湯の効用を直に感じてみてください。定山渓温泉」との案内板が置かれていた。

美泉は六尺（一八〇センチ）近い大男で、太鼓腹に長い胸毛、丸顔で大きな目をし、誰も動かすことのできない道端の大石を取り払ったといわれる力持ちだ。一方において三歳の童子もよく懐く人柄で、人々からこよなく愛された人物だったという。その姿を彷彿とさせる立像が定山渓ホテルの前にある。そのかたわらには「生涯を通じて旅をし、ここ定山渓を終の地と選び、自らの名を「定山（山に定まるの意）」としました。山岳での修行によって験力を得、祈祷と温泉で人々の病を治し、苦難・災難を除きながら民衆とともに生きたのです」という案内が書かれている。

この地は、深い森に囲まれた深山霊谷の地で熊や鹿の楽園だった。この人里離れた秘境の地に、美泉以前にも何人かの先達が訪れていることが記録されている。一七五二（宝暦二）年には三代目・飛騨屋久兵衛がエゾヒノキ（エゾ松）の伐木のため、また国後・択捉を調査・探検した近藤重蔵がアイヌの人に案内されてこの近辺を歩いているが、温泉には行きつけなかったようだ。一八五八（安政五）年、蝦夷地をくまなく踏破した松浦武四郎もこの地を訪れ、温泉で旅の疲れを癒したと記録されている。このとき詠んだ句が「埋火（うずみび：炉端）を離れぬ人よ思い知れ　雪の上にて旅寝する身を」。寒さに炉端から離れられない者たちに、雪に囲まれた温泉につかり体を温めている旅人のことがわかるだろうか、と自慢げに詠んでいる。
さて、美泉は一七歳の頃より遍歴した。高野山で厳しい修験（しゅげん）をした後、仙台で長く逗留し出羽三山、秋田太平山にこもり、四〇歳の頃、松前に渡った。松前での滞在は短期で、小樽内張碓村に行き、ここに不動尊を祀った。これが現在、張碓の三社神社にある「定山不動」で「海上安全 漁業円満 文久元年」という文字が刻まれている。

張碓で一〇年近く暮らしたが、この頃、小樽内は石狩役所調役の荒井金助が管轄しており、張碓川のほとりに鉱泉を開いて漁民に利用させていた。ある日、猟師をしているアイヌの人から、すばらしい温泉が湧いていることを告げられる。そのアイヌの人の案内で険しい山を越え、たどり着いたところが今の定山渓温泉だ。温泉に仮小屋を建て誰でも使えるようにしたが、なにせ山道は険しく、健康な者でも容易にその地に行くことは難しい。ましてや湯につかって病を治したい人たちにとってはあまりにも厳しい道のりだった。

一八六九（明治二）年、蝦夷地は北海道となり、一〇月には本府（開拓使本庁舎）建設のため判官として島義勇が着任した。美泉は島に会い、温泉開発に至る道路の建設を陳情。島も快諾した。豊平川の渡守・志村鉄一の家に泊まった美泉は、豊平川経由で温泉に行くまでの路線調査を行った。しかし、島は四カ月で判官の任を解かれ、その一年後に岩村通俊が後任としてやってくる。「傷ついた鹿もこの湯で命が救われる。人の身体も必ずや同様である」と美泉は熱心に岩村を説得し続け、その思いが岩村を動かした。岩村は現地やそこに至る道路予定地を調査。温泉が有望なことを認めてその温泉を「鹿の湯」と呼び、官設の浴場を開設した。

一八七二（明治五）年、美泉は五七歳で開拓使から扶持米（俸給）をもらい「湯守」を命じられた。同年一〇月には札幌から伊達までの本願寺道路（通称：有珠道、現在の国道二三〇号）が開通したこともあり、温泉の利用者も次々と訪れて賑わいを見せるようになっていった。本願寺道路開設にあたり、その検分に立ち寄った二代目開拓使長官の東久世通禧（ひがしくぜ・みちとみ）は美泉の功績を称え、この地を「定山渓」と命名した。

定山渓温泉は湯治客で賑わったが、一八七三（明治六）年、大雨による大洪水が発生。温泉郷に架る「回春橋」が流出し、本願寺道路も損壊するなどの被害が出た。さらに、同年開通した千歳回りの札幌本道（現在の国道三六号）により定山渓を通る人が激減し、美泉は苦境に立たされた。

翌一八七四（明治七）年、札幌は大不況で開拓使の財政は厳しく、温泉を維持する予算に困窮していた。開拓使は同年七月で温泉施設の官営を廃止し、すべてを美泉に譲り渡した。しかし、独立経営は難しく、美泉は札幌市中を托鉢したり、知り合いから借金を重ねるなど金策に追われた。

このような苦境の中でも、美泉は一〇年間世話になった張碓の住民たちを温泉につからせたいとの思いを持ち続け、定山渓・小樽間の谷間を通る道路を拓こうとした。しかし、それが実現しないうちに美泉は死を迎えることになる。

一八七七（明治一〇）年の晩秋、道路開設のルートを調べるべく美泉は深山に入り行方知らずとなった。その後、小樽に近い山中で死後半月ほどたって発見され、小樽・正法寺に葬られた。一八七八（明治一一）年一二月三一日であった。時に美泉六四歳。

「ハアー　山はほんのりさくらにそめて　たれに似たやら湯煙は　すねてみせたり　なびいたり　招く湯どころ定山渓」（定山渓小唄）

定山が温泉を発見して一五〇年。幾百万（幾千万か）の人たちが定山渓温泉を利用しただろうか。かつての観桜会や観楓会に代わり、家族連れや海外からの観光客で「札幌の奥座敷」は賑わっている。

第五一話　屯田兵制度（一）

琴似兵村・山鼻屯田兵村

札幌市西区の中核エリア琴似。地下鉄・ＪＲの両駅周辺には高層マンション、大型商業施設、商店街や飲食店街などが建ち並び、今も発展を続けている。その中心になっているのが「琴似本通（琴似栄町通）」で、昼夜を問わず賑わいを見せている。

だが、わずか一四〇年ほど前の一八七四（明治七）年、まだ木々がうっそうと生い茂っていたこの地に、北海道初の屯田兵村が建設された。琴似本通の両側に二〇八戸もの兵屋（へいおく）が建てられたのだ。地下鉄東西線琴似駅の近くに、今も当時のまま残されている兵屋や、琴似神社に移転され保存されている兵屋を訪ねると、当時の入植者の苦労がしのばれる。地下鉄駅近くの兵屋は一八七四（明治七）年一一月二八日に建設されたものの遺構で、一九六四（昭和三九）年に建設当時の資料に基づいて復元された。開拓使時代の屯田兵屋の形態を伝える貴重な建築物であり、北海道教育委員会の文化財に指定されている。

兵屋は五間に三間半の純木造で柾葺（まさぶき）屋根。内部は八畳と四畳半の部屋、および台所と土間からなっている。内部を見学すると、居間の正面に明治天皇の写真と並んで一幅の書が飾られていた。

明治初期今思起古来未踏此荒野
北方守備開拓使道無林野屯田兵
艱難辛苦目的果大札幌濫觴長伝

私なりに訳すると「今思い起こすに、明治の初期、この地は古来より未踏の荒野だった。屯田兵は北方の守りと開拓を任務として、道なき林野に取り組み、艱難辛苦（かんなんしんく）を重ね見事その目的を果たした。今大きく発展した札幌の濫觴（らんしょう）を後の世まで永く伝えたい」という内容だろうか。なお「濫觴」とは孔子の言葉「大河もその源は觴（さかずき）を濫（浮かべ）るほどの小さな流れである」であり「起源」を意味する。

兵屋のそばに「屯田兵の一日」を図解した説明板が掲げられている。「①朝、起床ラッパとともに起きます②朝六時、お父さんは軍事訓練に、お母さんは農作業③お父さんは昼休みを除いて厳しい訓練です④お母さんは農作業を一日中続けます⑤訓練を終えてお父さんが畑仕事の手伝いに行きます⑥畑をつくるのに邪魔な木を伐採します。これはかなり危険な仕事です。木が倒れる時に下手に遠くに逃げると危険です。なるべく木のそばにいた方が安全です⑦熊がたまに農家を襲いました。その時は家族全員で立ち向かいました⑧上官が一週間に一回、屯田兵の家や暮らしぶりを検査に来ました。一番緊張する時です⑨夕方六時のラッパで家に帰ります⑩夕方です。一日で一番楽しい時です。辛い仕事を終えて思い出すのが故郷です。冬がもうすぐそこまでやってきています」と、図とともに説明されており、当時の屯田兵の生活が垣間見られる。

屯田兵制度と屯田兵村について、一九七七（昭和五二）年発行の『北海道の研究―第五巻』『琴似屯田百年史』などを参考に探究していく。一八七一（明治四）年、開拓使長官・東久世通禧が辞任すると、黒田清隆は次官のまま開拓使の頂点に立ち、北海道開拓を率先して推進する立場になった。この年には廃藩置県制度が施行され大量の失業士族が発生した。これに反発する士族の反乱（佐賀の乱、萩の乱、西南の役など）も起きて、世の中は騒然となっていた。

このような時、黒田は士族救済、北海道開拓および北方警備を目的とした屯田兵制度を施行すべく明治政府に建白。一八七二（明治五）年一〇月に屯田兵令則が制定された。

一八七五（明治八）年五月、奥羽地区の戊辰戦争経験者から募集した屯田兵一九八戸（後に二一〇四戸）が琴似に配置された。この琴似屯田兵村に始まり、一八九九（明治三二）年に屯田兵制度が終了するまでに合計七三三七戸、三万九〇〇〇人が全国から北海道に移住した。士族移住団とともに、屯田兵として移住された人々によって北海道の礎が造り上げられたといってよいだろう。

北海道の開拓にあたって、また北海道の開拓精神の文化を築き上げる過程において、屯田兵として入植された人々の努力と果たした役割は極めて大きなものだ。屯田兵の多くは士族出身者で、教養も比較的高く、倫理観に優れ、かつ武士としての気骨と矜持を持っていた。そんな人々が過酷な未踏の地で開拓にあたったのだ。屯田兵の開拓なしには今の北海道の繁栄はなかっただろうし、また彼らの艱難辛苦を学ばずして、今後の北海道の地方再生は難しいのではないだろうか。

琴似屯田兵村を開設するにあたり、黒田がその設計と施工を命じたのが薩摩藩出身でサッポロビールの産みの親といわれる村橋久成。村橋は琴似の地で原生林に多数の人夫を送り、測量、抜木、道路敷設と、兵村建設を推し進めていった。

一八七五（明治八）年、村ができあがると、第一陣として屯田兵一九八人、家族を合わせて九六五人が入植した。『琴似屯田百年史』に、入植した人々の氏名と出身が記載されているが、最も多いのが青森県斗南（となみ旧会津藩）藩士で五〇戸を超えている。

屯田兵の孫、山田信子（山田貞介の妻）は「屯田兵村の生活」と題し、戊辰戦争で敗れた会津から移封地の斗南（となみ：下北半島）に追われ、その悲惨な生活から琴似屯田兵村に再度移った様子を次のように書いている。

「福田せい（信子の祖母）はその時一一歳、弟善八の手を引いて越後の塩川から舟に乗った。津軽海峡を回って青森の下北、三万石の移封地（斗南藩）へ行くのである。男はわらじ、女はわら草履で、会津から塩川まで歩いた。青森の生活は厳しい自然の不毛の地で水も出ない。一年余の惨憺たる苦労の果てに、やっと得たのはわずかな芋であった」

せいの願いは白いおまんまが食べたいというから、斗南の生活がこの人たちを琴似の開拓に定着させたといえるのではないだろうか。

やっとの思いで不毛の地・斗南から琴似に着いた屯田兵村の女性たちは「朝早くから夜までよく働いた。薄暗いランプの下で縫い物をし、日々、あかぎれでささくれた指は寸暇を惜しんで動いていた」と、せいとの思い出を述べている。せいは機織りの名人で、近くの桑畑のカイコを育て絹を織り、今の琴似神社の場所が藍（あい）畑で、その藍で染めた祖母手製の絹織物は最高級品だったそうだ。しかし、屯田兵村の人々は質素で、夜具もゴワゴワの手織り木綿で、祖父も木綿の衣服を身に着けていた。せいは「発寒川に足を入れると向う脛（むこうずね）に鮭の頭がごつごつ当たって痛かったものだ」と語っていて、野生の果物や川魚など、春から秋を通じ自然の恵みは豊かだったようだ。

北国とはいえ、東北から移住した人々にとって、北海道の冬の厳しさは想像を絶するものであったろう。屯田兵の長男・竹内茂は『百年史』で次のように記している。

「冬の寒気は厳しく、酒は勿論、醬油・石油も凍結し、夜間にランプの油が凍り灯りが消えたことも。暖房はストーブもなく、日中は大きな炉に薪を燃やし、外での仕事に従事している者は、各自藁（わら）で「ツマゴ」という履物を作り、家族の者は藁で作った深靴を履いていた。小学校の生徒もこの深靴で、遠隔の人は二里も歩いて通学していた。吹雪などひどい時は親が馬橇（ばぞり）で迎えに来た。夜は各家庭ともこたつに入り、夜具を敷き、足を温めて寝ましたが、掛け布団の衿（えり）が吐く息で真っ白になった例は少なくありませんでした。薪を燃やしているので、家中煙におおわれ家具や柱は真っ黒になり、漆喰（しっくい）のように光っていた」

このような屯田兵村で子どもたちはどのように生活していたのだろうか。屯田兵の次女だった伊藤サトは「昔の子どもの生活」を次のように記している。

「春には発寒あたりで蕨（わらび）採り、東八軒で芹（せり）摘み。桑の実がなると男も女も木に登って口元を赤くして食べたものです。だから木登りは上手でした。家では春にブドウの芽を摘み塩漬けにして食べました。夏には野イチゴを採りに行くのが楽しみでした。二十四軒にきれいな湧水があって、やつめうなぎやカジカが沢山いて、男の子も女の子も魚すくいに行くのが何よりの楽しみでした。秋には茸（きのこ）採りがありました。遊びといえば、男の子は竹馬を自分で作って乗っていました。女の子はマリつき、お手玉などでした」

大自然の中で元気に飛び回っている子どもたちの姿が思い浮かぶ。ほかに、兵隊ごっこ、春のフクジュソウ掘り、冬の雪ダルマづくり、雪合戦、そり滑りなどがあり、元気な子どもたちの声が聞こえてきそうである。

ただ、学齢期の子らを放置するのは将来のためにならないと、寺子屋式の教育施設が兵村内に設けられた。学齢期の子どもたちは出身地別に、会津系、仙台系など、それぞれ兵屋で読書、手習い、算盤の稽古をするようになった。その後、中隊本部近くに木造二階建てで、当時北海道一の規模となる校舎が完成した。今の琴似小学校で、札幌第一学校に続いて道内で二番目にできた学校として記録されている。

札幌市中央区南一四条西一〇丁目の山鼻公園に「山鼻村開設碑」がある。碑は札幌軟石を積み上げた台座を含め高さ七メートルで、屯田兵司令官・永山武四郎の筆による「山鼻開設碑」の題字が掘られている。「碑」の横には、開墾をやり遂げた屯田兵の名前が刻まれて、今でもはっきりと読み取れる。この「碑」は、開村二〇年を記念して一八九四（明治二七）年九月三〇日に建てられたもので、記念祭が毎年この日に執り行われているそうだ。

　山鼻屯田兵村は本願寺道路（今の国道二三〇号、石山通）に沿って、現在の南八条から南二三条間の西八丁目と西九丁目を「東屯田」、南六条から南二一条の西一二丁目と一三丁目を「西屯田」として設営された。一三〇万坪におよぶこの地に東・西一二〇戸ずつ、合計二四〇戸の屯田兵屋が建てられ、家族を含め一一一四人が東北各地から入植した。琴似兵村と同様、一五〇坪の敷地に一五坪の兵屋が建てられた。住居が隣り合わせだった琴似村の密居型から、開拓を重視した粗居型になっており、それぞれの兵屋と地続きに一五〇〇坪の土地が与えられていた。

　山鼻兵村への移住者は琴似屯田村と同じく士族出身が主体で、戊辰戦争で朝敵として汚名を着せられた会津藩、伊達藩、庄内藩出身者が多い。さらに戊辰戦争の後期に奥羽越連合から離れ新政府側に加わった津軽藩、秋田藩出身者もこの地に移住している。県別では宮城県（伊達藩）一〇二戸、福島県（会津藩）

五三戸、青森県（津軽藩）五二戸、秋田県（久保田藩）二一戸、山形県（庄内藩）九戸など。官軍に徹底抗戦した会津・伊達出身者と、官軍についた津軽藩・秋田藩出身者との間で、気まずい関係もあったとのことだ

「山鼻屯田記念館」には、当時の屯田兵の生活ぶりをうかがわせる資料や、多くのパネルが並べられている。パネルの一つに、後の第七師団長で男爵の永山武四郎が示した「屯田後備役下士兵卒心得（とんでん こうびやく かしへいそつ こころえ：一八九七年一月発令）」があり、屯田兵士の常日頃心掛けるべき二一カ条の規範が記載されている。

その第一条は「勅諭（ちょくゆ）の五カ条は軍人の精神なるをもって、常に之を遵奉服用し」から始まっている。勅諭五カ条は一八八二（明治一五）年に軍人に通達されたもので「忠節」「礼儀」「武勇」「信義」「質素」を尊び、守ることを訓示。「屯田兵の本分を守りかつ一般人民の規範となって、衆人に敬愛尊重されるよう、心がけるべし」と続いている。

第二条は「屯田兵は北海道の警備に任ずるものなれば、例えその農業に従事する間といえども、自己は勿論その家族に至るまで、皆、常に戦時の覚悟あらしむるとわきまえるべし」と、あくまでも軍人であることが、屯田兵の基本であるとしている。

第五条では「屯田兵の子弟も兵村第二の代表者であり、その教育には最も重きを置き……」と、子弟の

教育について触れている。

しかし、一八七六（明治九）年に移住した時点で、屯田兵が困ったのは学校がなく、子どもの教育ができなかったことだった。そこで有志の家を寺子屋として一〇人程度の子どもがそれぞれ読み書き・算盤を学んでいた。

翌一八七七（明治一〇）年五月、木造二階建てのアメリカ式学校の建設が始まり、二八〇〇円（現在の四五〇〇万円）かけて小学校が完成した。いざ開校式というところで西南戦争が起こり、山鼻兵村から出征した屯田兵から多数の戦死者・負傷者が出た。これにより開校式は予定から遅れて一八七八（明治一一）年四月一八日に行われ、この日が山鼻小学校の開校記念日となっている。山鼻公園に隣接している現在の山鼻小学校には開校から約一四〇年の歴史がある。東北諸藩士族の子弟であり、軍人の子として教育を重視してきた屯田兵制度の歴史が、北海道民の根底にある向学心や倫理観を高め続けてきたのだろう。

農作業は屯田兵の妻や家族が担ったが、そもそも士族出身の者は開墾や農業の仕事に慣れていない。また指導すべき開拓使の役人たちも経験がなく、試行錯誤の連続であったという。そのような中、お互いに励まし合って土地を拓き、そこに麦類、大麻、トウモロコシ、リンゴなどを植えていった。また、桑の木が多かったので蚕を飼って絹糸をつくるなど、たくましく生活していた。

農作物は鹿に荒らされたり、害虫に食われたり、度重なる水害にあうなど苦労が絶えなかった。その中でもイナゴの大群による被害が最も激しく、空が暗くなるほどの数で襲来してきて、あらゆる作物があっという間に食べつくされたそうだ。

そんな過酷な日々の連続だったが、山鼻地区は大消費地・札幌の近郊という立地条件に恵まれており、やがて農産物の生産基地として重要な役割を担うことになる。四年後の一八八〇（明治一三）年には山鼻地区と円山地区を管轄する役場が山鼻に置かれ、リンゴや野菜を多く産出する農村として発達した。

第五二話　屯田兵制度（一一）

新琴似兵村・篠路兵村

「百年の基を開きし農魂ぞ　命絶やすな　先達の声」

「この地に育つ若人よ　今日を創りし先人の　自耕自拓の精神を継いで努力の人となれ」

地下鉄麻生駅から徒歩一五分のところに新琴似神社がある。その境内に新琴似屯田兵中隊本部の建物が復元されており、現在は札幌市指定・有形文化財として、入植時の各種資料が展示されている。

一八七五（明治八）年の琴似、翌年の山鼻に遅れること一〇年あまり、札幌地区三番目の兵村として一八八七（明治二〇）年、新琴似屯田兵村は開村した。同年に一四六戸、一八八九（明治二二）年に七四戸、合計二二〇戸が入植している。

冒頭の句は中隊本部建物の近くに、開村一〇〇年を記念して建立された「拓魂碑」と「百年碑」に刻まれている碑文で、新琴似の人たちがいかに先人の労苦を偲び、開拓の偉業に敬意を表しているのかがうかがえる。

琴似や山鼻の屯田兵は東北諸藩藩士出身の人々が多かったが、新琴似は佐賀県（六一人）、福岡県（五五人）、熊本県（四一人）、大分県（一九人）、鹿児島県（一一人）と、全体の八五％が九州諸藩の出身である。温暖な地域からの移住だったわけだ。初代中隊長として二二〇人の屯田兵を率いることになったのが三澤毅。三澤は一八七五（明治八）年に琴似へ入植した屯田兵経験者であった。新琴似入植の第一陣が到着した翌日、三澤は以下の訓示を述べた。

「お前たちの故郷である南国の気候風土は十分承知している。それに反して、昨日お前たちが入植したこの未開地は北国の一大湿地帯である。さぞかし驚いているだろう。だが、これからのお前たちの一鍬一鍬によってこの大地は第二の故郷の礎（いしづえ）となるのだ。困苦欠乏に堪えて団結し開拓せよ」

この訓示に感銘を受けた新琴似兵村の全屯田兵とその家族は、無我夢中で働いたといわれる。だが新琴似兵村の一帯は泥炭層が多く湿地帯であったため、屯田兵たちはまず排水事業に取り組まなければならなかった。三澤は、屯田兵が新琴似に入植する前年の一八八六（明治一九）年に、屯田兵本部で排水溝構想を提案した。これが現在の新川（一三キロ）として残っている。その後、第三代中隊長の安東貞一郎が三澤の構想を受け継ぎ、発寒川に注ぎ込む排水溝「安春川」を完成させた。この「安春川」は現在、住民が憩うウォーターフロントとして整備されている。

五月に新琴似へ入植した屯田兵およびその家族は、七月になり何とか三反歩ほどの荒地を開拓することができた。そこにソバの種を蒔いた。一年目は天候不順で、霜が例年になく早かったが、ソバの実は多少なりとも収穫することができた。屯田家族たちは涙を流して喜んだという。

琴似兵村が一戸当たり一五〇坪の土地が隣り合った「密居型」であったのに対し、新琴似兵村では入植時にまず一戸あたり四〇〇〇坪を給予。そして給与地に兵屋を置く「粗居制」を採用した。入植時はうっそうとした原始林の真ん中にあり、自分の兵屋を探すのにも苦労した者もいたそうだ。そんなありさまだから、毎朝六時の集合時は、中隊本部から遠い居住者は往復がさぞ大変だったことだろう。

給与地は開拓完了時には各戸六〇〇〇坪、さらにその地も開墾すると五〇〇〇坪が追加給与され、当初の四〇〇〇坪を含めると一万五〇〇〇坪になった。この給与地は入植の年から三〇年間は譲り渡しが禁じられていた。だが故郷に帰る者は、買い入れ人を自分の養子とした上で譲った。そうしたことから「株養子」などと言われたそうだ。

入植当時の農業は養蚕と麻の栽培が主で、その他に大麦・小麦、大豆・小豆、馬鈴薯などを収穫していた。また軍馬の飼料として燕麦の需要が増加し、亜麻やビール麦とともに新琴似兵村の主要農産物となっていった。米作は一八九二（明治二五）年に始まり全村に広がっていったが、凶作や洪水被害が相次ぎ、大正時代には大きく減少していったという。

新琴似屯田兵村でも子弟の教育は最優先課題で、入植した年の暮れには私立新琴似小学校が開校。四〇人の児童が入学したという。現在は札幌市立新琴似小学校として、新琴似神社の向かいに立派な校舎があり、子供たちの元気な声が聞こえている。

新琴似屯田兵村に第二陣が入植した二年後の一八八九（明治二二）年、二二〇戸（家族を含め一〇五六人）が篠路屯田兵村に入植した。出身地は北陸（福井・石川）、近畿（和歌山）、中・四国（山口、徳島）、九州（福岡、熊本）と、西日本を中心に広範な地域からの入植者であった。後の日露戦争の旅順攻撃で、港湾封鎖のため自沈させられた相模丸（一八八五トン）が入植者の輸送に使われた。徳島から山口、博多、熊本を順次経由し、小樽で北の大地に足を踏み入れた。篠路の地に着いたのは七月一五日である。

篠路は母なる石狩川、創成川、発寒川、旧琴似川、伏古川、篠路川など多くの河川によって育まれた広大な原野で、江戸時代は石狩一三場所の中心として漁業が盛んであった。その後、幕府箱館奉行・堀織部正（ほり・おりべのしょう）の方針で、荒井金助、草山清太郎、大友亀太郎らが荒井村、篠路村、札幌村の開発に取り組んだ地だ。

屯田兵村が設営された地は石狩扇状地の端で、海抜二〜五《メートル》という低い土地。篠路（屯田）の長い歴史は水との戦いの連続でもあった。雪解けによる石狩川の氾濫、秋の長雨、台風による大雨。毎年決まって水害に見舞われたという。

とくに、一九〇二（明治三五）年九月の大洪水では村のほとんどが水没し、多くの屯田兵の家・食料・田畑が流出してしまった。生活のすべを失い、三年間の給与期間（この期間には扶助米や塩菜料＝おかず代が支払われていた）を過ぎた屯田兵は次々と故郷に戻ったり、ほかの仕事に就くなどして、入植二〇年後の一九〇九（明治四二）年には二二〇戸から七二戸に減っていった。しかし「石狩川の氾濫洪水の惨禍を受けしも、土を愛するのは農民の魂である。天災は必ずしも自然の暴威ばかりでなく、人為の貧困が天災を生むものである」（屯田兵顕彰之像の碑文から）と励まし合い、畑作主体の農業から、稲作への取り組みを始めた。

兵村の公有財産を売却して資金をつくり、一九一三（大正二）年、篠路兵村土功組合を創設。新川、創成川から取水し約六七〇《ヘクタル》の水田を造成した。この偉業を讃えて「水田開発記念碑」が、札幌市北区屯田七条七丁目の「屯田開拓顕彰広場」に建立されている。屯田村の米作はその後、道央随一の収穫量を誇るまでになった。

なお、顕彰広場（屯田兵第一大隊第四中隊本部跡）には、制服を着た屯田兵が遠く（故郷か？）を指さしている「屯田兵顕彰の像」や、前脚を上げていななく「馬魂の像」もあり、兵村の存在感を今に遺している。「馬魂の像」の碑文には「人間と馬が一体となって開墾がおこなわれ、その馬が唯一の原動力として駆使されて緑豊かな沃土に変貌したことにより、屯田地区住民が今日の近代的かつ文化的生活の御恩恵に浴することができた」と刻まれ、農耕馬・軍馬の労役に感謝の気持ちを表している。

第五三話　屯田兵制度（三）

平民屯田

まだ谷間に雪を残した大雪山連邦が右手にそびえ、どこまでもまっすぐな道が続く。青々と順調に育っている稲田が車の両側を次々と通り過ぎていき、行きかう道路標識には○○兵村という文字が次々に現れる。上川地方の開拓に尽力した屯田兵の人々の足跡が、豊かに実った田畑に遺されている。目指したのは永山神社。北方の警備と開拓を進めた屯田兵司令官・永山武四郎の姓を取り、この地は一八九〇（明治二三）年に永山村とされた。

永山神社は岡山出身の屯田兵が出身地の氏神（天照大神、大国主命）を祀ったのが始まりだが、一九二〇（大正九）年には永山武四郎も併せて祀られ、永山神社の守護神となっている。村の名前も神社の名前も永山。いかに永山武四郎が屯田兵や村民から崇拝されていたかがうかがわれる。鳥居前には、永山神社創基一〇〇年を記念し一九九四（平成六）年に建立された永山の像があり、神社と町を守っているかのようである。

一八七一（明治四）年に廃藩置県が施行され、明治政府は中央集権国家を目指した。従来の藩はほぼ解体され、武士もその大半が士族になった。しかし、官位に就くもの以外は収入の道が途絶え、農業や商業に携わらざるを得なかった。「武士の商法」とも言われ、慣れない商売に就く者もいたが、多くの士族は失業し疲弊していった。このままでは「西南の役」のような士族の反乱が各地に拡大しかねない情勢に至った。

そこで、明治政府は士族を北海道に開拓移住させるべく「移住士族取扱規則」を制定。「屯田兵に志願する者は士族でなければならない」というのが屯田兵制度の条件であった。琴似や山鼻の屯田兵村には東北諸藩の旧藩士が中心に移住し、また新琴似や篠路兵村には九州や中・四国の旧藩士が入植している。いずれも武士としての教養と気骨が酷寒の地における開拓と国土防衛に大きく寄与したと言えるだろう。

一八八二（明治一五）年、開拓使が廃止され北海道庁が設置された。初代の岩村通俊に続き、永山武四郎が屯田兵司令官を兼ねて二代目の北海道長官になった。永山は海外を視察する中でコサックの屯田兵制度を研究し、屯田兵拡大の計画を立てた。しかし、士族だけでは必要人員が充足できない。一八九〇（明治二三）年に明治政府は「屯田兵条例」を改正。「屯田家族条例」を制定した。屯田兵になる条件としての士族は廃止され、いわゆる「平民屯田」の時代に移行したのだ。そこから屯田兵の改革・増員計画は急速に進んでいった。

平民屯田の始まりが一八九一（明治二四）年に上川地方（現在の永山地区）に設営された兵村である。西永山兵村に二〇〇戸の第一中隊が、そして東永山兵村に同じく二〇〇戸の第二中隊ができあがった。一八九一（明治二四）年七月、一〇府県から四〇〇人の屯田兵とその家族が上川に到着。彼らのうち徳島県出身者が一一三戸を占めていた。農民出身が多かったこともあり「平民屯田」制度は「士族屯田」に比べて農業では好成績をおさめたといわれる。

「平民」といえども兵士。屯田兵およびその家族には士族と同様の気骨を求め、琴似や山鼻に入植した「士族屯田」と同じような武士的意識を持たせた。それが、一八九〇（明治二三）年に制定された「屯田兵員家族教令」である。その前文には「屯田兵は重き護国の義務を負い、かつ宅地殖産の任を担うものにして、その責任軽からずは言うまでもなく、世に比類のなき政府の保護を受けるものなれば、（中略）その厚き保護の大恩に報いること」と書かれている。平民屯田兵には兵屋、一万五〇〇〇坪の土地、さらに米や惣菜料、日常の生活用品、農具・工具などが支給された。このことが「比類のなき政府の保護」とされているのだろう。

「屯田兵家族条例」は前文に続き二〇項目の細則からなっているが、そのすべての規則は「汝等（なんじら）」から始まっている。戦前の教育勅語「汝臣民（なんじしんみん）、父母に孝に、兄弟（けいてい）に友（ゆう）に……」と同じ論調である。

細則の第一条は「汝らの服する屯田兵役は兵員の一身に止まらず子弟にも及ぶものにして、（中略）武士の列に加わりたるに等しければ、専ら忠節を重んじ、武勇を学び、廉恥（れんち：はじ）を重んじ、武士たる体面を汚す様の事あるべからず」と、平民であっても士族と同等の意識・行動・生活を求めている。

入植した上川盆地は河川がめぐる広大な土地で、樹林も少なく開墾が比較的容易な場所。夏は暑く米作にも適し、その後の上川穀倉地帯へと拡大していく。

旭川から国道一二号を札幌に向けて走ると、滝川の手前に旧江部乙（えべおつ）町がある。永山屯田村に平民屯田が移住した三年後の一八九四（明治二七）年、この地に四〇〇戸が移住し北江部乙兵村を開村した。北辺の警備と開拓がその任務であるが、樺戸（かばと）監獄の囚人監視も担わされたという。

国道一二号沿いの「道の駅たきかわ」の裏に、当時のままの屯田兵屋が再建されている。うっかりすると見過ごしてしまいそうな場所にあり、見学する人もほとんどいないようであった。滝川市役所支所の職員にカギを開けてもらい、中を見ることができた。厳寒の地であるのに、暖は炉（いろり）のみ、隙間風が否応なく吹き込む板張り、天井はなく吹き抜け。このような家でよく寒さをしのいだものだ。当時の方々の辛抱強さを思い、また、たくましさを感じた。

兵屋の外には「屯田兵の家族の像」があり、軍服を着た屯田兵とその妻、男の子と女の子、それに屯田兵の母親と思われる年老いた女性の五人が晴れがましい面持ちで立っている。このような家族四〇〇戸がこの地を開拓するため、懸命にさまざまな労苦に耐えていたかと思うと心が痛むと同時に、感謝の思いが込み上げてきた。

一八九四（明治二七）年七月、江部乙屯田兵が入村した翌々月には子弟教育のための仮教場ができ、一八三人の子弟が五学級で学び始めている。同年一一月には滝川北尋常小学校が開校し、一八九六（明治二九）年に北辰尋常高等小学校と改称されている。一九七五（昭和五〇）年に開校八〇周年を記念し、校舎跡地に碑が建てられた。その碑には北辰小学校の校歌が刻まれている。

清く永久（とわ）なる石狩の　流れを拓祖（たくそ）の生を汲む
栄えある歴史の学舎（まなびや）は　我が北辰の光なり

この地の開拓に取り組み、今の繁栄をもたらした祖先への思いが込められているようだ。

屯田兵制度は一八七五（明治八）年の琴似に始まって全道に三七兵村が配備されたが、一九〇四（明治三七）年に廃止された。屯田兵の総数は七三三七人にのぼり、家族を含めると三万九〇〇〇人が北海道の開拓と北方警備の任にあたったのだ。これらの人々の努力が今の北海道の礎になったのは言を待たない。さらに、屯田兵およびその家族の高い規律、倫理感、教養、我慢強さが未開の地を切り開き、現在の北海道の原点をつくり上げたと言えるだろう。

先人のこうした開拓魂がどれだけ今の我々に受け継がれているのだろうか。残念ながら、どこかで失ってしまっていると思わざるを得ない。まだまだ北海道には可能性が多くあり、残された開拓・開発の余地は眼の前に広がっているはずだ。農業、観光、自然エネルギー、水資源、森林、交易、首都や本社からの機能移転等々。屯田兵から受け継いだフロンティア・スピリットを今こそ発揮しなければと思う。

第五四話　永山武四郎

上川に北京を提言した二代目北海道庁長官

雨に濡れた芝生と木々の緑が色鮮やかだ。永山庭園の一角だけが札幌市内中心部の喧騒の中で静寂さを保っている。北海道有形文化財「旧永山武四郎邸」は、サッポロファクトリー（札幌市中央区北二条東六丁目）に隣接する公園の緑に囲まれて、ひっそりと建っている。南側の書院座敷と北側の西洋建築が一体となっているが、一八七七（明治一〇）年に建築された当時は、南側の木造部分のみが永山の住宅だったそうだ。当時は屯田兵司令部が近くに置かれ、また工業局製作所、ぶどう酒工場、ビール工場などもあり、各種産業が集積していたという。

今回は岩村通俊の後を継ぎ、第二代北海道庁長官を務めた永山武四郎を取り上げる。永山は屯田兵制度の父とも呼ばれ、上川に「北京（きたきょう）」をつくるべく、上川・空知地方の開発にも多大な貢献を果たした人物である。

永山は一八三七（天保八）年、薩摩国の鹿児島藩士・永山盛広の四男として生まれ、その後、同じ鹿児島藩士で苗字も同じ永山喜八郎の養子となる。幼い頃から藩の指南役に付いて武術を学び、とくに槍術は奥義を極めた腕前だったという。成長するにしたがって武人としての誉れも高まっていった。戊辰戦争では会津攻略に参加。先頭をきって攻め入り勇名を轟かせた。同じ薩摩藩の西郷隆盛や黒田清隆はとくに目をかけ期待していたという。

幕末から明治に入った頃、南樺太でのロシアの攻勢はすさまじく、北海道まで飲み込まんとする勢いであった。これに対して北海道には函館にわずかな砲門があるのみで、いざという時の守りはまことにお粗末なものだった。時に一八七二（明治五）年、永山は開拓使に入り、北方の開発と防衛に身をゆだねた。

ここで、屯田兵制度について概要を説明する。大政奉還で武士が職を失うことを予想し、武士の力を北海道開拓に生かすべきだと考えたのは坂本龍馬。屯田兵制度が始まる八年も前の一八六七（慶応三）年の頃だ。次に士族による北方警備と開拓を実行しようとしたのが榎本武揚。江戸から逃亡した旧幕府軍の士族を引き連れ「蝦夷共和国」を立ち上げ、箱館戦争を戦った。ロシアの侵攻に対抗するとともに北海道の開拓を推進するため、農と兵を兼ねた屯田兵制度の設置が望まれていた。

永山は開拓使に加わると、翌年には同僚の開拓使とともに北海道屯田兵の設置を建白した。薩摩の巨人・西郷は以前から士族による北方警備を主張。その意思を受け継ぐ同郷の黒田は永山らの意見を受け入れ、同年には屯田兵制度を明治政府に提言した。黒田の頭には、困窮する松前や東北諸藩の士族を救済することがあったのだろう。明治政府太政官は黒田の建白に賛同した。一八七四（明治七）年に細則が定められ、屯田兵制度が始まった。

翌一八七五（明治八）年に屯田兵制度が開始され、一九〇四（明治三七）年に解散するまでの間、道内各地に三七の中隊が配置された。七三三七戸の兵家に家族を含め三万九〇〇〇人余りが北海道に入植した。本格的な北海度開拓が展開され、今日の発展の礎になったのだ。この間、屯田兵制度を中心となって実行してきたのが永山である。

屯田兵制度を前期と後期に分けて説明すると、前期の募集は士族のみが対象であった。一八七五（明治八）年～一八七六（明治九）年の琴似を皮切りに、山鼻、江別、野幌、篠路など札幌近くの石狩地方に屯田兵村を展開した。二〇〇戸が一中隊となり兵村をつくり、中隊がいくつかまとまり大隊を編成していた。屯田兵は士族に限られていたので、自負心に富んだ兵士の集団である。中には戊辰戦争で敵味方の関係だった者たちもおり、上官の命令に簡単には従わない面もあった。それ以上に大変だったのは、屯田兵のほとんどが開拓の経験も技術もなく、鎌の使い方・鋸の目立てまで手取り足取り指導しなければならなかったことである。指導者も技術を修得しているわけでもなく、営農の方法、入植地の選定、村落の構成、土地の配分など、あらゆる開拓の問題は屯田兵内で試行錯誤した。その経験が後の屯田兵開拓の効率を高め、付近の開拓農村の模範となった。

一八七七（明治一〇）年、発足したての屯田兵は西南戦争に参加し戦闘を重ね、その勇猛ぶりを明治政府に認めさせた。その要因として、屯田兵には東北諸藩の士族が多く、戊辰戦争の敵だった薩摩兵士を相手とする戦いに奮い立ったといわれる。一方、薩摩出身の者たちの戦意が乏しかったのも当然だろう。

永山は一八八七（明治二〇）年、ロシアに赴いてコサック兵の制度を調べた。翌年にこれを参考にして屯田兵拡大の具体策を立てる。一八八八（明治二一）年、黒田が総理大臣になると、黒田に重用されていた永山は屯田兵部長を兼任の上、岩村通俊の後を継いで二代目北海道長官となった。これにより屯田兵制度の改革と増設計画が急速に進んだ。後期屯田兵制の開始である。

後期屯田兵では、上川・空知に重点が移されて滝川、美唄、永山、旭川、当麻、江部乙、深川などに次々と兵村が築かれていった。一八九〇（明治二三）年、士族に限られていた屯田兵資格を撤廃し、族・籍に関係なく募集できるようにした。平民屯田兵制である。農・商・工の経験者が参加したことで、屯田兵村の経営（農業生産高、販売、農業用工具利用）が著しく高まり、兵村は経済村としても開拓農民の模範として成功していった。同年、永山は札幌農学校に兵学科を設け、これを修了した者を将校に採用。多くの人材を登用するとともに屯田兵の士気を高めた。

さて、初代北海道長官の岩村は上川に「北京（きたきょう）」を造ることを提唱したが、時の政府に認められなかった。岩村の後を継いだ永山は「離宮」の設置を申請した。一八八九（明治二二）年、永山は上川地方を視察し「上川離宮造営地設定の議」を建白。親分である総理大臣・黒田の裁可を得る。離宮護衛のため多くの屯田兵を上川地域に入れ、今日の旭川市街を設計した。その屯田兵村の一つが永山の名を取った永山村（旭川市永山町）である。残念ながら、札幌・小樽地区の反発と日清戦争で、離宮の建設は実現しなかった。しかしながら、この時期に首都機能の一部移転を実現しようとした岩村と永山の発想は見事というしかない。

また、永山は全道に渡って広大な御料林を造営し、これが北海道の重要な林産資源の基になった。さらに、北海道の石炭資源の開発にも大きな足跡を残した。夕張・空知の炭田を開発するため、六五〇万円（明治三〇年の一円が三八〇〇円として二四七億円）という資本金で北海道炭鉱鉄道会社が設立された。北海道の資源開発に拍車をかけたのも永山なのだ。

なお、北海道の屯田兵が土台となり、一八九四（明治二七）年の日清戦争では臨時第七師団が、一八九六（明治二九）年には第七師団が組織され、永山は夫々司令官、師団長・陸軍中将を拝命する。一九〇〇（明治三三）年に軍を退役し、一九〇三年（明治三六）年には貴族院勅選議員となった。

この頃、日露関係は緊迫の度を増し、一九〇四（明治三七）年二月八日、ついに日露戦争の火ぶたが切られた。第三軍を統率した司令官が乃木希典。永山の薫陶を受けた第七師団も第三軍に加わるも、旅順攻略と奉天会戦で甚大な被害を受けた。第七師団全体で戦死者三一四七人、負傷者八二二二人を数え、第七師団も多くの兵士を失った。

一九〇四（明治三七）年五月二七日、永山は六七歳で急逝したが、この日は乃木将軍の長男勝典が戦死した日でもある。北海道の土となり死後も北海道を守るとの本人の遺志で、遺体は上野から列車で札幌に移送。自邸に安置された。儀仗兵一個大隊に守られた棺は、会葬者の人垣で埋め尽くされた道を通り、豊平墓地に埋葬された。その後、里塚霊園に移されている。

北海道のインフラ造成を担った囚人労働

第五五話　集治監

カーナビは月形町までの走行時間を一時間半と示していた。国道二七五号を月形町に向かって走ると左側の山々は秋の色が真っ盛りで、黄色に色づいた木々の葉に真紅のモミジが鮮やかさを加えている。暖色系で山々に最後の温もりを与えているようである。一方、右側の田畑は刈り取りが終わり、褐色の地面があらわとなって寒々しい。やがて降り積もる雪に身構えているようだ。

月形町役場に隣接している「樺戸集治監」が今回の目的地である。北海道の監獄では網走が有名だが、それに先立ち設置された日本で三番目の監獄だ。
「ここに来たら二度と帰れないと恐れられた北の監獄。本格的な北海道開拓に先駆けて基幹工事を行ったのは、ここから逃れられない境遇の囚人たち。極寒の原始林を開く工事は罪を犯した者に課せられたとはいえ、あまりにも過酷で非人道的であった。囚人たちは多くの犠牲を払ってこの難工事を完成させた」

月形樺戸博物館にはこのように記したパネルが掲げられている。今話は、もう一つの開拓史、北海道を拓いた囚人たちについての考察である。

一八七六（明治九）年、「佐賀の乱」「秋月の乱」「萩の乱」が発生し、一八七七（明治一〇）年には「西南戦争」が勃発する。これらの乱で薩摩・長州主体の政府が「賊徒」と呼び、逮捕した反乱者は一八七八（明治一一）年までに四万三〇〇〇人にのぼった。その数は東京（小菅）、宮城（仙台）の両集治監の収容人員を大きく上回る。薩摩出身で開拓使長官の黒田清隆は「囚徒に修身を学ばせ、新聞も読み聞かせて維新による時代の趨勢を教え、反乱の非を悔悟するように指導し、満期の後は帰郷を断念させて北海道の良民となるように訓戒」と北海道への送還を提案した。

これに対し、長州出身の伊藤博文は「北海道に集治監を置くことによって、本州の監獄の負担を軽減し治安を安定させる」「安価な労働力で北海道開拓に役立てる」「人口希薄な北海道に安住の地を与える」という安易な一石三鳥策を打ち出し、北海道に集治監を設置することを決めた。

設置場所の選定は月形潔ら三人の調査団にゆだねられた。候補地は石狩国樺戸郡、羊蹄山山麓、十勝川沿岸であったが、羊蹄山は人家が多く、十勝は交通の便が悪い。最終的に樺戸が選ばれた。

一八八一（明治一四）年春、東京集治監から四〇人の囚人が樺戸に送られてきた。囚人たちは赤い囚人服を着せられ、二人ずつ腰縄でつながれ、両足首には鎖、鎖の先には重い鉄丸がつけられていた。囚人たちは獄舎建設と開墾作業に従事させられ、同年九月に樺戸集治監が開所した。調査に当たった月形潔が初代典獄（監獄長）に任命される。ちなみに月形町は、月形潔の名前を取ってつけられている。

その後、樺戸集治監に収容される囚人の数はどんどん増え、一八八一（明治一四）年の年末には四六〇人に達していた。

囚人たちにとってみれば経験したこともない厳しい冬を迎えていた。典獄の月形は囚人に手袋を支給すべく申請したが、政府はこれを却下。綿入れ股引は公金が届かず購入できなかった。獄舎の中は火気厳禁。零下一〇度を下回る寒さの中、囚人たちは毛布にくるまり、板敷きの床に寝なければならなかった。

翌一八八二（明治一五）年には、収監された八三七人中一一九人もの死者が出た。

脱走や服役違反をした囚人は独居房に入れられた。独居房は九〇センチ四方の光の入らない闇室で正座を強要され、食事も半分以下に減らされる。皮でできた着衣は、乾くと胴体が締め付けられて呼吸困難に陥った。さらに監獄の規則を著しく犯した囚人にも足に鉄丸がつけられた。

樺戸集治監には、薩摩・長州政府に対し反乱を起こした「賊徒」や凶悪な重罪人に加え、自由民権運動にかかわった「政治犯」も収容されていた。一九一七（大正六）年に閉鎖されるまでの収監者総数は四万六七二二人。そのうちの多くがそうした政治犯であった。脱獄・逃走を試みた者は斬殺や銃殺にされ、生かされたにしても劣悪な環境におかれ病死した囚人も多い。死亡者総数は記録されているだけで一〇四六人に達する。

一八六八（明治元）年に幌内炭鉱が発見された。その五年後に榎本武揚が優良な鉱脈であるとの調査結果を出すと、明治政府内で「幌内炭鉱に囚人を使え」との声が高まった。一八八二（明治一五）年、幌内炭鉱採炭の目的で空知集治監が建設される。年々収容人員は増加し、一八九〇（明治二三）年には三〇四八人もの囚人が採炭の外役に処せられた。

坑内は狭く、囚人たちは匍匐（ほふく）前進で採炭しなければならない。一日一二時間労働、飲料水は汚水で腐敗し飲料に耐えず、また炭層ガスと炭塵で囚人の体を蝕んでいった。落盤による事故も相次ぎ、一八八九（明治二二）年には在監者一九六八人のうち、発病者が延べ九三六九人、死亡者は二六五人を出している。まさに地獄だ。開設してから一八九七（明治三〇）年に閉鎖されるまでの死者は九四一人と記録されている。

一八八五（明治一八）年、明治政府内務卿の山県有朋は「釧路集治監」の建設を指示。その目的は屈斜路湖村の硫黄山の採掘労働に、安価で使える囚人を充てようとするものだった。硫黄の粉塵と亜硫酸ガスに冒されて罹病者が続出。翌年六月までに四二人が亡くなった。クリスチャンの悔悟師がこの地を訪れ「これでは殺人労働だ」と報告し、即時中止を進言した。一八八八（明治二一）年、囚人による硫黄の採掘は中止された。

囚人に対するこれほどまでの過酷な扱いの背景には「囚人が死ねば監獄費の節約になる」という明治政府の非人道的な姿勢があった。長州出身の山県は懲戒駈役（ちょうかいくえき：囚人の徹底的な酷使）を主張する。「耐え難き労苦を与え、罪囚をして囚獄の畏る（おそる）べきを知り、再び罪を犯すの悪念を絶たしむるもの、是れ監獄の本分なりとす」と山県は全国の監獄にこの通知を送っている。

同じ長州出身の伊藤博文は側近の金子堅太郎に北海道視察を命じた。金子はハーバード大学留学経験を持ち、当時三二歳の「切れ者」として伊藤の懐刀であった。金子は北海道庁内の薩摩藩の追放を求めるとともに、集治監の囚人を道路建設に使役すべきと復命（報告・意見具申）した。

「彼等（囚人）はもとより暴戻（ぼうれい）の悪徒なれば、その苦役に耐えず斃死（へいし）するも（中略）、囚徒をしてこれを必要の工事に服せしめ、もしこれに耐えず斃れ（たおれ）死して、その人員を減少するは監獄費支出の困難を告ぐる今日において、万止むを得ざる政略なり」との復命書も提出している。

囚人が死ねば監獄費が節約できるという冷酷無比、非情な報告である。これにわが意を得たりと歓迎したのが山県である。これにより開拓のあり方は大きく変わった。道路建設への使役である。

なお話は逸れるが、吉田松陰の愛弟子の前原一誠は、維新で活躍して新政府の参議兼兵部大輔を務めた人物。彼が「萩の乱」を起こした後、同じ長州の木戸孝允や伊藤、山県が行った処置は直ちに斬首。あまりの厳しい処分に「これが長州の体質」と批判を浴びたものだ。

さて、囚人よる道路工事であるが、一八八六（明治一九）年に樺戸（月形）と峰延（空知）間約一八キロの工事が行われた。当時もっとも困難な工事として知られ、泥炭地・湿地帯に何万石もの丸太を敷き、砂利を盛って一直線に造られた。この年、樺戸集地監で亡くなった四〇人の囚人の多くが道路建設に携わった人たちだ。

一八九一（明治二四）年には樺戸が北海道集治監の本監となり、網走分監が設置された。その目的はロシアからの侵犯を防ぐための軍用道路の建設で、八〇〇人の囚人労働者が投入された。結果としてそのうち二〇〇人が死亡するという日本行刑史上最悪の結果をもたらしている。その最大の原因は、当時の屯田兵本部長官、永山武四郎がロシアの東進政策に恐れをなし、その防衛を強化するため年内の完成を厳命したことによると言われている。背景には金子の冷酷無比な復命書と、それに乗じて懲戒苦役を採用した明治政府首脳、さらに政府方針に異議を唱えることができない北海道庁の姿勢がある。

「囚人たちが開拓に携わった期間は短いが、その多くが挫折した。もっとも過酷で重要な基幹工事を担ったのである。囚人のつくった道路や田畑、屯田兵舎が人を集め、開拓を推し進める原動力となった。その道路の総延長は八二〇キロ、開墾した畑の総面積は六九〇ヘクタールもの実績を残している」と、月形樺戸博物館には記されている。その犠牲を考える時、なんともいえない思いが込み上げてくる。

樺戸集地監からの帰り道、国道二七五号沿いにある篠津山囚人墓地をお参りした。ここには三九年の間に病気や事故、虐殺で亡くなった一〇二二人の囚人が無縁仏として眠っている。未開の厳しい自然下での開墾、鉱山開発、道路の開削、橋梁工事、屯田兵屋の建設などの使役は、長時間におよぶ過酷な労働に加え、医療・衛生・栄養の不備から、多くの犠牲者を出した。安らかな眠りをお祈りするとともに、北海道開拓の功労者たちに深い感謝を捧げた。

第五六話　タコ労働者

人権無視の過酷労働が大戦後まで続いた

明治初期の北海道開拓は伊達藩などの士族移民、東北を中心とした農民屯田兵の移住、さらに前話で記した集治監囚人によって開墾・道路建設が進められていった。一方で、北方（ロシア）からの脅威に対抗するためにも明治政府は北海道開拓を急ぐ必要があり、道路・鉄道・発電所建設などに多くの労働者を必要としていた。一八九六（明治二九）年五月、北海道鉄道敷設法が公布され、全道の鉄道網建設がその年から一五年計画で一挙に進められることになった。

集治監囚人の非人道的労務は、教戒師やキリスト教の人たちによりその内実が知られるようになった。その結果、世間の批判が次第に高まり、一八九四（明治二七）年の北炭幌内炭鉱を最後に囚人の外役労働は廃止。一九〇八（明治四一）年には監獄法が公布され、囚人たちは規則によって守られるようになった。労務者確保のためここで登場したのが「監獄部屋」である。

月形樺戸博物館に掲示されたパネルには「囚人外役に代わって登場したのが「監獄部屋」で、いわゆるタコ労働であった。タコ部屋は本州方面からポン引きと呼ばれる斡旋屋の手引きで連行された男たちを土木工事に半強制的に就かせる労働形態。明治三〇年以後に制度的に確立したといわれる。「第二次大戦まで『タコ』と呼ばれる土工夫が本道の土木工事の主要な労働者だった」と記されている。

「タコ部屋」とか「タコ労働」という言葉を今まで何度か耳にしていたが、タコツボに入れられ、そこから出るに出られない状態で働かされていた労働者という理解で、かなり昔のことと思っていた。タコ労働の別の語源としては、北海道からの労働者を「自雇」というのに対し、東北を中心とした道外から雇われた労働者を「他雇（タコ）」と称していたとの説もあるそうだ。いずれも監獄部屋労働者である。

監獄部屋（タコ部屋）の特徴としては、第一に、小資本（孫受け）の土建飯場から生まれた拘禁労働（自由を奪っての酷使）。第二に、土建業に特有な前近代的な下請け制度。そして、第三は前借金を口実にした「周旋」という名の人身売買や誘拐。周旋屋は宿屋、料理屋、博打場、女郎屋に張り巡らされ、支払い不能な客を「監獄部屋」に斡旋した。さらに第四として、役所や官憲が必要悪として見て見ぬふりをして制度を保護していたというものである（北海道の研究・五 小池喜隆著『囚人・タコ労働者』より）。

このような制度が第二次大戦後、ＧＨＱ（連合国軍最高司令官総司令部）によって改められるまで続いていたというのは驚くべきことであり、日本の労働制度の後進性を示すものだ。

「松方デフレ」は一八八一（明治一四）年に大蔵大臣になった松方正義が実施した「緊縮政策」である。これにより国民は窮乏化した。農民は農地を売却し都市に流入、労働者になる者も多かった。女子は「女工部屋（女工哀史の舞台）」に、男子は周旋屋の餌食となった者も多い。「旅費、小遣銭支給、被服貸与、日当は普通の二倍」の甘言に乗せられ、農家の二、三男や苦学生、破産した商家の丁稚などが「監獄部屋」に誘われた。一種の人身売買である。用心棒つきで北海道の現場に送られ、着いた時は身に覚えのない食事代や酒代、被服費、乗車・船賃がツケ勘定になり、前借り地獄に陥ってしまう。不服を言うとたちまち鉄拳が振り下ろされ、リンチや脅迫は日常茶飯事だった。囚人の場合は監獄則があったが「タコ部屋」には囚人並みの保護策すらなかった。

タコ部屋の発生は一八九〇（明治二三）年の北炭室蘭鉄道工事から始まったと言われている。『北海道行刑史』を執筆した法制史研究家で網走監獄保存財団顧問も務めた重松一義は、著書『北海道行刑史』で「北海道の監獄部屋は鉄道敷設工事から始まった」と記している。

一九〇六（明治三九）年の鉄道工事でタコ労働者の酷使は激増した。道内のタコ労働者は毎年二万人から三万人。逃亡者は年平均二二％、多い時には六八〇〇人にもなり、その半数は実際には死亡者である。

この時期、財政緊縮で政府は資金調達のため政商へ官営工場・鉄道の払い下げをおこない、独占資本は資源開発を目標として北海道に進出してきた。彼らは前近代的な下請け・孫請け制度で巨利を得て、その犠牲を孫受けと、そこで働かされている「タコ労働者」に負わせた。

タコ部屋の矛盾が問題化されたのは、明治末から大正初期に敷設された網走線、留萌線、宗谷線、名寄線、根室線、湧別線、下富良野線など、内陸奥地で逃亡が極めて難しい場所にあった「タコ部屋」である。

湧別線工事で誘拐されタコ労働者になった石島福男（一八九七（明治三〇）年生）の手記が遺されている。「役に立たなくなれば、握り飯二、三個を与えて投げ出され、行き倒れになる者も。病気に罹っても医者に診せるではなし、全快の見込み無き者は線路の下に生き埋め。巡査は月に一回ばかり見回りに来るが、袖の下でごまかす。逃げ出したりすると、二・三人が馬に乗りピストルを持ち後を追う。山に逃げこみ道を失い行き倒れ、熊に食われる者も。見せしめのため火あぶり、酒をかけ蚊攻め。惨めきわまる。この工事での死者は百数十人といわれるが、死者の多くは線路脇に土と一緒に埋められた」とその惨状を記している。

王子製紙の支笏湖水力発電工事については、同社に記録が残されている。

「内地から誘惑されてきた多数の人夫を使用し、酷使に耐えかねて逃走するものも多かった。山林中にセメントの空き樽が山と積んである。逃走人夫が死んだ時に使う棺おけといわれている。夜は豚小屋で錠をかけられ一歩も外に出られない。人夫の多くは凶作で食うに困った宮城県人で、周旋屋の甘言で連れてこられた。毎朝三時より働かされ、終日寸暇もない。逃亡せんとするも、監督者が終夜銃を手にして立ち番。死を決して後方の山中に逃げ、空知川を越えようとして急流に溺死する者数知れず……」

もうこれ以上書くことはできなくなった。

『北の先覚』の著者・高倉新一郎が監修した『北海道の研究』第五巻には「囚人に始まりタコ部屋労働者、朝鮮人・中国人の強制連行・労働にいたる歴史は日本資本主義の封建的性格を明示している」と指摘。これら強制労働は何と太平洋戦争の敗北によっても終わらなかった。終戦の一年後、ようやくＧＨＱの中止命令で廃止されたのだ。この時開放されたタコ部屋は二八九、タコ労働者が一万二六六三人である。検挙された周旋業者五六人、土建業者六六人にのぼっている。

私が生まれた一九四三（昭和一八）年以降も、これだけの規模で「監獄部屋」労働が行われていたことを知り、胸が押しつぶされるような思いがこみ上げてきた。

彼らは機械や動力を与えられることなく、明治初期から一貫して「モッコ」と「ツルハシ」だけで鉄道を敷設し、鉱山を掘削し、水力発電施設をつくってきたのだ。命まで軽んじられた壮絶な労働（酷使）によって、鉄道網が、電力網が、そしてエネルギー源が生み出され、今の我々の生活の基盤となっている。

北海道開拓の礎となった方々に思いを馳せるとともに、その労苦に応えるよう新たな北海道開拓を進めなければならないと思う。

第五七話　依田勉三

失敗に次ぐ失敗を重ねた十勝開拓の祖

折からの強風で雲が流れ、真っ青な空が広がっている十勝の大地。帯広神社のすぐ近く、その青空を背景に一体の銅像が十勝平野を見下ろしている。その姿は背広の上から蓑笠を着て、鍬（くわ）を杖代わりにし、背中にはテンガロンハットのように大きな麦藁帽子がぶら下がっているといったもの。

そばの立て看板には「依田勉三は、伊豆松崎で結成した晩成社の同志一三戸二七名を率いて明治一六年

（一八八三年）五月に帯広に入植しました。それ以来、過酷な状況にもめげず開拓に励み、今日の帯広・十勝発展の基礎を築きました」と記されている。銅像は、当初一九四一（昭和一六）年六月に建立されたが、戦時中の金属押収で没収され、一九五二（昭和二七）年七月に再建されたものである。台座には「君の十勝開拓に志すや終始一貫堂々としてたゆまず、あらゆる困苦欠乏に耐え、初志の貫徹に邁進すること四十有余年。今日十勝平野開発の基礎を確立せるは洵（まこと）に敬仰に絶えず。今や食料の生産確保に益々飛躍進展を希求せらるる時代に際し、君が本道開拓の先覚としての偉業を偲び、その功績を永く後世につたえんがため……」という、建立当時の農林大臣による顕彰の辞が刻まれている。

銅像の異様な姿は、依田が入植三七年後となる一九二〇年（大正九）年、途別（札内）に耕作した水田がようやく実り、その初穂をそばに記念撮影した時の姿だ。依田が十勝の開拓でわずかに成功したのはこの水田だけであり、それ以外の二〇ほどの事業はことごとく失敗に終わっている。一九二五（大正一四）年一二月、七三歳で生涯を閉じた時、彼の手に残ったのは帯広の住まいだけだった。依田は死の間際に「晩成社には何も残らん。しかし十勝野には……」と述懐したという。

依田は一八五三（嘉永六）年、豪商の三男として今の静岡県賀茂郡中川村字大沢に生まれた。その一カ月前にはペリーが浦賀沖に来航しており、我が国の歴史における一大転換期であった。二二歳で慶應義塾に入塾するが二年で退塾。アイルランド人宣教師ヒュー・ワッデルの塾に入り英語を学んだ。この時、同塾で渡辺勝と知り合い、さらにその後、渡辺の紹介で鈴木銃太郎と知り合って同志の関係を結んでいく。二人とも宣教師を目指していた人物である。

「帯広百年記念館」のパネルには、「渡辺は優れた才能とたくましい開拓精神を発揮し、忍耐強く仕事に励んで活躍しました。一八八六（明治一九）年、鈴木銃太郎や高橋利八らと士狩村開墾に着手後、一八八三（明治二六）年から然別村に定住して開墾や牧場経営に専念し、地域の発展に尽くして音更町開拓の先駆者となりました。横浜の共立女学校出身の妻カネ（銃太郎の妹）は深い教養を身につけ、常に困難を克服する強い意思と行動力で、開墾から養育、家事など一切の仕事をこなしました。さらに移住者の子弟などを自宅に集めて熱心に基礎教育の指導をおこないました」と書かれている

一方、鈴木については「渡辺勝を通して依田勉三と知り合いました。一八八二（明治一五）年にはオベリベリ（帯広）を入植地に決定後、現地に一人残って開墾や作物を試作しながら自然の厳しさに耐えて越冬し、入植準備の役割を果たしました。とくに、アイヌの人とは親密に交際して信頼されました。一八八七（明治二〇）年、固い決意で提案した会社への改革案が認められず、幹事を辞して渡辺勝等と西士狩村の開墾に専心しました。ここで農牧場を開設しながら新しい移住者の受け入れや指導に努力し、地域に尽くして芽室町開拓の創始者となりました」と説明されている。なお、鈴木の妻はアイヌの人である。

依田は一八七九（明治一二）年に従妹のリクと結婚した頃から北海道開拓に着眼し、一八八一（明治

一四）年に単身北海道に渡り現地を調査。翌年、家族や友人の賛同を得た。同年、北海道に一万町歩（三〇〇〇万坪）の未開地無償払い下げを受け、これを一五年で開墾する目的で「晩成社」を設立した。翌年「晩成社規則」を作成するが、その序文には「北海道の要否は、我が国の形成上重要の関係あるところなれば、国民の義務としてその責任を担当せざるべからず」と記載している。この設立趣意書をもって、依田と同志たちは資金調達と移住する農民の募集に取りかかった。しかし、この時点で一万町歩もの土地が無償提供された事実はない。晩成社が帯広に入植した時点では無願開墾（無許可入植）だった。最初一〇〇万坪を願い出たが札幌県はこれを認めず、次いで五〇万坪に減らして申請したがこれも却下。ようやく認められたのが入植二年後の一八八五（明治一八）年で、わずか一五万坪（五〇町歩）、当初計画の〇・五％であった。出資金は五万円（一八八七年の一円が今の三八〇〇円程度であったので二億円以上）と決めたが出資者が不足し、依田一族が大部分を負担せざるを得なかった。小作人の募集にも難儀した。「何も北海道に行って開拓の苦労をする必要はない」との反応で、依田の村からは一人も応ぜず、隣の六村から一三戸、二七人が移住を決めることになった。当初の計画自体が大風呂敷であったと言わざるを得ない。移住した耕作民は比較的温暖な伊豆の農業しか知らず、幹部の依田、渡辺、鈴木のいずれも志は壮大であったが農業の実態を知らない者ばかりだった。

開拓初年度、悲惨な現実が移住者を待っていた。春から秋にかけて旱魃が続き、種子は発芽しにくく生育が遅れた。伊豆から持参した種子は寒冷地には適さず全滅。トノサマバッタ（イナゴ）の襲来でやっと生育した作物は食い荒らされた。風土病のオコリに住民は悩まされ、九月には霜が下りて一〇月には初雪が降り、作物は成熟することはなかった。

生活をいっそう困難にしたのが十勝の内陸に道路が通じていなかったことである。依田は札幌県令に「道路開削願」を提出したが、聞き入れられることはなかった。当時の現状としては十勝の開発まで手が回らなかったのである。もちろん、それを承知で晩成社は無願開墾したのであり、札幌県令を責めるわけにはいかない。気候や自然災害に対する十分な調査がなく、予想される開拓の困難さに対する準備不足が開拓初年度から露呈したのである。

このような中、小作人から「募集のときの話と現実がかけ離れている」という不満の声が上がり始め、三人が故郷に帰ることになった。移住初年度から開拓の足並みが乱れ始めたのだ。

三年目、夏の長雨で農作物の収穫は依然として皆無の状況で、食えるものはすべて食う毎日が続いた。それは家畜の餌にも等しかった。渡辺が「落ちぶれた極度か豚と一つ鍋」と詠んだのに対し、依田は「開墾の始めは豚と一つ鍋」と返したという有名な話がある。依田はどこまでも強気な姿勢を保ったが、移住民の動揺を抑えることはできなかった。

一八八七（明治二〇）年、大株主である依田の兄・佐二平が十勝に来た際、鈴木は建白書を提出した。

それは晩成社の規則改定に関するものだ。規則（社則）では「小作人は収穫品の一〇分の二」を、「借入金の利子につき一〇〇円に対し一五円（一五％）」を晩成社に支払うとなっているが、これは小作人（移住者）にとってあまりにも厳しいもの。これでは自作農として自立できない。さらに無願開墾であり、その移住費用は国からも札幌県令からも支給されない。移住民は旅費や当初の生活費・準備金を晩成社から借金して参加している。この利子は膨れ上がってきていた。集団移植してから五年になるにもかかわらず、目標としていた一五年で一万町歩の開発計画もわずか三〇町歩しか開拓できていなかった。

「なぜ牛馬のように働いている小作人の辛抱不足を責め、指導者の注意不足を反省しないのか」と鈴木は依田や佐二平に熱心に訴えた。しかし、受け入れられず、渡辺とともに晩成社を辞職することを決意した。移住農民は動揺し帰国を希望するものが相次ぎ、壮大な夢と理想のもとに結ばれた晩成社は早くも壊滅の危機に陥った。

クリスチャンである鈴木は同じく信徒の渡辺勝・カネ（鈴木の妹）とともにアイヌの人たちと親交を結び、彼らに農業を指導したことでも知られている。晩成社が入植した年、札幌県は十勝川での鮭の捕獲を禁止し監視人を置いて漁獲を厳しく取り締まった。これで困窮に陥ったのがアイヌの人たちで、前年の大雪で鹿もほぼ全滅し狩猟民族の彼らの食料は途絶した。木の皮をむいて食べるしか生き抜いていけなかった。鈴木と渡辺は帯広を訪れた札幌県庁の役人に「アイヌ民族に農業を指導し彼らの窮状を救うべき」と切々と訴えた。二人の進言により「アイヌ民族給与地」制度ができ、彼らの開墾の糸口が開かれたのだ。

同志や小作人を次々失った依田は畑作を切り上げ、思い切って当時、奨励されていた牧場経営に転換を図った。一八八七（明治二〇）年、生花苗（おいかまなえ：今の大樹町）に一万㌶の土地を得て、牛馬牧場の経営を始める。牛は順調に増えたが困ったのは販路である。まとまった集落のない十勝では消化しきれなかった。販路開拓のため、会社を「晩成合資会社」と改め、函館に移って丸成（マルセー：丸の中に晩成社の成の字）肉店を開業した。しかし、牛は十勝から運ぶので日数と費用がかかり、南部の牛に対抗できず数年で店を閉めた。

次に取り組んだのが乳牛事業で、バターの生産を始めた。六花亭のマルセイバターの名前はここからきている。評判は良かったが、今回も十勝からの運送にコストがかかり収支が伴わない。そこで練乳（牛乳を煮詰めて凝縮）に切り替えた。しかし、技術が未熟で外国製品に押されて成功しなかった。

以下、依田が先駆的に取り組んだが、結果として失敗に終わったその他の事業について時系列に見てみる。なんと多彩だったのかと驚かされる。

一八八六（明治一九）年：馬鈴薯澱粉工場を設立するが成功せず

一八八七（明治二〇）年：養蚕を始めるが途中で投げ出す

一八八八（明治二一）年：リンゴ栽培を始め、製藍所も建設するがともに成功せず
一八八九（明治二二）年：ビートを試作、大豆や菜豆が十勝に有利であることを確証。乾牧草の不足でオイカマナイ（生花苗・大樹町）の家畜は餓死続出
一八九二（明治二五）年：大津・帯広間道路が開通し十勝は急速に開け、馬の需要が急増。牧場の整備拡張に努めたが、ウサギ・ネズミの害で牧草全滅
一八九三（明治二六）年：木工所の設立も商売にならず
一八九五（明治二八）年：日清戦争でロープやズックの需要が高まり亜麻の栽培に着手。しかし、戦争が終わると価格も下がり工場も洪水にあい失敗
一九〇六（明治三九）年：薄板の製造もうまくいかなかった
一九〇九（明治四二）年：シイタケの栽培も一九一〇（明治四三）年の野火で全滅
一九一一（明治四四）年：イグサを栽培し網笠・畳表を製造したがこれも失敗。牛肉の大和煮、牛味噌の製造も流通・販売に窮し失敗

これらの事業は十勝のみならず北海道でも先駆的であったが、水田を除いていずれも長続きしなかった。

一九一六（大正五）年、伊豆で開かれた晩成社の総会では依田家の三人を除く全社員（投資者）が退社し

た。事実上の解散で、帯広地域の農場を手放さなければならなかった。

北海道大学名誉教授の高倉新一郎は「依田は理想家で着眼点があまりにも早すぎ、事業成立の基礎ができていない先に、いろいろ試み、条件が熟し始めた頃に事業を止めてしまうという有様だ。その後、同じ事業が成功している例もある。一度試みても、これを守り育てる粘り強さがなかった」と評している。

半面、その後に続く者はその先駆的な試みに目を開かされ、その失敗に用心しつつ成功させていったともいえるだろう。いずれにしても、一八八三（明治一六）年に入植してから一九二五（大正一五）年にこの世を去るまで、四二年にも渡って十勝の地で失敗に次ぐ失敗を重ねた。にもかかわらず、前向きに新たな事業に取り組んでいった姿勢には感服させられる。

大樹町晩成に復元された依田の住居があった。窓からのぞくと、居間と土間、風呂場と物置の間取りで、飼料不足で死なせてしまった飼い牛をまつった「祭牛之霊碑」があり「ふみまなぶ 学び子らがうえおこし 園生のもみじ にほいそめけり」と詠んだ歌がある。

また、近くには「ますらおが 心定めし 北の海　風吹かばふけ 浪立たばたて」と書かれた依田の歌碑が丸太に刻まれ立てられている。彼の心意気が感じられる詩である。

第五八話　ホーレス・ケプロン

二九歳の青年次官に招かれた六八歳の米農務長官

「閣下に北海道開拓のご指導をお願いしたい」

切々と訴える青年次官に対し、すでに老境に入った米国農務長官は心を動かされた。青年次官とは、二九歳になったばかりの黒田清隆。農務長官は六八歳のホーレス・ケプロン。当時、現職のアメリカ農務長官が北海道開拓使に転出するというのは、まったく異例なことだった。ケプロンは黒田の熱意に動かされ、同時に極東の〝処女地〟の開拓という話を聞き、パイオニア・スピリット（開拓者精神）がむくむくと頭を持ち上げたのだろう。黒田は〝日本の宝〟をついに手に入れたのだ。

一八六九（明治二）年六月、北海道開拓使が設置され、翌一八七〇（明治三）年五月には、陸軍中将の黒田が樺太担当の開拓次官となり、事実上開拓使を率いることになった。黒田の「北辺拓殖事業」構想で第一にあげたのは「西洋諸国の新知識と殖民事業に精通した専門家の協力」だ。具体的には、風土の適当な国より開拓に長じる者を雇い入れるということ。第二に「前途有為な青年を海外に送り留学させる」こと。そして、第三が「学校を興して北海道開拓の任に当たり得る人材を養成する」こと。この三点について、早急に取り組むべきとした。

本州と気候の違う北海道で開拓を推進するには「気候風土の似た国々から開拓技術者を雇い入れ、実施計画を立てさせるべきである」というのが黒田の主張。政府も全面的に彼の進言を採用し、その準備として黒田に欧米への出張を命じた。

一八七一（明治四）年一月、黒田は「北海道開拓の宝」となるべき逸材を求め、横浜を出発して米国に向かった。出発に先立ち、腹心の部下だった開拓使判官・松本十郎へ小刀とともに文面を送った。そこには「自分は大無事にて（元気で）世界を一周し、日本の宝になるような人物を捜し求めて帰るつもり。折角（どうぞ）ご期待下さい」と記してあった。

米国に着くと、旧知の仲だった森有礼（もり・ありのり）に会い、開拓使顧問を招きたいという旨を依頼。森の案内で、時のアメリカ大統領ユリシーズ・グラントに面会する機会を得た。森は黒田と同様に薩摩藩出身の武士で、イギリスに密航するかたちで留学。アメリカに渡っていた。外交官としては駐英公使、政治家としては初代文部大臣となり、一橋大学の前身である商法講習所も開設した人物だ。

一方、グラントは、南北戦争で北軍の将軍として活躍し、勝利に貢献。戦争終了後は共和党の候補として大統領選挙に出馬し、圧倒的な人気で一八代米国大統領になった人物である。黒田は森の通訳で、つぶさに日本の状況を大統領に説き、北海道開拓の指導者となる人物を派遣してもらえるよう要請した。大統領からの推薦で白羽の矢がたったのが、時の農務長官ケプロン。

同年四月一日、黒田は初めてケプロンに会い、北海道開拓の夢を切々と訴えた。ケプロンは「鈍才なる自分も、偉大なる神の力を借りることができれば、辺陬（へんすう：人里離れた土地）の海上に捨てられし蝦夷の孤島も、日ならずして豊穣の地に化し、かの小国といえども我が大国に対峙するのはまったく困難であるとは言えないだろう」と、青年のような理想と気力にあふれ、来道を決意した。グラントは「あなたの辞表は受理しました。あなたの大きな功績を知っているから受け取りたくないが、あなたを招く日本の幸福のため、かつまた日米両国の親善のため、私はあなたの申し出を承諾します。神の祝福がますますあなたの上に多からんことを」とケプロンを送り出した。

同年六月九日、ケプロンの乗った船はサンフランシスコを離れ、三週間の長旅ののち横浜に入港。日本に第一歩を印した。台風一過で晴れ上がった空には、富士山がくっきりと美しい姿を現していたという。

ケプロンは測量・建築技師のA・G・ワーフィールドと、地質・鉱山技師のA・アンチセルを伴ってきた。宿泊所は東京芝・増上寺が当てがわれた。ケプロンを迎えた明治天皇は「あなたはアメリカ合衆国では農務長官として農学を研究・指導し、その権威であると聞いております。あなたはどうか私の期待を胸に収めて、お互いに協力し力を合わせ、速やかに開拓の成功を告げてほしい。これは私が心からあなたに望むところであります（要約）」とのお言葉を述べられた。これに対しケプロンは「私は謹んで、北海道開拓の事業に携わることをお受けいたします。私はこれまで学術に優れた人々の協力によって、幾多の経験を得ました。これにより農業開拓を躍進するばかりでなく、富国のもとである商工業の発展にも寄与できるものと確信しております。私は北海道開拓のため、長官に助言し、またこれを補佐します。陛下が親しく私を引見されましたことに感謝いたします。これはまた私の祖国への深い友好のお心であるものと信ずるものです（概要）」と返礼している。

その後の黒田とケプロンの行動は迅速だった。開拓使東京出張所をケプロンらが宿泊している芝・増上寺に設けると、八月一九日には開拓使の予算を一〇年間で一〇〇〇万円（今の価値で二〇〇〇億円）と決定。九月には東京・青山南町、同北町、麻布新笄（こうがい）に三つの官園を開設し、それぞれ東京第一官園、第二官園、第三官園とした。

アメリカから輸入した家畜、作物、果樹並びに農具を、これら官園で風土に慣らせ、飼育、手入れ、使用法を日本人に伝え教える場にしたのだ。ケプロンはワーフィールドとアンチセルに、函館から札幌までの視察を指示。視察後、アンチセルは「札幌の気候は不良で、首都として適当とはいえない」。一方、ワーフィールドは「北海道の気候は極めて良好で、札幌についても適当である」と、異なった見解が述べられた。二人の意見を熟慮した上で、ケプロンは黒田に以下のような意見書（ケプロン初期報文）を提出した。

一、北海道の気候、土壌は農業に適し、開発可能な資源も豊富である
二、首都として札幌は適切である
三、機械力の利用を第一とし、諸工場を札幌に開設する
四、果実の実る土地であり、各国から苗木を取り寄せ試植すべき
五、東京と札幌の官園に農学校を設置し、化学試験所を併設の上、専門の教授を置く

さらに、克明な経費概略を書き加えた。いよいよ、ケプロン主導による北海道開拓が始まったのだ。

私がアメリカの歴史で今も頭に残っているのが、メイフラワー号で新天地に移住した清教徒ピルグリム・ファーザーズ、ジョージ・ワシントン率いる独立戦争、フロンティア・スピリットで西に向った開拓者たち、インディアンとの戦い、そして南北戦争だ。これらの話は小・中学校の教科書で学んだものだが、ケプロンの生涯を調べていくと、これらアメリカの歴史と密接な関係があるのに驚かされる。

まず清教徒の移住。一六二〇（元和六）年、信仰の自由を求めた一〇二人の清教徒（ピューリタン）がメイフラワー号でアメリカ北西部・ニューイングランド（現マサチューセッツ州）のプリムスに入植した。しかし、野菜や小麦の収穫が乏しく、翌年には約半数が死亡。入植が困難を極める中、現地のインディア

ンが食料や物資を援助し、狩猟やトウモロコシ栽培を教え、彼らの苦境を救った。翌年には収穫があり、神の恵みに感謝してインディアンを招いてお祝いの会を開いた。これが一一月第四木曜日の感謝祭の始まりとも言われている。ケプロン家の祖先はフランスの清教徒で、メイフラワー号到着の少し後にニューイングランドへ移住しており、ファーザーズとは交流が深かったという。

次に独立戦争との関係。植民地だったアメリカ一三地域が独立を求め、宗主国のイギリスと戦争を開始したのが一七七五（安永四）年。翌年には独立宣言を発表し、一七八三（天明三）年にパリ条約で独立が承認された。ケプロンの父はワシントンの部下として独立戦争を戦っており、また医者としても成功した人物だ。アメリカに移住した清教徒の子孫として、また独立戦争を戦った父を持つケプロンは、一八〇四（文化元）年、マサチューセッツ州アットロボルで生まれる。

成長するに従ってケプロンは才覚を現した。二五歳の若さでメリーランド州織物工場の監督となり、一時は二五〇〇人もの従業員を指揮した。また、農業にも非凡な経営手腕を発揮している。当時、アメリカの農業は無肥料で連作し、収穫が減少するとその農地を投げ捨て別の場所に移るというやり方だった。これに対し、ケプロンは土地に根気よく肥料を施し、農地の生産力を回復して栽培する手法を採用した。農場には乳牛一三〇頭、馬三〇頭などが飼われていた。北海道における農業振興の基盤がこの経験からつくられたのではないだろうか。

新世界開拓の推進力として、一八三〇（文政一三）年頃から鉄道網の整備が開始された。ケプロンの地元・メリーランド州でもボルチモアとワシントン間の鉄道工事が一八三四（天保五）年に始まった。工事開始とともに多くの労働者が押しかけ、地域は騒々しいものとなった。その治安維持のため義勇軍が組織され、ケプロンは連隊少佐に推された。その後、大佐にまで昇進している。

一八五二（嘉永五）年、当時のミラード・フィルモア大統領は、ケプロンにインディアンとの関係を取り持つ任務（交渉役）を与えた。インディアンとの紛争が深刻化しており、奥地の保護区に移転させようとしたのだ。ケプロンはインディアンの酋長と会見したが、彼らは徹底的に抵抗した。ケプロンは彼らの言い分に耳を傾けて誠意をもって相談し、次第に彼らの信用を得るようになった。ケプロンは、個人としても彼らに深い同情を寄せ、その幸福を心から希望していた。やがて、ケプロンのテントにはインディアンの子どもたちが遊びに来るようになり、任務についてから二年目で、反目していた部族は北部への移住を受け入れるようになった。この経験が、北海道でアイヌとの良好な関係を築いたことにつながったのだろう。

またこの頃、アメリカでは東海岸から中西部への開拓が進められた時期でもあった。一八五四（安政元）年、ケプロンはシカゴ北方で牧場経営を始めた。イリノイ州の畜産品評会では一等のメダルだけで二七個も獲得。その経営手腕が評価され、州農業会の副会長に選任されている。同年、マーガレット・ベーカーと再婚。日本ではペリーが箱館に来航していた頃だ。

一八六二（文久二）年、南北戦争が勃発。ケプロンの長男と次男はともに中尉として出征した。ケプロンは五八歳になっていたが、政府の要請によって大佐として軍に復帰し、騎兵隊を組織して戦線に向かった。数々の戦功をあげたが、一八六四（文久三）年一一月に重傷を負ってしまう。なおも奮戦するケプロンに、政府は義勇軍名誉代将の階級を与えてその功を讃えた。間もなく、南軍の降伏で戦火は収まった。

一八六七（慶応三）年、日本では大政奉還が起きた頃、ケプロンは六三歳で合衆国農務局長に選任された。蒸気機関による耕作、牛の疾病予防のための獣医学部の設置、海外から多数の植物を取り寄せるなどの実績をこの間に残した。目の前の荒野（難問）を次々に開拓（解決）していくフロンティア・スピリットが、ケプロンの半世紀を越える人生の中で脈々と培われてきたのだろう。そして、前述したように、二九歳の開拓使次官・黒田清隆に請われ、北海道開拓という新たなフロンティアに挑戦するのだ。

一八七三（明治五）年、ケプロンの進言を取り入れ、黒田は一〇年間計画の第一歩を踏み出した。第一の事業はケプロンの計画に沿った札幌新道の開設事業である。同年三月、黒田立ち会いのもとで、亀田村一本木から工事が着手された。さらに翌年六月、札幌・函館間の札幌新道は開通したが、これは日本で外国式に築造された最初の車道で、費用は八五万円（現在の一七〇億円相当）におよんだ。

次にケプロンが直接指揮したのが東京官園で、第一官園にはリンゴ・ブドウ・野菜、第二官園には西洋野菜・各種動物、第三官園では牛・馬・豚が飼育された。第三官園はエドウイン・ダンが責任者で、馬にプラウをひかせて実習に励ませた。

「学問上、実地上において確実な農業を日本に広めるために多大な効果があるのは農学校設置の他にない」と、ケプロンは開拓使仮学校を一八七二（明治五）年に東京官園に開設した。これはその後、北海道に移設するのを目的した仮学校で、札幌農学校の前身である。校長は、外国知識が豊富で榎本軍の海軍奉行を務めた荒井郁之助が就任し、第一期生として官費・私費あわせて一〇〇人、その後アイヌの人たちも加わり、また仮学校内に女学校も設置された。いかにケプロンの意向が大きく反映しているかがうかがえる。

一八七四（明治六）年、ケプロンは第二次の渡道後「第二報文」を黒田に提出している。その内容は「測量および地質調査は大きな成果をあげている。札幌本道の築造は成功している。鉱山の開発は期待したほどではなかったが、今後民間に委ねるべき。木材輸出は有利で第一に実行すべきだが、その進捗はよろしくない。海産品の輸出に心がけるべし。札幌に設置した製粉機械の能率はよく、みな驚いている、北海道産の穀物を粉にして食生活を改善すべき。日本人は水田適地の利用には熱心だが畑づくりの利益を知らない。米よりも麦の方が得策である」等々、多方面にわたって調査した結果を報告し、適切に建言している。現在でもその多くは受け入れられるものだ。ケプロンの卓見に驚かされる。

一八七五（明治七）年になると、東京官園から牛・豚・綿羊が札幌官園に送られ、またコンバインを利用した機械式小麦の収穫もおこなわれるようになった。同年、ケプロンは最後の北海道視察で、完成されたばかりの開拓使本庁舎を見学。「壮麗にしてその大きさも適当」と賞賛し、札幌を離れた。横浜に着いたのは八月二七日、ケプロン七〇歳の誕生日の日だ。いよいよ、日本政府と結んだケプロンの三年契約の期限が迫ってきた。

明治天皇はケプロンに「あなたはよく開拓長官を助け、事業はみな成立し、日に日に進歩を見ました。これから後、北海道がますます栄えて我が国に大きな利益をもたらすに疑いありません。任期を終えて帰られるにあたり、私はあなたの功労を表彰し、かつ将来ますますあなたに幸福の多からんことを望みます」とのお言葉を述べている。

また黒田は以下の感謝状を贈っている。

「閣下は第一に気候と土質に注意され、適切なプランを立てられました。輸送のこと、道路のことはもとより、家畜を輸入し、農作法を改良し、果樹、穀物、牧草を栽培し、優れた機械によって労力を節約されました。地質鉱物の調査、土地測量のこともみな見事な成果を収めました。北海道の将来の発展と幸福は間違いなく期待できます。これは閣下の功績によるものです」と、感謝の気持ちを表している。

一八七六（明治八）年五月二〇日、ケプロンと夫人は、見送る人々と固い握手を交わし新橋から汽車に乗り横浜へ向かった。六月二三日、ケプロンを乗せた東京丸は静かに日本を離れた。

札幌の大通公園も九月に入り、秋の色がわずかながら感じられるようになってきた。ピルグリム・ファーザーズの感謝祭よりは二カ月早いが、北海道の感謝祭とも言うべき「オータムフェスト」がこの公園を会場として始まった。道産食材をふんだんに使った秋の味覚が会場いっぱいに並ぶ。その会場の西の端一〇丁目には黒田と並んでケプロンの銅像が建っている。大きく発展した札幌の街と楽しげに食をほおばっている市民を温かく見守っているようだ。

第五九話　エドウィン・ダン

日本人妻を娶った北海道羊牧の父

一八七一（明治四）年、開拓使次官・黒田清隆は当時の米国大統領ユリシーズ・グラントに懇請し、同国農務大臣の要職にあったホーレス・ケプロンを開拓使御雇教師頭取兼開拓顧問として北海道に招いた。その後、ウィリアム・スミス・クラークを含む五人の外国人を雇ったが、その中に日本人女性を妻とし、日本に永住して在日米国公使も務めた人物がいる。それがエドウィン・ダンだ。

札幌・真駒内泉町の「エドウィン・ダン記念館」に足を運んだ際、同館運営委員会の園家廣子（そのけ・ひろこ）さんから丁寧な説明をいただいた。驚いたことに、膨大な資料の中に以前、私たち家族が三年間住んでいた米国オハイオ州デイトン市の新聞「デイトンデイリーニュース」があったのだ。新聞は一九五二（昭和二七）年七月二五日付で、年配の上品な女性が二匹の犬と戯れている写真が掲載されていた。女性こそ、エドウィン・ダンと日本人の妻ツルとの間に生まれた長女ヘレンである。ヘレンは五歳の時、米国で教育を受けるべく日本を離れたが、彼女は後に父の伝記を著している。

オハイオ州は、五大湖の一つ・エリー湖に州境を接した豊かな穀倉地帯。ここに住んでいた頃の広大で美しい自然と、滞在中に接した心温かい人々が思い出され、懐かしさがこみ上げてくるのを感じた。

ダンは一八四八（嘉永元）年七月、オハイオ州スプリングフィールドで生まれた。スプリングフィールドはデイトン市に隣接している都市で、現在は両市を併せて、デイトン・スプリングフィールド都市圏を形成している。一五〇万人を超える人口を擁する豊かな農業地域で、自動車・航空産業も盛んだ。

ダンの家は祖父の代に英国からこの地へ移民としてやってきた。ダンの青年期には、父親が一万五〇〇〇《エーカー》の大牧場を経営するまでになっていた。ダンはオハイオ州立マイアミ大学で法律を学んでいたが中退し、父の牧場経営に参加する。牧畜業全般について習得するとともに競走馬の育成も学び、これが後の北海道競馬育成にもつながっていく。

一八六五（慶応元）年、六五万人の死者を出して終結した南北戦争は米国経済に大きな打撃を与えた。

ダンの農場経営も経済不況の中、土地や牛・羊を手放さねばならず、残ったのはわずか五〇〇ドルの現金のみ。そんな最中、ホーレス・ケプロンの息子がダンの元を訪れた。彼はダンに、牧畜に関する最新の技術と経験を北海道で生かしてもらいたいと要請する。期間は一年間。ダンは契約書にサインした。

一八七三（明治六）年、二二日間の航海を経て、ダンは八〇頭の牛とともに日本へやってきた。到着後、ダンは開拓使が東京で運営していた第三官園で起居。一緒に米国から渡ってきた家畜を、北海道に送る前に日本の風土に慣れさせ、牧畜のことなど何も知らない北海道移住予定者に、アメリカ式農法の実習を施した。開拓使は渡島国七重に官園をすでに開設。ダンは黒田の求めに応じて北海道を訪れ、官園を視察するとともに野生化している馬の改良に努めた。

一八七五（明治八）年、ダンは五カ月ほど七重に滞在する間に運命の人と出会う。津軽藩役人の娘で後の妻・ツルだ。彼女は立派な教養と豊かな愛情を持った典型的な日本婦人。この時、ダン二七歳に対し、ツルはなんと一五歳だった。六尺（一八〇センチ）はあろうかという大男のダンに対して、ツルは五尺（一五一センチ）に満たない。後年、二人は幾多の困難を乗り越えて結婚したが、ダンは「この結婚を一瞬といえども後悔したことはない」と言っている（記念館の説明より）。

マッサンとエリーの国際結婚よりもずいぶん前の話である。今の私たちの想像を超える幾多の困難が次々と二人に押し寄せてきたことだろう。

ツルはダンの指導を受けて乗馬は巧みであった。ある時、ダンは新冠牧場から札幌への帰途、ひどく下痢に悩まされた。そのとき彼は従者の男を先に帰し、仕事の都合で泊まっているとツルに伝えさせた。ところが素早く事情を察した彼女はアイヌの馬に相乗りし、一五〇キロの道のりを一五時間走り続けてやってきた。「彼女が私の部屋に元気で入ってきた時は、まったくびっくりした」とダンは回想している。

一八七八（明治一一）年、二人にかわいい女の子が生まれた。名はヘレン。ツルと手をつないで札幌の街を歩いていると「あいのこ」ということで、悪童どもから石を投げられたこともあったという。その後、ダンは病身のツルを残して、五歳になったヘレンを連れて米国に行き、娘の教育を妹のブラキストン夫妻に依頼し日本へ戻った。ツルは娘に会うべく渡米の準備までしたが、一八八八（明治二一）年に二八歳の若さで亡くなってしまう。愛する娘に再会することはついぞなかった。

ダンはツルが亡くなった後、日本人女性の中平ヤマと再婚。四人の息子に恵まれた。

話は少々戻るが、ダン夫妻は結婚後の一八七六（明治九）年に札幌へ転勤する。同年七月にはクラークが札幌農学校に迎えられ、札幌官園は同校に管理・運営が移った。ダンに与えられた新たな任務は、牧場にふさわしい場所の選定とその経営。彼は札幌近郊をくまなく調査し、真古間内（真駒内）をその場所に決めた。当時の真駒内は深い原生林に覆われていたが、ダンは畜舎・家屋の設計、牧柵の設置、各種農機具の購入、種子の調達など、日本最新の「牧羊場」建設に取りかかる。米国から羊毛のメリー種二〇〇頭を取り寄せ、北海道の風土に十分適していることを確認している。エドウィン・ダン記念館の近くには、背中に子羊を背負ったダンの銅像が建っている。

翌一八七七（明治一〇）年には、新冠牧場の改良整備に取りかかった。ここで遭遇したのはバッタとエゾオオカミの襲来。バッタは空を真っ黒に覆い、馬の餌であるトウモロコシなどをすべて食い尽くした。エゾオオカミは牧場の子馬を一〇日間で九〇頭も食い殺すなど、我がもの顔で暴れまくった。ダンは毒物のストリキニーネを取り寄せ、肉に混ぜて与えることでエゾオオカミを一掃した。

新冠牧場では、道産馬の改良と輸入したサラブレッドの飼育を手掛け、競走馬の主産地となった今日の日高の基礎を築いている。「記念館」の資料には「ダンは責任感と動物愛護心が強く、あるとき種馬ダブリン号が急病との報を受け、秋の豪雨の夜、札幌から新冠まで一八〇《キロ》を一気に駆けていった」と記されている。その年には、北海道大学の現在の農学部付近に八〇〇《メートル》の楕円形の馬場をつくり、競馬を始めた。その頃、日本には東京、横浜、富山に競馬場があっただけなので、札幌の競馬場は日本で四番目。一八七八（明治一一）年、この競馬場で本格的な春季競馬が開催され、ダンは得意満面でスタートの旗を振っていたそうである。

一八八二（明治一五）年、開拓史使廃止にともない、ダンは九年九カ月におよんだ日本政府との契約期間が満了。先に触れたように病気のツルを日本に残してヘレンと故郷のオハイオ州に戻った。だがその翌年には駐日米国公使館二等書記官を拝命して再度来日。病身のツルを介護して、その最後を看取っている。一八九三（明治二六）年には駐日米国全権公使を拝命。ダンは外交官としても手腕を発揮し、とくに日清戦争終結のために努力したことが高く評価されている。

一九〇〇（明治三三）年には新潟県で石油会社を設立。一九一二（大正元）年には三菱に勤務するなど、日本経済の発展にも大いに貢献した。再婚したヤマに先立たれた後も、ダンはなお日本を愛し続け、一九三一（昭和六）年五月一五日、八四歳の生涯を閉じた。

子羊を肩に背負ったダンの銅像の横には、日本語と英語それぞれで書かれた顕彰碑が置かれている。「エドウィン・ダン顕彰会」が一九六四（昭和三九）年一〇月に作成したものだ。そこには「エドウィン・ダン氏は、明治六年開拓使が米国に求めた家畜を輸送して来日してから引きつづきその嘱を受けて北海道農業指導の任にあたり、ことに明治八年以来北海道にあって、七重牧場、真駒内種牛場、新冠種馬場、札幌牧羊場などを開設してその経営にあたり、家畜の飼育、牧草、甜菜、亜麻などの栽培、土地の改良、畜力農具の使用、畜産物の加工などあらゆる新技術を実地に伝えた。北海道は実にその基礎の上に栄えたのである。明治一五年任期満了後も日本に止まり、昭和六年八四才で長逝されるまで、我が国の外交、産業、文化の発展のために全生涯を捧げられた。その恩澤は永遠に忘るべからざるものである。今その偉大な功績を永遠に伝えんがために、この像を建立する」と記されている。

北海道の動植物生態系を解明

第六〇話　トーマス・ブラキストン

冬季オリンピックが開催されたロシア・ソチの北西方向にクリミア半島がある。「黒海の真珠」と呼ばれる美しい保養地が、一転して地政学的リスクの中心地となり、世界から注目されている。クリミアを住民投票で自国へ編入することに成功したロシア大統領ウラジミール・プーチンは「つらく長い航海を終え、クリミアとセヴァストポリが生まれ故郷の港に帰ってきた」と演説した。その際、一〇万人を超えるロシア国民の歓喜の叫びが会場に轟いたと報道されている。

プーチンが触れた「つらく長い航海」とは何を意味するのだろうか。東西の要衝であるクリミアは、歴史的に国家間の争いが絶えない地域であった。とくに一八五三（嘉永六）年にクリミア半島などを舞台に繰り広げられた戦いでは、死者が一〇万人以上出たと記録されている。この戦争は「クリミア戦争」と呼ばれ、フランス、オスマン帝国、イギリスを中心とした連合軍とロシアが戦い、近代史上まれにみる激しい戦争だった。この戦争では、ナイチンゲールが看護師として従軍し「クリミアの天使」と称えられ、ダイナマイトを発明したアルフレッド・ノーベルは機雷設置請負で財を成し、文豪フローレンス・トルストイは将校として従軍し「セヴァストポリ物語」を執筆するなど、多くの歴史的逸話が残されている。

さて、本稿の主人公トーマス・ライト・ブラキストンは箱館に二三年間も滞在し、その間、蝦夷地の特有な動植物分布を調査研究、北海道の産業育成にも努めた人物である。彼はクリミア戦争にも参加している。

ブラキストンは一八三二（天保三）年、イングランドに生まれ、少年時代から鳥類に特段の興味を抱いていたといわれる。陸軍士官学校卒業後、イギリス軍の近衛砲兵将校としてクリミア戦争に従軍した。クリミア戦争はイギリスなどの同盟軍の勝利に終わったが、ブラキストンはロシアの黒海艦隊の基地となっているセヴァストポリ攻略にも参戦し、多大な戦果をあげた。しかし、残念ながらこの戦争で弟のローレンスが戦死している。

クリミア戦争従軍後、イギリスに帰還した一八五七（安政四）年、ブラキストンはカナダのハドソン湾やフォート・エドモンドでの地質調査を行っている。二四歳の時である。このカナダ滞在中に独力でロッキー山脈も踏破した。

一八六〇（万延元）年、ブラキストンは大尉に昇進して清国広東守備隊の指揮を命じられる。翌一八六一（万延二）年、五カ月にわたって揚子江流域調査を実施。その探検記録を整理するために選んだ場所が箱館で、ここに三カ月間滞在した。この間に作成した研究レポートは優れたもので、翌年「英国王立地理学賞」を授与されている。揚子江流域調査がきっかけとなって、ブラキストンはイギリスの「西太平洋商会」に雇われ、支配人として箱館に再度来訪。同社では貿易船三隻を駆使し、手広く貿易業や製材業を営んだ。この時ブラキストン三〇歳。

この頃、ブラキストンは日本で初めて蒸気の力で丸のこを動かす製材機を採用している。箱館奉行所はその技術を学ばせるため、多くの伝習生をブラキストンのもとへ送り込んだそうである。「箱館の町民からは『木挽きさん』と呼ばれ親しまれたそうだ」（北国諒星著『幕末維新えぞ地にかけた男たちの夢』）

一八六七（慶応三）年、ブラキストンは西太平洋商会から独立し、英国人のジェームス・マルとともに「ブラキストン・マル商会」を設立。交易・製材業を拡張していった。

一八六八（慶応四）年一〇月、戊辰戦争で幕府側の敗色が濃厚となり、榎本武揚は艦船八隻を率いて品川沖を脱出、渡島半島（今の森町近く）に上陸した。その後、榎本は五稜郭を拠点として「蝦夷共和国」を誕生させた。当時、箱館府の知事であった清水谷公考（しみずたに・きんなる）は青森への撤退を余儀なくされる。箱館府の庇護下にあった「ブラキストン・マル商会」は、新政府軍のため武器・食料・石炭の調達に機動力を発揮。香港・上海・横浜を舞台に物資調達に全面協力した。一方、幕府脱走軍敗残兵たちを自社の船で東北地方に逃がしてやるなど、人道的な措置も行っている。

さて、幕府が崩壊し戊辰戦争が終わると軍用物資の輸送が減少。さらに新たに誕生した開拓使の事業が軌道に乗ってくると運送事業の競合相手も増え、ブラキストン・マル商会の保有船の動きが鈍くなった。その上、自社船の沈没もあり海運事業が困難になっていく。自己資金不足から、資金調達のため発行した「ブラキストン商会証券（今の株券）」にも新政府からクレームがつき、発行禁止となった。この証券の印刷はドイツの会社に依頼していたが、たまたま日本新政府の紙幣印刷も同じ会社であったため、明治政府の知るところとなったのだ。大蔵省はこの株券を紙幣とみなし、その流通を差し止めた。このため事業資金の調達が困難になっていった。

その後もブラキストンには不幸が重なった。使用人殺害の疑いで訴えられ（実際は盗みを働いた使用人を折檻し小屋に入れたところ、縛った縄を解き首を吊って自殺）、またドイツ領事が殺害される事件が起き、一八八三（明治一六）年春、失意の中とうとう箱館を去り、アメリカに移ることになった。

ブラキストンは自尊心が強く、短気で気難しい一面を持っていた反面、驚くほど私利私欲のない人物で、何よりも日本文化をこよなく愛していた。鳥類に格別な興味を抱いていた彼は、箱館滞在中、日本の野鳥を熱心に調査研究し、そこから津軽海峡に動物分布の境界線があるのではないかと推察した。

一八八三（明治一六）年二月、渡米の直前にブラキストンは『日本列島と大陸との過去の接続と動物的兆候』と題した研究成果を日本アジア協会の例会で発表した。蝦夷地質学外伝によると「蝦夷地ならびにそれより北方の諸島は、動物学的に申せば日本ではなく、北東アジアの一部なのであります。そこから、本州は津軽海峡という疑いのない境界線で断ち切られたのであります」（上野益三著『お雇い外国人』の日本語訳）と指摘したという。

こうして発見されたのが津軽海峡における動物分布境界線「ブラキストン・ライン」である。北海道の鳥類・動物はアムール川（黒竜江）から津軽海峡を境としてシベリア亜区に属することを証明したのだ。時にブラキストン五〇歳。この説は世界の学会に認められることになった。ウィキペディアによると、ブラキストン・ラインを北限とする種は、ツキノワグマ、ニホンジカ、ライチョウ、アオゲラなどがあり、逆に南限とするのがヒグマ、エゾジカ、エゾシマリス、ヤマゲラ、シマフクロウなどである。ゴキブリもこの線を北限としており、北海道の一般家庭ではほとんど見かけない。シマフクロウは北海道のシンボルだが、その学名は『bubo blakistoni Seebohm』と、ブラキストンの名前が付けられている。ブラキストンは蝦夷（北海道）と日本は別なものとみなしており、どうも「蝦夷（北海道）」は好きだが「日本」は嫌いだったらしい。

函館山の山頂には黒御影石と白御影石の組み合わせでつくられたブラキストンの碑が建っている。碑に刻まれている顔から、頑固で生真面目なブラキストンが偲ばれる。私も函館に住んでいた時分、何度か訪れたものだ。

ブラキストンがアメリカに渡った一八八三（明治一六）年八月、ワシントン州で偶然にエドウィン・ダンと再会した。ダンは開拓使のお抱え外国人でホーレス・ケプロンやウィリアム・スミス・クラークとともに北海道に招かれ、長く酪農や畜産を指導してきた人物である。当然、ブラキストンとも親交があり、一緒に豊平川でマス釣りをした間柄である。

ダンの家に数日だけ滞在する予定であったブラキストンは、なんとダンの姉アンヌ・マリーに心を惹かれ、滞在を伸ばし熱心に彼女を口説き続けた。その努力が実を結び、滞在中に彼女の承諾を得ることができた。

一八八五（明治一八）年、ブラキストンは五三歳でアンヌ・マリーと結婚し二人の子供を授かったが、サンディエゴで肺炎になり五八歳の生涯を閉じた。彼の遺体は夫人の実家であるオハイオ州コロンバスに埋葬されている。私はオハイオ州に三年間住んでいたこともあり、今から思えば「わかっていたならお参りに行けばよかったのに」と悔やまれる。

おわりに

蝦夷地、そして北海道の開拓に取り組まれた方々を六〇話で紹介してきました。開拓者の足跡を追い、多くの書籍を参考に致しましたが、書ききれなかったとの思いが今募っています。北海道は五五〇万人を超える人口を有し発展してまいりましたが、今大きな転換期に差しかかっています。急速な高齢化と道外への流出による人口の減少は地方の過疎化を進め、かつて日本の経済成長の推進を担ってきた石炭、木材、鉄鋼、造船などの主要産業は衰退し、元気を失ってきております。今こそ先覚者のご事績、ご苦労、そしてこの地への思いを私たちは引き継ぎ、元気を取り戻さなければならないのではないでしょうか。北海道開拓の歴史には再活性化のためのいくつかのヒントを見出すことができると思っております。

日本が鎖国であった時代に、遠く樺太や大陸まで進出し交易していたアイヌ民族の人々の活躍がまず思い浮かびます。黒テンやクマなどの毛皮と交換した鷲の尾羽や絹織物は当時の日本の文化に影響をおよぼしています。今、温暖化により北極海航路もその利用が可能になり始め、ロシア・中国との経済協力関係もその緒につこうとしています。北方交易の拠点として北海道は極めて有利な地にあり、農産物、工業品の輸出とともに我が国にとって貴重な各種資源の輸入が活発になると、港湾や物流インフラの拡充、各種産業の活性化が推し進められるのではないでしょうか。

北海道開拓のグランドデザインを描き、その後に続く最上徳内、高田屋嘉兵衛、近藤重蔵、間宮林蔵、松田伝十郎らの活躍の指針となったのは本多利明であろうと筆者は考えております。本多は著書で蝦夷地開拓の重要性を唱え「世界の主要国の首都は北緯四〇度以北にあり蝦夷地は開拓することにより発展するのは疑いのないこと」と述べています。今後発展が期待されている世界の都市はほぼ北緯四三度あたりに位置しており、北海道はまさに本多が指摘した適地に立地しているといえるでしょう。さらに自然災害のリスクが日本各地に比べ大幅に低く、道外企業の本社機能の移設には最適な場所といえるのではないでしょうか。

また、初代北海道開拓長官・岩村通俊や二代目長官・永山武四郎は、上川地方に「北京（きたきょう）」を置くべきと建議し、その実現に取り組みました。夏季に天皇の避暑地として遷都すべきとの主張です。これも、本多や近藤の発想がその源になっています。首都機能の移転が論議されていますが、北海道は取り組みが遅れているようです。情報・通信機能、交通体系が大幅に改善され、地域的な制約が緩和された現在、想定される自然災害リスクを考慮した場合、北海道への首都機能移転を現実的かつ積極的に取り組むべきでしょう。

日本の人口は二〇一〇年の一億二八〇〇万人をピークに減少が始まり、二〇三〇年には一億一七〇〇万人を下回るとみられています。問題なのは、この時点で日本は人類史上初めて平均年齢が五〇歳を超える国になることです。老齢化社会が今まで経験したことのない勢いで進み、医療、介護、年金等の費用は将来世代にとって大きな負担となってきます。その負担を軽減するためにも、年配の方々は経験・知識・ネットワークを活かして働き続ける必要があるのではないでしょうか。今回取り上げた先覚者の多くが生涯にわたって働き続けているのに驚かされます。伊能忠敬は人生五〇年の時代に五一歳で天文学を志し、一まわりも年齢が下の高橋至時に師事し、五六歳で厳寒の蝦夷地で測量しました。そして、七四歳で亡くなるまで日本中を歩き回り詳細な地図「大日本沿海輿地全図」を作成しました。

医師・関寛斎は七二歳で阿波の医院を閉じ、日本で一番寒いといわれる斗満（とまむ：陸別町）に入植し、八二歳で自死するまで斗満の開拓に取り組みました。妻とともに読んだ辞世の句が「我が身をば焼くな埋むなそのままに斗満の原の草木こやせよ」――見事な人生を全うされた方です。

日本初のスクーナー船（洋式二本マストの船）をつくった続豊治は五六歳で船大工に戻り、八三歳で亡くなるまで洋式船を造り続けました。とくに亡くなる前の四年間で一二隻の大小各種スクーナー船を建造しています。続が最初に建造した「亀田丸」に箱館奉行を乗せ江戸に着いた時は「これが蝦夷地で、しかも日本人がつくった船か」と江戸中の話題になったそうです。

北海道開拓の先覚者の享年を調べると、最上徳内八二歳、松浦武四郎七二歳、岩村通俊七六歳、伊達邦成七四歳、間宮林蔵六五歳で、多くの方々が死の直前まで奮闘されておられます。将来世代のためにも、年長者が健康で働き続けることを期待したいものです。

一八五五（安政二）年、箱館が開港し蝦夷地は急速に近代化が進みますが、陣頭指揮したのは箱館奉行・堀織部正です。堀は明確な開拓方針を打ち出し、その施策を当代一流の専門家に委任しました。蝦夷地防衛のために五稜郭・弁天砲台を設計し、さらに学問所「諸術調所」を開設し直接指導したのが武田斐三郎、蝦夷地を調査し詳細な地図を作製したのが松浦武四郎、石狩の開発を任されたのが荒井金助、亀田郡・木古内郡そして札幌村を開拓し、用水路大友堀（創成川）を開削したのが二宮尊徳の薫陶を受けた大友亀太郎の面々です。指導者の卓越した開拓方針と、それを実現させる人材（専門家）、および相互の信頼関係・チームワークがいかに重要であるかを教えてくれています。

明治に入ってからの北海道開拓は伊達支藩（亘理・岩出山・白石）を始めとする藩をあげての移住、屯田兵移住がその中核を担ったといえるでしょう。困難を極めた移住であり開拓でしたが、いずれも士族出身で子弟の教育に重きを置いておりました。そして、侍としての規律と矜持を大事にし、困難を極めた移住と開拓を乗り越えてきました。北海道の繁栄の基礎はこのような開拓者魂によって築かれたといえましょう。これら士族の血と魂が今の我々に受け継がれているとしたら、停滞気味の北海道経済を再活性化することも可能なのではないかと思われてきます。

北海道命名一五〇年を機に、先人たちの先見性に学び、艱難辛苦に心し、次の世代によりよい北海道を受け継いでもらうよう、一人ひとりが何かを始めなければならないと、先人の偉業を学びながら考えさせられています。

本書を作成する上で、多くの方々の著書を拝読させていただきました。巻末に「引用・参考文献」として掲載しておりますが、高倉新一郎、加茂儀一、本庄陸男、佐江衆一、檜森進、田中和夫、更科源蔵、井上壽、北国遼星、伊藤潤、瀬川拓郎、星亮一、童門冬二各先生はじめ、多くの方々から学ばせていただき感謝申し上げます。

二〇一七年八月

舟本秀男

引用および参考文献

「北海道の研究第三巻」　高倉新一郎監修・海保嶺夫編　清文堂　一九八三（昭和五八）年
「北海道の研究第四巻」　高倉新一郎監修・関秀志編　清文堂　一九八二（昭和五七）年
「北海道の研究第五巻」　高倉新一郎監修・関秀志編　清文堂　一九八三（昭和五八）年
「新札幌市史第一巻通史1」　札幌市教育委員会　北海道新聞社　一九八九（平成　元）年
「北の先覚」　高倉新一郎著　北日本社　一九四七（昭和二二）年
「北海道拓殖史」　高倉新一郎著　柏葉書院　一九四七（昭和二二）年
「北海道のいしずえ四人」　井黒弥太郎・片山敬次著　みやま書房　一九六七（昭和四二）年
「札幌百年の人びと」　札幌市市史編纂委員会　札幌市　一九六八（昭和四三）年
「北海道の歴史がわかる本」　桑原真人・川上淳著　亜璃西社　二〇一二（平成二四）年
「北海道戦国史と松前氏」　新道透著　洋泉社　二〇一六（平成二八）年
「屯田九十年史」　屯田開基九十周年協賛会記念誌編纂委員会　一九七八（昭和五三）年
「札幌農学校」　蛯名賢造著　図書出版社　一九八〇（昭和五五）年
「箱館をめぐる人物史」　小林裕幸著　箱館大学出版　二〇〇二（平成一四）年
「開拓の神々」　幸前伸 編著　北海道神宮社務所　一九八四（昭和五九）年
「琴似屯田百年史」　琴似屯田百年史編纂委員会　一九七四（昭和四九）年

「陸別町史」　陸別町役場広報公聴町史編纂室　一九九四（平成〇六）年
「郷土に育んだロマン」　陸別町役場広報公聴町史　位牌建立委員会　一九九三（平成〇五）年
「開基百年龍雲寺史」　羽田信三編　龍雲寺本堂　一九八七（昭和六二）年
「サッポロビール沿革史」　大日本麦酒広報部社史編集室　一九三六（昭和一一）年
「サッポロビール一二〇年史」　サッポロビール広報部社史編集室　一九九六（平成〇八）年
「伊達小史」　渡辺茂著　北海道出版記念センター　一九七三（昭和四八）年
「白石発展百年史」　札幌市白石区開基百年記念事業協賛会　一九七〇（昭和四五）年
「アイヌ近現代史読本」　小笠原信之著　緑風出版　二〇〇一（平成一三）年
「アイヌ民族の歴史と文化」　田端宏・桑原真人監修　山川出版社　二〇〇八（平成二〇）年
「アイヌ民族の歴史」　桑原真人・関口明・田端宏・瀧沢正共著　山川出版社　二〇一五（平成二七）年
「アイヌの歴史」　榎森進著　三省堂　一九八七（昭和六二）年
「近代日本とアイヌ社会」　麓慎一著　山川出版社　二〇〇二（平成一四）年
「アイヌと縄文」　瀬川拓郎著　筑摩書房　二〇一六（平成二八）年
「北海道繁盛図録」　画工黒野錦谷　彫刻館道策　財界さっぽろ　一九七四（昭和四九）年
「天然痘に立ち向かった人類の戦い」　伊藤貞三著　医学出版社　二〇一三（平成二五）年
「伊能忠敬」　童門冬二著　河出出版　二〇一四（平成二六）年
「戊辰戦争」　佐々木克著　中公新書　一九七七（昭和五二）年
「榎本武揚」　加茂儀一著　中央文庫　一九八八（昭和六三）年
「敗軍の将輝く　榎本武揚の生きざまの検証」　望田武著　中西出版　二〇一三（平成二五）年
「榎本武揚伝」　井黒弥太郎著　みやま書房　一九六八（昭和四三）年

「北垣国道の生涯と龍馬の影」　北国諒星著　北海道出版企画センター　二〇一四（平成二六）年
「北海道人　松浦武四郎」　佐江衆一著　新人物往来社　一九九九（平成一一）年
「静かなる大地　松浦武四郎とアイヌ民族」　花崎皋平著　岩波新書　一九八八（昭和六三）年
「アイヌ人物史　近世蝦夷人物史」　更科源蔵・吉田豊訳　農山漁村文化協会　一九八一（昭和五六）年
「星霜1北海道史」　北海道新聞社編集・発行　二〇〇二（平成一四）年
「資料と語る北海道の歴史」　海保嶺夫著　北海道出版企画センター　一九八五（昭和六〇）年
「樺戸監獄史話」　寺本界雄著　月形町役場　一九五〇（昭和二五）年
「流刑地哭く」　若林茂著　中西出版　二〇一二（平成二四）年
「網走刑務所」　山谷一郎著　北海道新聞社　一九八二（昭和五七）年
「辺境を歩いた人々　近藤富蔵・松浦武四郎」　宮本恒一著　河出書房新社　二〇〇五（平成一七）年
「北海道紀行」　上田三三生訳注　北海道神宮奉賛会　一九七四（昭和四九）年
「島義勇」　榎本洋介著　佐賀県立佐賀城本丸歴史館　二〇一二（平成二四）年
「島義勇物語」　太田幸雄編　開拓判官島義勇顕彰会　二〇〇九（平成二一）年
「資料と語る北海道の歴史」　海保嶺夫著　北海道出版企画センター　一九八五（昭和六〇）年
「樹海を拓く」　小野　（ふかし）　著　伊達開拓歴史画保存会　二〇〇六（平成一八）年
「石狩川」　本庄陸男著　新日本出版社　二〇一一（平成二三）年
「空知郡支配地授受紀行」　当別町教育委員会　一九九六（平成〇八）年
「伊達邦直」　当別町教育委員会　一九九六（平成〇八）年
「吾妻謙の北方開拓論」　当別町教育委員会　一九九七（平成〇九）年
「開拓者」　小野寺栄著　二〇一一（平成二三）年

「幕末維新　えぞ地にかけた男たちの夢」　北国諒星著　北海道出版企画センター　二〇〇八（平成二〇）年
「五稜郭の戦い」　菊池勇夫著　平文社　二〇一五（平成二七）年
「死んでたまるか　大鳥圭介」　伊東潤著　新潮社　二〇一五（平成二七）年
「さらば蝦夷地　松本十郎伝」　北国諒星著　中西出版　二〇一〇（平成二二）年
「土方歳三最後の戦い」　好川元範著　北海道新聞社　中西出版　二〇一四（平成二六）年
「残響」　田中和夫著　中西出版　一九八二（昭和五七）年
「依田勉三と晩成社」　井上壽著　北海道出版企画センター　一九八二（昭和五七）年
「大鳥圭介」　星亮一著　中央公論社　二〇一二（平成二四）年
「夜明けの雷鳴　医師高松凌雲伝」　吉村昭著　文芸春秋社　二〇一三（平成一五）年
「菜の花の沖」（1）（2）（3）　司馬遼太郎著　文芸春秋社　一九九〇（平成〇二）年
「林造の貌」（上）（下）　北方健三著　集英社　一九九六（平成〇八）年
「長州の刺客」　星亮一著　批評社　二〇一五（平成二七）年
「官賊と幕臣たち」　原田伊織著　毎日ワンズ社　二〇一六（平成二八）年
「明治臨界」　千葉正樹著　千葉正樹事務所　二〇一五（平成二七）年
「明治維新という名の洗脳」　苫米地英人著　ビジネス社　二〇一五（平成二七）年
「明治維新という過ち」　原田伊織著　毎日ワンズ　二〇一五（平成二七）年
「経済で読み解く明治維新」　上念司著　ＫＫベストセラーズ　二〇一六（平成二八）年
「明治の話」　札幌市教育委員会文化資料室編集　北海道新聞社　一九八三（昭和五八）年
「北の墓」　合田一道著　一道塾　二〇一四（平成二六）年
「あい　永遠に在り」　高田郁著　角川春樹事務所　二〇一五（平成二七）年

舟本秀男（ふなもと・ひでお）

1943（昭和18）年、留萌市出身。1966（昭和41）年、小樽商科大学卒業。同年、日本NCR入社。取締役流通システム事業部長、同産業システム本部長などを歴任。米国本社に延べ6年間勤務。2000（平成12）年、「舟本流通研究室」代表として流通システム標準化に取り組む。2006（平成18）年、財界さっぽろ代表取締役就任。同社ホームページに「社長ブログ」の連載を開始。小樽商科大学経営協議会学外委員。北海道日中経済友好協会副会長。

二〇一八年・北海道命名一五〇年
「北加伊道」六〇話

2017年10月10日　第1刷発行
2018年 7月20日　第3刷発行

著　者　舟本秀男
発行者　舟本秀男
発行所　株式会社財界さっぽろ
〒064-8550　札幌市中央区南9条西1丁目1-15
電話　011-521-5151（代表）
ホームページ　http://www.zaikaisapporo.co.jp
印刷所　凸版印刷株式会社

ISBN978-4-87933-521-0